釜山大邱攻略
完全制霸

contents

本書所提供的各項可能變動性資訊,如交通、時間、價格(含票價)、地址、電話、網址,係以2023年11月前所收集的為準;特別提醒的是,COVID-19疫情期間這類資訊的變動幅度較大,正確內容請以當地即時標示的資訊為主。如果你在旅行中發現資訊已更動,或是有任何內文或地點需要修正的地方,歡迎隨時指正和批評。你可以透過下列方式告訴我們:

寫信:台北市104中山區民生東路二段141號9樓MOOK編輯部收
傳真:02-25007796
E-mail:mook_service@hmg.com.tw
FB粉絲團:「MOOK墨刻出版」
www.facebook.com/travelmook

New Busan

釜山大邱攻略
完全制霸

c o n t e n t s

本書所提供的各項可能變動性資訊，如交通、時間、價格(含票價)、地址、電話、網址，係以2023年11月前所收集的為準；特別提醒的是，COVID-19疫情期間這類資訊的變動幅度較大，正確內容請以當地即時標示的資訊為主。如果你在旅行中發現資訊已更動，或是有任何內文或地圖需要修正的地方，歡迎隨時指正和批評。你可以透過下列方式告訴我們：

寫信：台北市104中山區民生東路二段141號9樓MOOK編輯部收
傳真：02-25007796
E-mail：mook_service@hmg.com.tw
FB粉絲團：「MOOK墨刻出版」
www.facebook.com/travelmook

New Daegu

tigerair
台灣虎航

尋味・韓國

擁有最多韓國航點的台虎
帶你感受韓國最美的秋日

台北－ **仁川/大邱**
　　　 釜山/濟州
高雄－ **金浦**

©濟州觀光公社

台灣虎航官方粉絲團

台灣虎航官方網站

www.tigerairtw.com

釜山大邱攻略完全制霸

如 何 使 用 本 書

本書所提供的各項可能變動性資訊,如交通、時間、價格(含票價)、地址、電話、網址,係以2023年11月前所收集的為準;特別提醒的是,COVID-19疫情期間這類資訊的變動幅度較大,正確內容請以當地即時標示的資訊為主。如果你在旅行中發現資訊已更動,或是有任何內文或地圖需要修正的地方,歡迎隨時指正和批評。你可以透過下列方式告訴我們:

寫信:台北市104中山區民生東路二段141號9樓MOOK編輯部收
傳真:02-25007796
E-mail:mook_service@hmg.com.tw
FB粉絲團:「MOOK墨刻出版」
www.facebook.com/travelmook

全面普查的完整精確資訊。

頁碼

分區名稱與韓文拼音。

Green Face
그린페이스카페
🗺 別冊P.28B1 🚇 地鐵1號
口,出站後步行約20分鐘。

186 大明站 大明立

大明 대명역

大 明站是最靠近頭流公園聖堂池的地鐵站,經由徒步穿越當地小巷,一邊在地氣息,一邊愜意地前往目的地。頭流公園周邊圍繞著許多獨具特色的咖啡廳,受遊客歡迎的景點,鄰近的西部客運站熱鬧的店面可以逛逛。

交通路線 & 出站資訊

地鐵
大明站대명역◇大邱地鐵1號線 대구 지하철 1
出口便利通
①◇Sungdangmot VILL Café·Green Face Café

可以賞景的大窗也是打卡熱點

看一眼就知道的符號說明

書中資訊ICONS使用說明

🗺 **地圖**:與本書地圖別冊對位,快速尋找景點或店家。
☎ **電話**:不小心東西忘在店裡面,可立刻去電詢問。
📍 **地址**:若店家均位於同一棟大樓,僅列出大樓名稱與所在樓層。
🕐 **時間**:L.O.(Last Order指的是最後點餐時間)
🚫 **休日**:如果該店家無休假日就不出現。
💰 **價格**:日文料理菜名和中文翻譯,輕鬆手指點餐。
🚃 **交通**:在大區域範圍內詳細標明如何前往景點或店家的交通方式。
🌐 **網址**:出發前可上網認識有興趣的店家或景點。
❗ **注意事項**:各種與店家或景點相關不可不知的訊息。
① **出口**:地圖上出現車站實際出口名稱。

地圖ICONS使用說明

⊙ 景點　　　　　和菓子
⛩ 神社　　　　　甜點
🏛 博物館　　　　酒吧
🌳 公園　　　　　劇院
🛍 購物　　　　　飯店
🏬 百貨公司　　　寺廟
📖 書店　　　　　溫泉
🍜 麵食　　　　　公車站
🍴 美食　　　　　國道
☕ 咖啡茶館　　　現場演唱
💇 美容　　　　　機場

清楚列出鐵路或其他交通工具資訊。

列出車站各出口的周邊情報,找路完全不求人。

分別美食、購物、景
點、住宿等機能，一眼
就能夠找到旅遊需求。

列出此店家或景
點的特色。

☕ Green Face Café

그린페이스카페

📕 別冊P.28B1　🚇 地鐵1號線大明站1號出
口，出站後步行約20分鐘。　🏠 大邱 달서구
상인로 117-10 1층　☎ 010-4556-0181　🕐 12:00~20:00
💰 咖啡₩4,000起、果汁₩6,000起，另有包含租借道具的
套餐。　🌐 www.instagram.com/greenface_cafe

咖啡廳、野
餐、外拍一
次完成。

　Green Face Café由三位大男生所創立，他們各自
負責吧台、宣傳及攝影師的工作，因為都是學設計出
身，而且都是大邱在地人，所以開設了這間結合咖啡
廳、照相館，以及特殊野餐出租體驗的複合式咖啡
廳，希望將大邱的美食紹給更多人。

　店內有許多吉普賽、波希米亞及中東裝潢的內用座
位區，店內四處可見法國麵包、時尚雜誌、鮮花花束、
可愛泰迪熊，甚至是野餐籃、水果等可租借的外拍
道具，讓畫面更豐富。如果單純想來店內喝飲料也可
以，提供咖啡、果汁等飲品，以及簡單且果輕食。

等種風格的座位
區和五花八門的道
具，讓你拍個夠！

☕ Sungdangmot VILL Café

성당못 빌

📕 別冊P.28A2　🚇 地鐵1號線大明站1號
出口，出站後步行約10分鐘。　🏠 大邱 남
구 성당로 54-5　☎ 050-71307-1784　🕐 11:00~22:00　💰
咖啡₩4,000起、茶₩4,500起

讓人置身室內
卻又像位於室
外的大窗。

　這家鄰近聖堂池的咖啡廳，因為擁有一片絕美大
窗，而在社群媒體上成為大邱人熱門打卡咖啡廳之
一。咖啡廳是一棟三層樓風的公寓式建築，最有名的
打卡大窗位在三樓，咖啡店同時設有戶外區與室內區。
推薦店內的季節甜點草莓塔，新鮮草莓搭配不甜膩的
鮮奶油、塔皮酥脆爽口略帶淡淡奶香。藍莓優格冰沙
則以新鮮藍莓製作，吸吮時可以直接吃到藍莓顆粒，
優格冰沙與藍莓比例恰到好處，非常值得一試！

帶著道具外拍去

　在店內選購或僱舒餐服務
後，可以帶著租借的道具
前往一旁的頭流公園，甚
至更遠一點的聖堂池，找
個自己喜歡的景拍攝。如
果在頭流公園角度取景好
時，還可以直接與大邱
83塔一起同框喔！

自拍小撇步！

　除了利用店內的野餐籃、
帽子、小熊玩偶、雜誌等道
具，也可利用帽子擋住臉，
增添神祕感！或是雜誌遮臉
好文青；又或臉小，自備吹
泡泡工具，更是夢幻指數爆
表~~

吹個泡泡，
讓畫面更夢
幻了~

標示出景點所在的地圖
頁碼及座標值，可迅速
找出想去的地方。

旅遊豆知識
增廣見聞。

釜山大邱及其周邊地圖

釜山和大邱各有多條地鐵、鐵道穿插其中，雖然不似首爾那麼密集，搭乘起來相對簡單。市區內大部分的景點，都能搭乘地鐵抵達，或者再轉搭短程的公車或計程車，同樣能暢行無阻。來到這裡，也別錯過拜訪附近知名城市的機會，感受慶尚道和全羅道不同的風情。

安東

地靈人傑的安東，雖然是座慶尚北道的小城市，曾經孕育過不少大學者。深受儒教文化影響的它，保存不少兩班文化遺跡，讓人彷彿走入時光隧道。此外，河回村更是韓國今日假面文化的重要保存地。

代表景點：安東河回民俗村、陶山書院

大邱

坐落慶尚北道東南隅的大邱，曾經是朝鮮半島南部的商業中心，雖然是座工業城，卻有不少值得一探的景點：從述說近代歷史的巷弄、充滿異國風情的教堂，到四季景色更迭的八公山，大邱自成魅力。

代表景點：桂山聖堂、金光石路

韓國觀光公社提供

全州

全州據傳是朝鮮王朝的起源，也是知名拌飯的故鄉。這座文化旅遊城市，擁有全韓國最大的韓屋村之一，總共由700多間韓屋組成。當地的韓紙工藝同樣舉國聞名，太極扇就是全州特產。

代表景點：全州鄉校、慶基殿

慶州

　　四面環山、河水匯流，曾經作為新羅王國的首都而繁盛一時，慶州這座四處留存史蹟的城市，為它贏得「無圍牆的博物館」的美譽，歷史區連同佛國寺等並列世界遺產，近年來更因為皇理團路炙手可熱。

代表景點：大陵苑、東宮與月池

釜山

　　位於慶尚南道東南隅的釜山氣候溫暖，海港性格熱情奔放。引領時尚的南浦洞與西面、美麗海灘綿延的海雲台與廣安里、能夠享受溫泉的東萊……讓釜山成為充滿活力與多面樣貌的城市。

代表景點：海雲台、甘川洞文化村

統營

　　夾在慶尚南道和全羅南道之間，統營在歷史上向來都是海運要衝、朝鮮王朝的海軍軍事要塞，因為獨特的地理位置與自然環境，而有「韓國拿坡里」的暱稱，李舜臣將軍知名的海戰——閑山大捷正是在此登場。

代表景點：東皮郎壁畫村、閑麗水道觀景纜車

外部交通大解析

從金海國際機場到市區
金海國際機場 김해국제공항
（機場代碼：PUS）

位於釜山廣域市江西區的金海國際機場，是韓國第二大國際機場，也是釜山航空的大本營。啟用於1876年，2007年時新增一座國際航廈，如今供國內和國際班機起降。目前台灣與釜山之間往來的直飛航空公司，有中華航空、台灣虎航、釜山航空、大韓航空、韓亞航空，飛行時間約2.5小時。

機場內有旅遊諮詢中心、便利商店、銀行匯兌櫃檯、郵局等設施，更多資訊可上官網：https://www.airport.co.kr/gimhae查詢。在1樓大廳外，可以搭乘機場巴士、公車、計程車或金海輕軌（轉地鐵），前往市區。

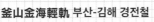

🔜 輕軌轉地鐵 경전철＋도시철도

釜山金海輕軌經過金海國際機場，遊客可藉由輕軌轉搭地鐵前往釜山市區，讓機場交通選擇更多元。由於釜山金海輕軌是獨立的鐵道服務系統，因此車票無法和釜山地鐵相通，轉乘時需要另外購買地鐵車票。最方便的方法是使用交通卡，不但可以同時搭乘輕軌和地鐵，還可以享有車資優惠。

◎輕軌(轉地鐵)前往各地所需時間與價格參考
(2023/10/7公佈票價)

前往地點	所需時間*	車資（單程票／交通卡）
沙上	6分鐘	₩1,550／₩1,450
西面	25分鐘	₩3,100／₩1,950
釜山站	37分鐘	₩3,300／₩2,150
南浦洞	41分鐘	₩3,300／₩2,150
廣安里	44分鐘	₩3,300／₩2,150
海雲臺	56分鐘	₩3,300／₩2,150

*所需時間僅供參考，實際情況以候車時間和個人轉乘腳程而異。

在機場就先買張T-money卡吧！
T-money卡類似台灣的悠遊卡，可以搭乘巴士、地鐵、輕軌和計程車，也能在超商支付消費。沒有T-money卡的人，不妨在機場出境大廳的便利商店先買一張，馬上就能使用。

釜山金海輕軌 부산-김해 경전철
串連起釜山廣域市和慶尚南道金海市的釜山金海輕軌，以釜山沙上區的沙上站（사상）為起點，金海市的加耶大站（가야대）為終點，全長約23.5公里，2011年9月起全線通車。

全線共有21站，其中沙上站可以轉乘釜山地鐵2號線，大渚站（대저）可以轉乘釜山地鐵3號線。輕軌按照距離區間計算票價，可以購買單程票或使用交通卡。1區間內的單程票為₩1,550，之後每超過一個距離單位加收₩200，交通卡享有₩100的折扣。

➡️ 如何搭乘輕軌轉地鐵？

1 離開國際航廈後過馬路到對面

2 右轉後一路直走，就能抵達輕軌站。

3 前往售票機購買單程票或儲值交通卡

5 確定行車方向，尋找搭乘月台。

6 等車入站後依序搭乘

4 前往驗票口，感應票卡入站。

7 抵達轉乘站後，驗票出輕軌站。

8 跟隨指標前往地鐵站

9 繼續沿著指標經過連通道

10 抵達地鐵站，轉搭地鐵。
（如何搭乘地鐵請參考P.60~61）

➡ 如何購買輕軌單程票？

1 前往自動售票機，選擇中文介面。

2 選擇想要前往的輕軌站

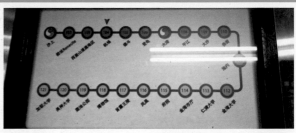

3 選擇票種與數量

4 支付金額後即可取票

➡ 如何在輕軌站儲值T-money卡？

1 尋找自動儲值機，選擇中文介面。

2 將卡片放在感應區

3 等待機器感應卡片

5 確認儲值資訊

6 投入對等的金額

4 選擇想要儲值的金額

7 等待機器儲值，尚未完成前請勿移動票卡。

8 完成儲值

➡ 豪華巴士（利木津巴士）리무진

金海國際機場原本有兩條前往市區的豪華巴士路線，一條是穿梭於機場、西面、釜山火車站、南浦洞之間的釜山火車站路線，另一條則是往來於機場和海雲臺的海雲臺路線，不過疫情過後，目前只有海雲臺路線營運。

豪華巴士搭乘地點在國際機場的3號出口，海雲臺路線營運時間為6:55~21:55，每小時一班，沿途多停靠觀光飯店門，車程約1小時，車資成人₩8,500，可以使用現金或交通卡支付。

➡ 公車 시내버스

公車乘車處位於國際機場的2號出口，優點是費用便宜，缺點是會花比較長的時間。其中307號公車，從機場前往海雲臺，沿途會經過東萊和Centum City等地鐵站，車資成人₩1,300，同樣可以使用現金或交通卡支付。

➡ 計程車 택시

由於釜山市區距離金海國際機場不算太遠，如果搭乘紅眼班機，或是有人同行，也可以考慮計程車。計程車招呼站位於機場航廈外，過馬路到一半的中島，就能發現排班計程車。韓國計程車分為一般計程車和模範計程車兩種，兩者差異和收費標準等相關資訊請參考P.62。

◎計程車前往各地所需時間與價格參考

目的地	所需時間*	預估車資**	
		一般計程車	模範計程車
西面（樂天酒店）	45分鐘	₩18,000	₩32,400
南浦洞（札嘎其市場）	60分鐘	₩20,000	₩36,000
廣安里	70分鐘	₩25,000	₩45,000
海雲臺（天堂酒店）	70分鐘	₩25,000	₩45,000

*所需時間僅供參考，實際時間視交通狀況而異。
**預估車資僅供參考，實際時間視交通狀況而異。

從大邱國際機場到市區

大邱國際機場 대구국제공항
（機場代碼：TAE）

　　韓戰時由一條水泥碎石跑道和兩座混凝土建築組成的大邱國際機場，最初啟用於1937年，坐落於大邱廣域市東區的它，如今是一座由大韓民國空軍所有的小型國際機場。目前台灣與大邱之間往來的直飛航空公司，包括台灣虎航、德威航空、真航空、釜山空空,，飛行時間約2.5小時。

　　機場內有旅遊諮詢中心、便利商店、銀行匯兌櫃檯等設施，更多資訊可上官網：http://www.airport.co.kr/daegu查詢。在1樓大廳外，可以搭乘公車、計程車前往市區。

➜ 公車 시내버스

　　從機場走出來約100公尺就有公車站，搭乘公車前往市區車程約40分鐘。往返兩地的公車有101號、401號和急行1號（급행1），其中401號公車直達半月堂站。雖然大邱有自己的交通卡，不過搭乘公車也可以使用現金或T-money卡。

　　成人車資一般公車現金₩1,400、交通卡₩1,250，急行公車現金₩1,800、交通卡₩1,650。（更多大邱公車相關資訊或票價請參考P.184）

➜ 計程車 택시

　　一出機場大廳就能看到排班計程車，大邱機場離市區不遠，搭乘計程車到半月堂，大約只需要20分鐘，車資約₩10,000（夜間加成20%），如果有同伴共同分攤車資，會是最快也最推薦的交通方式。

➜ 公車或計程車轉地鐵

　　由於大邱機場沒有地鐵直達，因此想搭地鐵的人，就必須藉由公車或計程車轉乘。101-1號、401號、急行1號、八公1號（팔공1）可到地鐵站峨洋橋站（아양교역）1號出口，除公車票價外，還要加上地鐵票價：成人現金₩1,400、交通卡₩1,250。

　　至於搭乘計程車轉乘地鐵，抵達最近的峨洋橋站計程車資為₩3,300（起跳價），再加上地鐵票價。不過對於有大件行李的人來說，轉乘搬來搬去，實在不太方便，因此不太建議。

➜ 大邱國際機場交通方式比一比：

交通方式	車資	優缺點
計程車	₩10,000	快、舒適，不需搬行李，多人平分便宜划算。
公車	₩1,250~₩1,800	最便宜，需搬行李，耗時最長，行李上車佔空間，部分車種無法帶大行李上車。
公車轉地鐵	₩2,500~₩3,200	需轉乘、拉行李走來走去，不推薦帶大型行李的人。
計程車轉地鐵	₩4,550~₩4,700	搭乘計程車至最近地鐵站約₩3,000，再加地鐵票，150台幣不到就能抵達住宿點。

KORAIL通票　KORAIL PASS

限定給外國旅客的KORAIL通票，分為彈性2日券、彈性4日券、連續3日券、連續5日券四種票券，是在韓國旅遊時使用的火車通行證，可以根據旅遊天數選擇需要的票券，在限定天數內不限次數自由搭乘火車。

◎使用方法

透過韓國鐵道官網或是kkday、KLOOK等票券網站皆能購得。抵達韓國後，到仁川機場B1F 機場鐵道服務中心，或是韓國各地的火車站依列印出來的通票憑證及護照，換取實體票，並可指定一般車廂坐席（Seat）。

※需注意如搭乘車次無空位時無法預訂坐席，只能使用立席（Standing）車廂。

◎使用範圍

韓國境內所有路線的各級列車，包含高速鐵路KTX、特快車新村號以及快車無窮花號，不限區域和次數，自由搭乘。

◎不可使用

首爾、釜山等市內地鐵、特殊觀光列車、SRT列車。

◎票種與票價

票種		成人票（28歲以上）	青少年票（13~27歲）	兒童票（6~12歲）	團體票（2~5人）
彈性票（10天內使用完畢）	2日	₩121,000	₩96,000	₩61,000	₩111,000
	4日	₩193,000	₩154,000	₩97,000	₩183,000
連續券（初次乘車日算起連續使用）	3日	₩138,000	₩110,000	₩69,000	₩128,000
	5日	₩210,000	₩168,000	₩105,000	₩200,000

從首爾前往釜山／大邱、釜山與大邱之間的陸地交通

▶鐵路 철도

如果想要從首爾前往釜山、大邱，或是釜山往來大邱，可以利用韓國鐵路系統，以下介紹首爾、釜山、大邱三地常用的交通方式及價格。

◎車種與票價：

車種	車站	時間	價格	備註
KTX	首爾→釜山	約2.5~3小時	₩59,800	首爾前往釜山／大邱最多人選擇搭乘的車種
	首爾→東大邱	約2小時	₩43,500	
	釜山→東大邱	約50分鐘	₩17,100	
無窮花號	首爾→釜山	約5~6小時	₩28,600	車資最便宜的車種
	首爾→東大邱	約4小時	₩21,100	
	釜山→東大邱	約1.5小時	₩7,500	
ITX新村號	首爾→釜山	約4.5小時	₩42,600	行車時間和票價介於KTX和無窮花之間
	首爾→東大邱	約3.5小時	₩31,400	
	釜山→東大邱	約1小時10分鐘	₩11,100	
SRT	首爾（水西站）→釜山	約2.5小時	₩51,900	比KTX快、車資又便宜，座位更寬大且舒適
	首爾（水西站）→東大邱	約1.5小時	₩37,000	
	釜山→東大邱	約50分鐘	₩15,400	

註：此表詳列之價格、時間為2023年6月資料，實際運行狀況請依營運單位為主。以上價格為一般座席票。

➜ 如何網路查詢、預訂鐵路車票？

1 登入韓國鐵道公社（한국철도공사）官網https://www.letskorail.com，從右上角「語言」選擇中文介面。

2 選擇想要的行程區分（一般列車車票請選「通常」）、直達或轉乘、想要搭乘的日期與時間（可查詢或預訂未來1個月內的車票）、出發與抵達地點、列車種類，以及大人或小孩的乘客人數。

3 查看並挑選你想要的班次。
「特等席」和「一般室/站席」欄下方的選擇，如果是藍色字體，表示還有座位可以預訂。如果是黑色字體，表示已經沒有空位。
至於想了解票價的人，可以點「FARE」的放大鏡符號，會跳出另一個說明票價的視窗。

4 想預訂車票的人，點選想要搭乘的班次座席，接著會跳入車票預訂介面。填完個人資料後，記得在最下方「個人信息收集內容」部分打勾。接著點選「NEXT」。

5 確認個人資料以及搭乘班次資訊。選擇付款方式，然後點選「NEXT」。

6 刷卡付費成功後，會出現該次預訂資訊，可將頁面截圖留存。必須注意的是：搭車前必須前往火車站的售票窗口，列印出實體車票，才能搭乘！

如何查詢訂單？取消？或補印預訂單？

想查詢訂單的人，可以進「我的訂單」中，輸入當時預定的姓名、電子郵件／信用卡號碼、國籍，以及預定搭車日（或月）搜尋。

至於想要取消或補印預訂單的人，則從「再出票／退票」中，點選想要的服務項目，輸入當時預定的姓名、電子郵件／信用卡號碼、國籍，接著同樣按下查詢鍵。想補印的人按「打印」，想退票的人按「取消」並且在

下一個頁面再次確認「CANCLE」即可。

※請注意：發車前都可以在網路上申請退票，如果超過發車時間，就必須到火車站的窗口辦理。發車前一天可以免費取消，當天到發車前1小時取消，會收₩400手續費，發車前1小時內收票面價10%手續費，超過發車時間收票面價15%手續費。

從首爾搭乘國內班機前往釜山

如果想以更快的速度從首爾前往釜山，也可以從金浦機場搭乘國內班機，大韓、濟州、德威等航空公司每天有多趟航班往來，飛行時間是1小時。至於大邱，沒有從首爾直飛的航班，必須轉機。

➤ 高速巴士 고속버스

　　如果人在首爾想要前往釜山、大邱，不在乎交通時間長短、想多少省一點錢的人，可以考慮搭乘高速巴士。首爾至釜山車程約需4~5小時，首爾至大邱車程約3~4小時，如遇塞車會更久，夜間票價會加成。至於從釜山到大邱車程約1.5小時。

◎首爾搭乘地點：首爾京釜高速巴士客運站 (서울경부고속버스터미널)

交通方式：首爾地鐵3、7、9號高速巴士客運站

◎釜山下車地點：釜山西部巴士客運站 (부산서부버스터미널)

交通方式：釜山地鐵2號線、釜山金海輕軌沙上站

◎大邱下車地點：東大邱站綜合換乘中心 (동대구역복합환승센터)

交通方式：韓國鐵道、大邱地鐵1號線東大邱站

◎票種與票價：

車種	地點	價格	備註
一般高速巴士 (일반고속)	首爾→釜山	₩25,400	一般巴士，座位窄小，無wifi。
		₩27,900 (深夜)	
	首爾→大邱	₩19,300	
		₩21,200 (深夜)	
	釜山→大邱	₩7,200	
		₩8,900 (深夜)	
優等高速巴士 (우등고속)	首爾→釜山	₩37,800	座位距離較寬，可以往後躺，無wifi。
		₩41,500 (深夜)	
	首爾→大邱	₩28,600	
		₩31,400 (深夜)	
	釜山→大邱	₩10,500	
		₩11,500 (深夜)	
PREMIUM (프리미엄)	首爾→釜山	₩49,100	座位舒適間隔寬，有wifi、電視節目等可打發時間，座椅可平躺。
		₩54,00 (深夜)	
	首爾→大邱	₩37,100	
		₩40,800 (深夜)	

註：此表詳列之價格、時間為2023年6月資料，實際運行狀況請依營運單位為主。

如何查詢高速巴士班次

　　網路預訂高速巴士票，必須有本人認證的韓國電話號碼。對大部分沒有韓國電話號碼的外國遊客來說，只能到現場購票，不過還是可以透過高速巴士官網，先查詢班務時間，網頁除韓文外，也有中、英、日文，然後按照出發地和目的地搜尋即可。

高速巴士官方網站：https://www.kobus.co.kr

釜邱8大
新景點

你 去過釜山或大邱嗎？許多人或許在疫情前都曾經拜訪過這兩座城市，不過近幾年來，釜山和大邱出現了不少新景點，像是行走於海天之間的龍頭吊橋、能夠欣賞無敵海景的可愛膠囊列車，還是比首爾樂天世界大上3~4倍的釜山樂天樂園……這次，就從這些地方展開旅程吧！

新景點 No.1

松島龍宮雲橋
송도용궁구름다리

見P.81

★ 釜山

　昔日的松島雲橋因為遭受颱風襲擊而毀損，直到18年後才出現這座現代版的龍宮雲橋。這條長127公尺、寬2公尺的橋梁，可以將松島景色一覽無疑，包括與它並列松島海水浴場四大名勝的松島海上纜車、松島天空步道以及松島海岸散步路等，也因此一開放就成為社群媒體上的打卡熱點！雲橋尾端環繞東島一圈，圓形的步道讓人可以擁有360度的視野。

韓國觀光公社提供

海雲臺藍線公園
해운대블루라인파크

見P.134

釜山 ★

五顏六色的迷你列車行駛於高架軌道上,除了能以絕佳的角度欣賞海雲臺的景色,天空膠囊列車本身,也成為當地最獨特的一道風景。換個方式,搭乘位於地面的海岸列車,穿梭於昔日廢棄東海南部線改建的軌道上,這輛所有座位都面向大海的電車型列車,讓人將釜山東部美麗的海岸風光盡收眼底,同時將行程從尾浦延伸到松亭,海雲臺藍線公園無疑是釜山這幾年最熱門的新景點。

韓國觀光公社提供

新景點
No.3

釜山

釜山 X the Sky
부산엑스더스카이

見P.133

　身為韓國最大的觀景台，釜山 X the Sky位於韓國第二高建築海雲臺LCT Land Mark Tower（411.6公尺）的98~100層，在這裡能同時欣賞到自然海景與城市風光，包括廣安大橋和迎月嶺等知名地標。不能錯過的還有從384公尺高的透明玻璃地板往下看，體驗看看Shocking Bridge究竟有多刺激！

青沙浦平交道
청사포 건널목

新景點 No.4

見P.135

釜山

你是動漫迷嗎?看過《灌籃高手》吧!讓你印象深刻的一幕,一定有櫻木花道平交道。雖然這裡不是湘南,不過青沙浦這座以大海為背景的平交道,讓人想起這個經典場景,也因此現在成為釜山最新打卡景點。下次搭乘海雲臺藍線公園列車前往青沙浦時,也別忘了去拍張照!

釜山樂天世界
롯데월드 어드벤처 부산

新景點 No.5

見P.172

釜山

釜山樂天世界正式在2022年3月31日開幕,占地約50萬平方公尺的它,以童話王國為主題,總共分為「挺克瀑布」、「彩虹泉」、「奇蹟森林」、「皇家花園」、「歡樂牧場」和「地下世界」六大主題園區。除了超刺激的「巨型挖掘機」、「超級大擺錘」和「驚濤駭浪」之外,也有許多適合小朋友的遊樂設施,樂園內還有各式各樣的表演,加上五花八門的商店,以及選擇眾多的小吃與餐廳,可以玩上大半天～～

釜山天際線斜坡滑車
스카이라인 루지 부산

新景點 No.6

見P.168

釜山

就算不會開車也可以玩釜山天際線斜坡滑車！只要學會剎車和變換方向，大人小孩都可以體驗刺激快感。釜山天際線斜坡滑車門票以次數計價，分為2~5次。先搭乘空中吊椅抵達出發點，在纜車上還可以將周邊的釜山樂天世界一覽無遺。初次騎乘前會有工作人員進行教學，讓你體驗安全又刺激的飆速快感。

釜山鑽石塔
부산다이아몬드타워

新景點 No.7

見P.89

釜山

2021年年底將昔日釜山塔全面翻修後，重新對外開放的釜山鑽石塔，是拜訪釜山不能錯過的一大地標。位於龍頭山公園裡，讓你能以360度視野俯瞰釜山港一帶美景。展望台特別設計成潛水艇船艙，增添參觀樂趣，入夜後還有煙火拼圖秀，讓絢爛的煙火每晚都能在釜山夜空綻放。此外，塔內還標示了許多別出心裁的拍照點，還設計了闖關遊戲！

新景點 No.1

前山天空愛情橋 · 前山日落觀景台
앞산하늘다리 · 앞산해넘이전망대

見P.191

　　前山天空愛情橋和前山日落觀景台是大邱2022年最新景點，每天傍晚五點半點燈後，五彩繽紛且變換多端的燈光，加上前方蜿蜒而上的木棧道，搭配後方將雲彩染成紫紅色的日落，如此美景吸引許多人前來朝聖，橋上的愛心裝置藝術也是很多情侶喜歡的拍照打卡點。白天在前山上欣賞完大邱壯闊市景，不妨再到這裡讚嘆絕美日落吧！

釜邱10大
特色節慶

節慶是最能展現在地風情的活動之一,它們通常融合當地的文化背景和生活習慣,象徵著一座城市的風貌與精神。因此如果能夠在節慶時前往,不只能一窺當地人的日常,還能一起加入慶祝的行列!

特色節慶 No.1

釜山國際電影節
부산국제영화제

釜山

韓國觀光公社提供

英文名稱縮寫為「BIFF」的釜山國際電影節,打從1996年首次舉辦至今,已成為亞洲重要的影展之一。每年10月的第一個週四登場,活動時間長達10天,以地鐵Centum City站附近的電影殿堂,和南浦洞的BIFF廣場為舉辦中心,期間可以欣賞到許多平時很難看到的各國電影作品!至於電影節最大的亮點,當然是紅毯和頒獎典禮,亞洲知名演員與明星的風采令人期待～～

釜山煙火節
부산불꽃축제

特色節慶 No.2

釜山

　　2005年時，因為APEC高峰會紀念活動而誕生的釜山煙火節，一年比一年盛大，如今是釜山的代表慶典。以廣安大橋和天空為背景，超大型煙火秀幾乎照亮天空，讓夜晚比白天還要燦爛，五顏六色的燈光結合動感的音樂，為所有人獻上一場視覺與聽覺的饗宴。伴隨著秋日夜晚的涼風，每年10月～11月登場的釜山煙火節，除了廣安里海水浴場，還能在荒嶺山烽火台、迎月嶺和青沙浦等地欣賞到。

韓國觀光公社提供

韓國觀光公社提供

海雲臺沙灘節
해운대모래축제

特色節慶 No.3

釜山

　　釜山象徵之一的海雲臺，到了天氣回暖的時節，海灘上也開始出現各式各樣的活動。搶在海水浴場開放之前的海雲臺沙雕節，最初舉辦於2005年，日後成為當地具代表性的5月節慶。來自世界各地的藝術家，以沙為素材打造出一件件巨型沙雕作品，經常可以看見世界知名建築或名人出現其中。此外，作品四周還會舖設甲板，方便大家參觀，不必擔心會踩出滿腳沙。

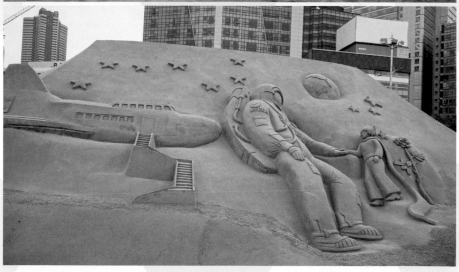

海雲臺光之慶典
해운대빛축제

No. 4

特色節慶

釜山

韓國觀光公社提供

　　夏天的海灘，到了冬天會是什麼模樣？2023年邁入第十屆的海雲臺光之慶典，將顛覆你對這座海灘的印象！每年大約從11月中到1月底，海雲臺隨處可見炫目的燈飾和光影，海水浴場的沙灘更是鋪滿整片LED燈海，在夜裡閃閃發光，感覺既浪漫又夢幻，讓人分不清置身於現實或童話之中，冬天似乎也變得沒有那麼寒冷～～

釜山海洋美術節
부산바다미술제

No. 5

特色節慶

釜山

韓國觀光公社提供

　　釜山海洋美術節是每兩年舉辦一次的藝術節，地點就在多大浦海水浴場。這個最初為配合1988年首爾奧運舉辦的其中一項文化活動，初登場是1987年，在1996年以前都是在海雲臺和廣安里海水浴場舉辦，後來才移師至今日地點。活動從9月底一直到10月底，可以欣賞到以大海為背景的雕刻、裝置藝術、壁畫、照片和表演等展覽。

韓國觀光公社提供

韓國觀光公社提供

特色節慶
No.6

釜山聖誕樹文化節
부산크리스마스트리문화축제

釜山

韓國觀光公社提供

　　冬天的釜山還有另一個令人期待的節慶,那就是聖誕樹文化節。在南浦洞的光復路上,出現各式各樣、大小不一的聖誕樹,伴隨著馴鹿、雪人、聖誕帽等裝飾,在五顏六色的LED燈襯托下,彷彿置身於光之城市,讓這條購物街變得更加絢爛。廣場中央的主舞台,入夜後還有歌唱和表演,充滿著歡樂的氣息,釜山聖誕樹文化節每年在11月底到隔年1月初登場。

釜山洛東江油菜花節
창녕낙동강유채축제

釜山

黃澄澄的油菜花隨風搖曳，宣告著春天的到來。占地約100萬坪的大渚生態公園（대저생태공원），位於釜山江西區、洛東江下游，一望無際的花田在4月綻放，述説著「數大便是美」的勝景。每年3月底或4月初，當地都會舉行為期約7~8天的油菜花節，讓大家走進花田之間的小徑，展開一趟大自然的療癒之旅。運氣好的人，還可以同時看見櫻花與油菜花齊放的畫面！

韓國觀光公社提供

韓國觀光公社提供

韓國觀光公社提供

韓國觀光公社提供

特色節慶
No.**8**

三光寺燃燈節
삼광사 연등축제

★釜山

　　又稱為浴佛節的佛誕日，源自於2,600多年前誕生於藍毗尼花園的悉達多太子，也就是後來的佛陀，據說當時有九條龍吐出清水為他洗浴……佛誕日是韓國的公眾假期，訂於農曆的4月8日，各大佛教寺院會舉行燃燈會。位於釜山鎮的三光寺是天臺宗的第二大寺，坐落於白楊山山麓，每年佛誕日前後（大約5月初到5月底），會點燃4萬多盞蓮燈加以慶祝，形成一片五彩繽紛的燈海，既莊嚴又壯觀，還曾被CNN選為「韓國必訪最美50景」。

特色節慶 No.1

大邱炸雞啤酒節
대구치맥페스티벌

☆ 大邱

炸雞是大邱的代表美食之一，當地的炸雞啤酒節更是每年夏天的重頭戲！搭配沁涼的啤酒，還有什麼比這個更美味和透心涼的節慶？2013年開始舉辦，每年大7、8月登場的炸雞啤酒節，地點選在頭流公園，活動期間許多知名連鎖炸雞店都會參加，可以一次品嚐到多種美味炸雞，此外還有知名歌手或DJ前來助陣，從K-POP演唱會到EDM Party讓人High翻天，當然也別錯過晚上9:09一起乾杯的炸雞啤酒99乾杯時間！

韓國觀光公社提供

韓國觀光公社提供

酒　後　不　開　車

韓國觀光公社提供

韓國觀光公社提供

韓國觀光公社提供

特色節慶 No.2

E-World星光節
이월드 별빛축제

★大邱

韓國觀光公社提供

　　緊鄰頭流公園的E-World,是大邱知名的主題樂園,除遊樂設施外,還有瀑布、花園、農場等景觀,洋溢著歐式風情,每年櫻花盛開的季節,園區內隨處可見浪漫景色。春天以櫻花慶典著稱,冬天的E-World同樣迷人,每年11月底到隔年2月底舉辦的星光節,更是一場不容錯過的光之饗宴,讓人彷彿愛麗絲掉進兔子洞,來到另一個奇幻的世界~~

釜邱19樣
必吃美食

完美的旅程,除了大飽眼福、拜訪有趣的景點之外,美食也是不可或缺的一環!釜山、大邱旅遊究竟有哪些不能錯過的必吃美食?趕快看看這份清單,各位吃貨吃起來吧~~

必吃美食 No.1

豬肉湯飯
돼지국밥

釜山

釜山最具代表的美食之一,當然是豬肉湯飯!

關於豬肉湯飯的由來,有一說是韓戰時期,釜山的難民撿了美軍部隊裡不要的豬骨、豬頭肉、豬內臟做成雜碎湯飯,結果意外的味道可口,便流傳至今。根據每家店的對豬肉與湯頭的料理方式不同,豬肉湯飯口味也會有些許差異喔。

必吃美食 No.2

生魚片
생선회

釜山

在釜山札嘎其魚市場,每天都有大量的新鮮魚獲進港,老饕們又怎能錯過吃超新鮮生魚片的機會呢?除了札嘎其魚市場,在白淺灘、太宗台等知名靠海景點,也有海女奶奶們親自下海捕獲的魚貨直接在岸邊販售。各式各樣的生魚片,不怕不夠吃,就怕你不吃!

大閘蟹
대게

🌟 釜山

若要在台灣吃蟹肉吃到飽吃到爽，常常荷包會瘦到令人想尖叫！來到靠海的釜山，當然不能錯過吃海鮮的機會，相較於台灣高昂的蟹價，在釜山可以用CP值相對高的價格，吃蟹吃到飽。

烤貝 No. 4
조개구이

🌟 釜山

相信有些人不敢吃生魚片，不用擔心！烤熟的貝類總可以吃了吧？

又大又肥的各式貝類與海鮮擺在烤盤上，烤得讓人口水直流，通常老闆還會提供一大把起司，任客人灑在烤貝上加料，美食當前，沒有卡路里的問題！

龍宮炸醬麵 No. 5
용궁해물쟁반짜장

🌟 釜山

位於釜山知名景點「海東龍宮寺」入口處的龍宮炸醬麵，雖不在釜山市中心，卻一點也不影響特地前來用餐的饕客們決心。最招牌的料理就是托盤炸醬麵，帶點微辣的炸醬麵佐以大量海鮮，更捨去韓國普遍一份料理至少兩人起才能點餐的規則，就算只點一人份也可以。

機張手工刀削麵 No. 6
기장손칼국수

🌟 釜山

位於西面市場內，便宜又大碗的手工刀削麵，現點現切現煮，店內常常都是人來人往絡繹不絕。湯頭帶點鯷魚湯鮮甜清爽的味道，厚實的刀削麵條吃起來超有嚼勁，早早就開始營業的市場特點，也很適合作為早餐食用。

韓國烤肉 No.7
불고기

釜山

「來韓國就是要吃肉啊!」這句話,總是不斷的從來韓旅遊的觀光客口中聽到,感覺韓國旅遊如果沒吃到韓國烤肉就會留下遺憾,無論是預算較高的韓牛,或是平民普遍可接受的烤豬三層肉,為了不讓韓國之旅留下遺憾,不管什麼肉都很值得一吃!

黑糖堅果餅 No.8
호떡

釜山

　　　　　傳統市場內隨處可見的釜山小吃,每個攤位前都會排著人龍。白胖胖麵團先煎後炸,變得金黃後撈起從中間劃開,塗抹上黑糖再塞入大把堅果,成了人氣街邊小吃!相較於傳統黑糖餅,加了堅果的黑糖餅,各式堅果中和了甜味,比較不會那麼死甜,更好入口!

釜山魚糕 No.9
오뎅

釜山

　　許多首爾魚糕店想要強調自己販售的魚糕好吃、原料真材實料時,常常會標註上「釜山產」魚糕字樣吸引客人,而在釜山最為著名的魚糕店,當屬連鎖店一家一家開的「古來思魚糕」囉!

奶奶油豆腐包 No.10
할매유부전골

釜山

　　富平罐頭市場內的奶奶油豆腐包也是釜山必訪小吃之一!油豆腐包中間包裹著韓式冬粉,就像是韓國式的淡水阿給。碗裡裝上滿滿的魚糕、魚板和油豆腐包,還可以免費續湯。

小麥麵
밀면

秘吃美食 No.11

釜山

以牛、豬或雞的骨頭或肉，加上大量藥材與蔬菜熬煮湯頭的小麥麵，結合了慶尚道的小麥冷麵，以及6.25戰爭時從北方南下避難的人們常吃的冷麵。湯汁裡漂浮著碎冰，加上一坨辣醬，吃起來有點酸有點辣，加上小麥麵的甜味，不但非常開胃，口感也很豐富呢！

東萊蔥煎餅
동래파전

No.12

釜山

東萊不只有溫泉，還有大名鼎鼎的蔥煎餅。東萊是釜山的舊稱，過去曾是蔥的主要產地，據說朝鮮時代的東萊府使把這道最具傳統風味的美食獻給了國王，也因此來到這裡怎麼能不嚐嚐帝王級的美味？整把青蔥入菜，加入海鮮或牛肉，吃的時候沾點醋辣椒醬，美味更加升級～～

鱈魚湯
대구탕

No.13

釜山

喜歡吃海鮮的人，千萬別錯過鱈魚湯。名字唸起來正好和大邱同音，厚切的魚肉非常鮮嫩，搭配自帶鮮甜的原味魚湯，讓人一吃上癮，喝完後感覺非常舒暢。如果想吃辣的口味，也可以將店家提供的辣粉加入湯中，不過建議一定要先試試原味。除了正餐以外，也有很多韓國人把它當成解酒湯食用。

豬腳
족발

No.14

釜山

不同於台灣滷的油油亮亮的豬腳，韓國豬腳讓人感覺一點都不油膩，而且肥肉非常Q彈，沒有吃過的人一定得試試，很可能會顛覆你對豬腳的印象！豬腳在釜山還有特別的吃法，是以涼拌的方式呈現，搭配小黃瓜、辛奇、蘇子葉等小菜享用，畫龍點睛的還有各家不同的沾醬，有點辣、帶點酸甜，一不小心就一口接一口停不下來！

燉排骨
찜갈비
必吃美食 No. 1　大邱

大邱著名美食「燉排骨」，有名到甚至有一整條街都是販售燉排骨的店。大邱的燉排骨又有人稱作「排骨蒸」，將排骨燉至軟嫩又入味，部分店家辣度可調整，除了豬肉也有部份店家提供牛肉選擇。

醬油炸雞

調味炸雞

炸雞
후라치킨
必吃美食 No. 2　大邱

炸雞也是韓國旅遊行程中必吃的美食，即使已經吃撐喝飽，還是要點一炸雞當宵夜。不說還不知道，深受外國人喜愛的橋村炸雞正是從大邱起家的呢！每家炸雞店都有許多豐富且多樣的口味，可以多方比較後再挑選喜歡的炸雞店。原味炸雞（후라이드）適合喜歡炸得酥酥脆脆外皮、搭配雞肉本身鮮甜的人，調味炸雞（양념치킨）適合可以吃辣的人，醬油炸雞（간장치킨）適合不吃辣但想吃鹹的人。

烤腸
막창구이
必吃美食 No. 3　大邱

曾經獲選為韓國五大美食之一的烤腸，可說是下酒良伴。起源於大邱的烤腸，指的是大腸頭（막창），也可以點小腸（곱창），沾上加了蒜、蔥的醬料一起享用，更是美味。除了原味與辣味之外，現在也有添加起司的特殊吃法，總之走一趟安吉郎烤腸街就對惹！

大邱扁餃子
납작만두
必吃美食 No. 4　大邱

大邱特有的美食「扁餃子」，煎過的扁餃子有的會包入冬粉，有些則沒有內餡，吃起來像是煎得邊緣酥脆的水餃皮，每家店的吃法也有些許不同，像是配上辣炒年糕的醬汁一起伴著吃，有些則是直接吃原味、配醃蘿蔔或是醬油。

紅豆麵包
팥빵
必吃美食 No. 5　大邱

大邱麵包店不少，紅豆麵包更是其中的明星商品，不少麵包店店名中都還加上紅豆麵包幾個字呢！不過各家做法不同，像是「起 麵包匠人紅豆包」以奶油紅豆麵包為招牌，「大邱近代胡同紅豆麵包」因爆漿紅豆包大受歡迎，至於「三松麵包」則推出麵包皮口感特殊的菠蘿紅豆麵包……

樂天超市
必吃必喝必買

在韓國，樂天集團光是超市就經營120間以上，規模有大有小，不只牽動著韓國人的日常生活，更是受到外國觀光客的喜愛，尤其隨著觀光旅遊的興盛，加上超市購物消費滿₩30,000以上能現場辦理退稅後，更是激起遊客們掃貨的鬥志。現在就跟我們一起掃貨去！

必吃 6款

國民拉麵 價格親民又好吃

辛拉麵
價格便宜又好吃，韓國人心中永遠的第一名！

真拉麵
和辛拉麵推出時間差不多的老牌，口碑也不錯，分辣味與原味，杯麵比較好吃！

辣雞麵
人氣超旺的黑色辣雞麵擁有中毒般的辣度，讓人又愛又恨，是嗜辣之人吃過後會想念的一款拉麵！

安城湯麵
超市常看到的拉麵品牌，口感偏清爽版的辛拉麵。

狸拉麵
特色是內含一大片海帶與魚板，清爽口感，很適合女生。紅色包裝為辣味，橘色包裝則為原味。

黑款：
超辣原味

粉紅款：
奶油義大利麵

黃款：
辣起司

綠款：
辣炸醬

海鮮辣湯麵
由韓國名廚李連福親自調配出最棒口味的海鮮辣湯麵。

掃貨前的 大提醒！

注意！臺灣人最愛搬貨的商品第一名，當然是韓國泡麵啦！但是近年受到非洲豬瘟疫情影響，臺灣也加強管制、檢查從韓國入境臺灣的行李，建議避免攜帶含肉商品（泡麵、罐頭）回臺喔！

零食這樣買
才懂吃！

精選 **12** 樣

巧克力棒
韓國復古餅乾，酥脆餅乾外層與濃厚巧克力內餡。

韓國金牛角
口感外觀都激似台灣金牛角的一款餅乾，口味多樣，極推辣味。

預感烤洋芋片
預感烤洋芋片是由烘焙而成，口感不油膩外也更有香氣。推薦黃盒原味。

巧克力派
有LOTTE、情及海太OH YES巧克力派，口感各有不同。

> LOTTE巧克力派：內餡是生奶油。

> 「情」巧克力派：在韓劇中出場率很高，是最老的品牌。

> 海太OH YES巧克力派：正方型的蛋糕內層夾上巧克力餡，連歌手太妍都愛吃！

烏龜餅乾
餅乾多層的酥脆口感是一大特色，有玉米濃湯、鮮蝦及肉桂口味，推薦綠色包裝。

Binch巧克力餅
受歡迎程度就連在地鐵自動販賣機都有賣的韓國超市必買餅乾！一半巧克力、一半餅乾的豪華巧克力餅～～

My chew 水果軟糖
類似台灣嗨啾但更為有嚼勁的水果軟糖！

咖啡糖
喜歡喝咖啡的朋友不能錯過，添加鹽味奶油味道的咖啡糖。

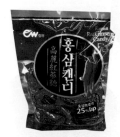

紅蔘糖
送給長輩的最好伴手禮，分有硬質的糖果與軟質的軟糖兩種可挑選。

青葡萄糖
富含12%果汁的青葡萄糖，一包份量極多，含在嘴裡可以感受青葡萄在口中跳躍的美味口感，一顆接一顆，停不下手。

烤地瓜條
看電視的好夥伴乾燥烤地瓜條，另也有柿子乾等各類水果乾。

YOHI優格乳酸菌夾心餅
曾因知名偶像代言而賣到缺貨的超厲害餅乾，乳酸菌清爽的滋味搭配優格餅乾，甜而不膩。藍色包裝為原味餅乾，橘色包裝則為小麥餅乾。

韓國料理 加這些就對了！

必買 6 味

香油
菜餚只要加上一點香油，就是滿滿的韓料風味。

辣椒醬&大醬
買一組回家，在家就能煮出正統韓國料理！

超人氣韓國飲料 喝起來！

必喝 6 樣

香蕉牛奶
韓國國民飲料，另有草莓、哈密瓜、咖啡及輕爽版香蕉牛奶，隨著季節不同更有季節限定橘子口味、水蜜桃口味、荔枝口味。

上下牧場有機農牛奶
小小一瓶，價格不便宜，但是非常好喝的牧場有機農牛奶，有巧克力、草莓、香蕉口味等。

43

調味粉
調味各式佳餚粉末，炒碼麵、辣炒年糕、部隊鍋，在家中也能重現韓式美味。

韓式料理包
一包包裝好的人蔘雞湯、豆腐泡菜鍋，真材實料，回家加熱就能吃！

泡菜
推薦買夾鏈袋真空包裝的泡菜，美味且攜帶方便，小容量包裝不易壞。

海苔
到韓國必買的海苔，用來包飯、單吃都美味。

啤酒
韓國人常喝的牌子為CASS與HITE，口感清爽不苦澀。樂天品牌Fitz啤酒也很有人氣！

米釀
由Paldo出產的傳統米釀，是洗完汗蒸幕後必喝飲料！

韓國濁酒
又稱馬格利，韓國國民吃法就是把邊吃煎餅邊喝馬格利。

燒酒
原味燒酒口感灼辣燒喉，相較下水果燒酒親切可愛很多。水果燒酒中最推葡萄柚及青葡萄口味！

酒　　　　後　　　　不　　　　開　　　　車

Day 1

釜邱行程大公開

09:00

和小王子來張合影！

甘川洞文化村

搭乘西區2、沙下1-1號小巴

11:30

將釜山港盡收眼底～

天馬山展望台

搭乘134、190號公車前往土城站，再搭地鐵前往札嘎其站。

13:00

在市場旁找間餐廳大啖海鮮

札嘎其市場

步行約10分鐘到公車站，後搭乘6號公車。

14:30

欣賞騰空穿越海面的絕景！

松島海上纜車

釜邱這麼大，要怎麼玩最順、最齊全？就讓我們為你安排最棒的釜山三天兩夜和大邱兩天一夜玩法。另外附加六天五夜行程，讓你利用火車或高鐵一次玩翻兩座城市！

釜山三天兩夜這樣玩！

釜山三天兩夜行程，先從市區開始觀光，拜訪甘川洞文化村，穿梭於札嘎其站和南浦站之間。第二天前往海邊，搭乘膠囊列車順遊青沙浦，在海雲台一帶遊玩。第三天搭乘東海線到Osiria站，玩遍海東龍宮寺、釜山樂天樂園等景點，再到機張吃海鮮。

約3分鐘步行

穿梭於天空和大海之間

15:45

松島龍宮雲橋

約5分鐘步行

步行約15分鐘

21:30

龍頭山公園

20:30

登上釜山鑽石塔賞景

步行約5~10分鐘

豆腐家

19:30

來份經典的豆腐拌飯！

步行約5~10分鐘

南浦商圈光復購物街

18:00

感受釜山的購物樂趣～

在EL 16.25前搭乘7、30、71號公車回到札嘎其站，後步行約10分鐘。

喝杯咖啡吃些點心休息一下

16:30

EL 16.25

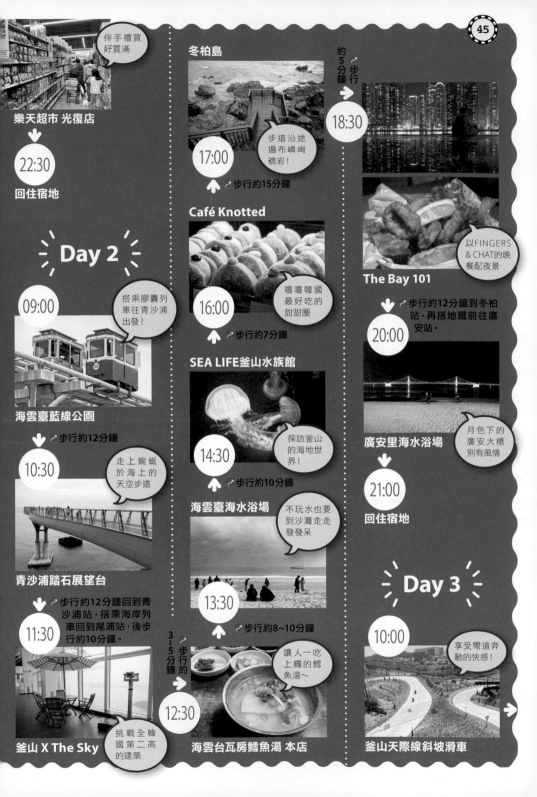

樂天超市 光復店

伴手禮買好買滿

22:30

回住宿地

冬柏島

17:00

步道沿途遍布嶙峋礁岩！

步行約15分鐘

約5分鐘 步行

18:30

The Bay 101

以FINGERS & CHAT的晚餐配夜景

Day 2

09:00

搭乘膠囊列車往青沙浦出發！

海雲臺藍線公園

步行約12分鐘

10:30

走上蜿蜒於海上的天空步道

青沙浦踏石展望台

步行約12分鐘回到青沙浦站，搭乘海岸列車回到尾浦站，後步行約10分鐘。

11:30

挑戰全韓國第二高的建築

釜山 X The Sky

Café Knotted

16:00

嚐嚐韓國最好吃的甜甜圈

步行約7分鐘

SEA LIFE釜山水族館

14:30

探訪釜山的海地世界！

步行約10分鐘

海雲臺海水浴場

不玩水也要到沙灘走走發發呆

13:30

步行約8~10分鐘

3~5分鐘 步行約

12:30

讓人一吃上癮的鱈魚湯～

海雲台瓦房鱈魚湯 本店

20:00

步行約12分鐘到冬柏站，再搭地鐵前往廣安站。

廣安里海水浴場

月色下的廣安大橋別有風情

21:00

回住宿地

Day 3

10:00

享受彎道奔馳的快感！

釜山天際線斜坡滑車

12:30

回到下車的公車站，從後方巷子步行約10分鐘。

人氣美食店的炸醬麵必吃～

龍宮海鮮托盤炸醬麵

↓ 步行約2分鐘

13:00

朝許願池丟枚錢幣許願

海東龍宮寺

↓ 搭乘計程車，車程約7~10分鐘。

15:00

在童話王國裡找回童心

釜山樂天世界

↓ 步行約10分鐘

19:00

無論潮牌或名牌都是戰利品

樂天名牌折扣購物中心東釜山店

↓

21:00

回住宿地

大邱兩天一夜這樣玩！

兩天一夜看來很短，但也足以快閃大邱主要景點。先從市區最具代表性的景點逛起，位於中央站和半月堂站之間的舊第一教會、桂山聖堂、青蘿丘等，是大邱一路以來發展縮影。第二天向外延伸，在E-World感受主題樂園的魅力，前往前山觀景台和天空愛情橋，藉由不同視野欣賞大邱的城市風光。

Day 1

9:00

體驗1950年代的懷舊氛圍～

香村文化館

↓ 步行約5分鐘

10:30

感受昔日大邱城邑的風貌

慶尚監營公園

步行約15分鐘 →

11:30

認識一下藥令市歷史！

韓醫藥博物館

3.1運動路

拍張和《金秘書》一樣的照片

↑ 步行約3分鐘

15:30

桂山聖堂

尋找身穿韓服的彩繪玻璃人物

14:30

↑ 步行約6分鐘

巨松

就用美味的燉排骨當午餐

13:00

↑ 步行約2分鐘

舊第一教會

欣賞美麗的紅磚照建築

12:30

↑ 步行約2分鐘

🚶 步行約5~10分鐘

16:00

秒穿越異國的浪漫情調

青蘿丘

🚶 步行約12~15分鐘

17:00

加入當地人的逛街活動

半月堂地下街

🚶 從地下街12號出口前往，步行約4分鐘。

18:30

晚餐就點招牌炒碼麵或中華拌飯

有昌飯店

🚶 步行約15分鐘

19:30

逛街之餘也別忘了到SAPRK LAND搭摩天輪

東城路

21:00

回住宿地

Day 2

9:00

美麗壁畫拍不完！

金光石街

🚶 步行約7分鐘到慶大醫院站，再搭地鐵前往頭流站。

10:30

好拍又好玩的主題樂園～

E-World、83塔

🚶 從大門步行約7分鐘到頭流站，再搭地鐵前往安吉郎站。

15:00

喝杯咖啡吃個點心休息一下

前山咖啡街

🚶 從前山咖啡街搭乘600、750號公車，車程約10分鐘。

16:30

前山纜車

回住宿地

21:00

安吉郎烤腸街

香噴噴的烤腸越嚼越美味

19:30

🚶 步行約5分鐘，在公車站搭乘410-1、達西4號公車到地鐵安吉郎站，再步行約8分鐘。

前山天空愛情橋

在前山日落觀景台欣賞黃昏

18:00

🚶 從纜車站步行約18分鐘到停車場前公車站，再轉達西4號公車。

去前山展望台俯瞰大邱全景吧！

釜邱六天五夜這樣玩!

六天五夜可以有更充裕的時間,好好遊覽這兩座城市,行程從釜山進、大邱出,不但可以節省一趟折返的交通時間與車資,安排起來也更順暢。除了市區之外,釜山還能延伸到白淺灘、竹城聖堂等較外圍的景點。大邱則能登上八公山賞景、前往桐華寺朝聖。

Day 1

9:00

釜山獨具特色的開合橋

影島大橋

🚌搭乘7、71、508號公車,車程約10分鐘,再步行2~3分鐘。

10:00

絕影海邊散步路

沿著海邊散步吹風

5~10分鐘 🚶 步行約

11:00

感受另類的希臘村落風情

白淺灘文化村

甘川洞

漫遊釜山的馬丘比丘~

15:00

🚇搭乘地鐵到土城站,後轉乘西區2、西區2-2、沙下1-1號小巴。

札嘎其市場

在熱鬧的市場氣氛中大啖海鮮

13:30

🚌搭乘7、71、508號公車回到南浦站,後轉搭地鐵前往札嘎其站。

Café Jimmy

12:00

搭配無敵海景喝杯咖啡!

🚶步行約2~3分鐘

步回到當初下車地點的對向公車站,搭乘西區2、沙下1-1號小巴。

18:00

欣賞釜山港的日落

天馬山天空展望台

🚌走回大馬路,搭乘134、190號公車回到土城站,後轉搭地鐵到西面站。

19:30

以豐富的韓定食犒賞自己!

鄉村飯桌

🚶步行約5分鐘

20:30

KT&G想像庭院

點杯獨特的人蔘飲或血拼

22:00

回住宿地

Day 2

9:00

搭乘膠囊列車往青沙浦出發！

海雲臺藍線公園

⏷ 🚶 步行約12分鐘

10:30

走上蜿蜒於海上的天空步道

青沙浦踏石展望台

🚶 步行約12分鐘回到青沙浦站，搭乘海岸列車回到尾浦站，後步行約15分鐘。

11:30

不玩水也要到沙灘走走發發呆

海雲臺海水浴場

⏶ 🚶 步行約3~5分鐘

12:30

感受各種在地小吃的魅力

海雲臺市場

⏶ 🚶 步行約3~5分鐘

Café Knotted

14:00

以韓國最好吃的甜甜圈當甜點

🚶 步行約3分鐘到海雲臺站，後搭乘地鐵前往Centum City站。

15:00

在全世界最大的百貨公司血拼或洗汗蒸幕

新世界Centum City

⏷ 🚶 步行約3分鐘到Centum City站，後搭乘地鐵前往田浦站。

18:00

田浦文青小店

穿梭特色小店中尋寶

⏷ 🚶 步行約5分鐘

19:30

田浦咖啡街

挑間喜歡的咖啡館以麵包和甜點滿足味蕾

⏷

21:30

回住宿地

☆ Day 3 ☆

10:00

唯美的異國風情教堂

竹城聖堂

👇 ⊘ 回到下車處，搭乘機張區6號小巴前往機張市場。

11:30

美味的螃蟹任君挑選

韓國觀光公社提供

韓國觀光公社提供

韓國觀光公社提供

機張市場

回住宿地
↑
21:00

在童話王國裡找回童心

釜山樂天世界

16:30 ⊘ 重返公車站，搭乘1001、139號公車回到Osiria站，再步行約10分鐘。
↑

朝許願池丟枚錢幣許願吧

海東龍宮寺

15:00 ⊘ 回到下車的公車站，從後方巷子步行約12分鐘。
↑

⊘ 從機張站搭乘東海線道Osiria站，在站前公車站牌搭乘1001、139號公車。 ➡

享受彎道奔馳的快感！

13:00

釜山天際線斜坡滑車

Day 4

9:30

釜山站
把行李先寄放在釜山站

⏷ 🚶步行約3分鐘

10:00

欣賞美麗的紅磚建築

舊百濟醫院

🚶步行約7分鐘

前往飯店check-in
15:30
先將行李安頓好～

⏶ 🚇搭乘地鐵

釜山站
搭乘火車前往大邱

13:30
🚌走至坡道下方公車站，搭乘190號等公車回釜山站。

草梁1941/845
來份美味早午餐或糕點

11:30
🚶步行約20分鐘

168階梯

10:30
挑戰體力的特色階梯！

慶大醫院站 🚇搭乘地鐵前往

16:30

金光石路
透過壁畫感受音樂才子一生

🚇搭乘地鐵前往七星市場站
18:30

常客食堂
不能錯過的美味烤肉

⏷ 🚶步行約3~5分鐘

19:30
星空想像七星夜市
在河邊吹著晚風逛夜市

21:00

回住宿地

Day 5

9:00

與33公尺高的佛像合照

桐華寺

韓國觀光公社提供

10:30

🚌回公車站搭乘急行1號公車到八公山終點站，後步行約5分鐘。

登高望遠賞景去～

八公山纜車

🚌回公車站搭乘急行1號公車到平和市場

13:00

以多種口味的炸雞胗當午餐

和平市場炸雞胗街

青蘿丘

秒穿越異國的浪漫情調

16:30

🚶步行約5~10分鐘

3.1運動路

16:00

拍張和《金秘書》一樣的照片

🚶步行約3分鐘

桂山聖堂

15:30

尋找身穿韓服的彩繪玻璃人物

🚶步行約3~5分鐘

1號公車到東城路 🚌回公車站搭乘急行

欣賞美麗的紅磚照建築

15:00

舊第一教會

12~15分鐘 🚶步行約

加入當地人的逛街活動

17:30

半月堂地下街

🚶從地下街18號出口前往，步行約3分鐘。

19:00

到大邱怎們能錯過燉排骨！

巨松

🚶步行約10分鐘

20:30

逛街之餘也到SAPRK LAND搭摩天輪

東城路

22:00

回住宿地

-☀- Day 6 -☀-

9:00

達城公園

> 去看慶尚監營正門觀風樓

⬇ 🚶步行約13~15分鐘

10:00

> 和藍色月亮拍照打卡～

大邱藝術發展所塔

前山咖啡街

> 以咖啡和甜點展開下午茶時光

16:00

> 🚌回到公車站，搭乘410-1號公車在前山咖啡街附近下車。

前山纜車

> 去前山展望台俯瞰大邱全景吧！

14:30

> 🚇搭乘地鐵到安吉郎站，再轉搭410-1號公車到前山公園站，後步行15分鐘。

🚶步行回到達城公園站，再搭地鐵前往西門市場站

11:30

> 逛逛市場品嚐扁餃子小吃

西門市場

🚶步行回到安吉郎站，後搭乘地鐵前往頭流站。

> 夜間的遊樂園另有一番味道

17:30

E-World

⬇ 🚶步行約3~5分鐘

19:00

83塔

> 在83塔吃晚餐、欣賞夜景

⬇

21:00

回住宿地

釜山Busan

부산

釜山位於慶尚南道的東南隅，在15世紀時是一座名叫富山浦的小漁港，後來由於群山圍繞港口的地勢像極了煮飯的大釜，而被改稱為釜山。

西元1876年釜山開港，逐漸成為連接日本及西歐各國重要的國際貿易港，並發展成僅次於首爾的第二大城，擁有將近350萬人口。釜山氣候溫暖，海港性格熱情奔放，是一個充滿活力與多樣貌的城市。在市中心的南浦洞、西面有著引領潮流的時尚風貌，是年輕人聚集的熱鬧商圈；郊區的海雲臺、廣安里有美麗的海灘，高級飯店櫛比鱗次，為遠近知名的度假區；搭乘地鐵還能夠到達東萊溫泉鄉，享受溫泉近在咫尺。每年舉辦的釜山國際電影節、釜山國際藝術節、釜山煙火節等，總是吸引許多觀光人潮，熱鬧不已。

韓國觀光公社提供

韓國觀光公社提供

釜山市區交通大破解

釜山，身為韓國第二大城和最大港口城市，面積廣達770平方公里，將近台北市的三倍大，所幸有多條地鐵以及鐵路東海線共同組成的釜山都市鐵道（부산 도시철도），再搭配密集的公車路線（或計程車），就能在這座城市暢行無阻。

釜山都市鐵道

地鐵

地鐵無疑是遊歷釜山最重要的交通工具。不但便利性高，幾乎九成以上的景點都能透過釜山地鐵到達，是釜山旅遊中最推薦的交通方式。釜山地鐵總共分為4條線，大部分位於地下，少數採用地面或高架車站，全都由釜山交通公社營運。

1號線（橘黃色）

往來於多大浦海水浴場和老圃之間，全長40.5公里，共有40站。它是釜山第一條營運的地鐵路線，1985年開始通車，沿途經過許多知名景點或最繁忙的區域，包括札嘎其、南浦、中央、釜山站、西面等，是釜山運輸量最大的軌道交通路線。

2號線（淺綠色）

以萇山和梁山為起點和終點，全長45.2公里的它，是釜山地鐵中最長的一條路線，沿途行經43個站。1999開始通車，不僅往來於釜山，更串連起慶尚南道的涼山市，沿線經過海雲臺、冬柏、Centum City、廣安、西面等遊客經常拜訪的地方。同時還以BEXCO與東海線、以及沙上與金海輕軌等廣域鐵路相交。

3號線（褐色）

2005年通車的3號線，往來於水營和大渚之間，全長18.3

釜山地鐵注意事項

在釜山搭乘地鐵，大多和台灣沒有兩樣，列車進站時，先靠邊站，讓車上的人先下車後才上車。必須注意的是，位於車廂兩側的博愛座，專門提供給殘障、長者或孕婦使用，一般人都不會去坐，如果不是上述對象，坐博愛座有時可能會遭到長輩指責！

公里，總共有17個站。遊客使用這條路線的機會比較少，不過它以水營、蓮山、巨堤、美南、大渚等站，與釜山地鐵、輕軌或東海線交會。該地鐵線有許多位於地底深處的車站，像是深達地下9層的萬德站，就是韓國地鐵系統中最深的車站！

4號線（藍色）

4號線的出現是為了解決海雲臺地區長期交通壅塞的問題，以美南和安平為起點和終點，全長12公里，沿途共設14站，以美南、東萊、樂民等站和釜山地鐵以及東海線相連。它是釜山地鐵中唯一使用膠輪捷運系統（而非傳統鋼輪）的地鐵路線。

◎地鐵票價一覽表(2023/10/7公布票價)

交通卡類型	成人	青少年	兒童
儲值型交通卡	一段票₩1,450	一段票₩1,050	一段票₩免費
	兩段票₩1,650	兩段票₩1,200	兩段票₩免費
一次性車票	一段票₩1,550	一段票₩1,150	一段票₩700
	兩段票₩1,750	兩段票₩1,300	兩段票₩800

備註：根據路程距離劃分1段票(10km以內)、2段票(10km以上)。

◎定期票票價一覽表

區分	票價	利用指南
一日票	₩5,000	購買當日不限區間、次數
七日票	₩21,000	7日內不限區間，最多使用20次
月票	₩60,000	30日內不限區間，最多使用60次

如果一天要搭乘多次地鐵的人
除了以上講述的儲值型交通卡，另有提供會頻繁搭乘地鐵的遊客使用的優惠定期車票，需注意此類票卷不適用於金海輕軌路線，僅限釜山都市地鐵使用，可以自行根據行程做選擇。

交通卡在哪裡買？如何使用？
T-Money可以在標示有「T-Money」或「Cash bee」的商店、便利商店購買；各個地鐵站的票卡販賣機也可以買到。第一次購買卡身，無論是基本型、Korea Pass或Seoul City Pass Plus，都是一張空卡，必須加值後才能使用。通常在購買卡片的地方就可以直接請服務人員幫你加值；也可以在各個地鐵站的加值機自己執行加值。

🌐 eng.t-money.co.kr

▶東海線
　　東海線屬於韓國鐵道公社的鐵路系統，也是韓國其中一條主要幹線鐵路，往來於釜山市東區釜山鎮站以及慶尚北道浦項市浦項站之間，除本線外另有7條支線共同組成。

　　全長188.3公里的它，總共有37個車站，在2016年釜山站和日光站之間完成電氣化工程後，編入釜山地鐵路線。票價和釜山地鐵一段票一樣，之後每超過10公里加收₩200，可以使用T-money等交通卡免費轉乘。

➡ 如何購買單程票？

1 在地鐵站內尋找購票機

每次應該儲值多少？可以退費嗎？

交通卡每次可加值₩1,000~₩90,000，可以衡量自己的需求儲值，如果只是用來搭乘地鐵或巴士，₩10,000就可以搭乘約8趟，非常方便。

使用過的交通卡本身不能退款，不過卡片裡的餘額可以退款，要尋找能夠接受退款的特定便利商店代為處理，退款時會酌收手續費₩50。

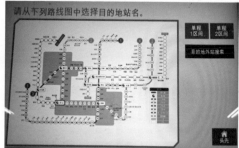

4 接下來銀幕會出現釜山都市鐵道路線圖

2 選擇想要的語言

5 選擇想要前往的地鐵站

3 選擇想要的服務，單程票為「普通票發售」。

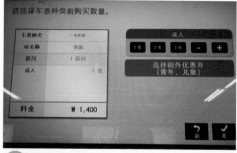

6 選擇想要的張數

7 按照金額投入現金，就能從票口取得車票。

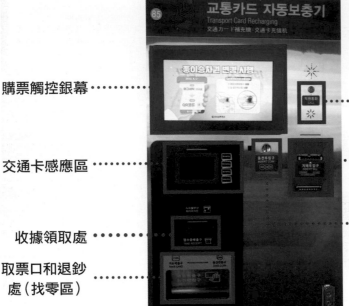

如何儲值交通卡?

購票觸控銀幕 ·········

職員通話鈕 ·········

交通卡感應區 ·········

鈔票投入口 ·········

硬幣投入口 ·········

收據領取處 ·········

取票口和退鈔
處(找零區) ·········

1 在地鐵站內尋找儲值機

2 選擇想要的語言

3 將交通卡放在感應區

4 選擇想要儲值的金額

5 按照金額投入現金,等待儲值完成後,就能取走卡片。

➜ 如何搭乘地鐵？

前往最近的地鐵站

月台資訊

搭地鐵時，有時遇到人潮眾多，可能沒有辦法看到車廂內上方的銀幕顯示，或是聽不懂語音廣播，這時可以透過車窗看看月台上的站名標示，上方除了該站的韓文之外，還有英文和中文，以及每站的代表數字，同時也會標示出前後站的站名。此外月台上還可以看見該線的列車時刻表與進站時間。

2 按照指引前往閘口

3 依照終點站判定搭乘的方向

4 選擇方向後，感應票卡入閘。

5 在月台上候車

6 候車時可以透過月台上的電子銀幕得知相關列車資訊

7 此外也可以看到各節車廂的搭乘狀況，綠色表示人少。

8 列車進站後，依序上車。

如何地鐵轉搭東海線？
釜山地鐵1號線的教大站、2號線的BEXCO站以及3號線的巨堤站，可以轉搭東海線。有交通卡的人，可以直接轉乘非常方便。
只要按照月台上的指引前往，就能連接到東海線的搭乘閘口，不過必須先感應票卡離開地鐵站，再從東海線的閘卡感應票卡入站，使用交通卡的人一樣能享有免費轉乘優惠。

9 選擇座位入座

12 如需轉乘，跟隨月台指標前進。

10 可以透過車廂內上方銀幕了解到站資訊以及下車方向

13 不需轉乘的人，就按照出口指示前往。

11 到站後下車

14 從閘口感應票卡出站

公車

部分地鐵無法直接抵達的景點，或是地鐵出站後需要走一小段路的景點，如有同行友人可平分車資時，可多利用計程車；但如果是單人旅遊，或是想享受慢旅行的人，可以選擇搭乘釜山公車，更能感受釜山在地生活。

釜山巴士路線非常密集，多達134條，一般公車除車頭顯示數字外，車身也會寫上大大的路線數字，非常好辨認。搭乘時記得從前門上車，由後門下車，上下車都必須感應交通卡。下車前記得先按座位或車門附近的紅色下車鈴告知司機。

現金票價	交通卡票價	利用指南
₩1,300	₩1,200	上下車皆需刷卡片感應機

轉乘優惠

如果是使用交通卡的人，在轉乘交通工具時可享有轉乘優惠，對於要使用地鐵加公車前往的景點，也是個省錢小撇步！
需注意，轉乘優惠需於30分鐘內換搭交通工具才能享有優惠，最多可轉乘2次。

身份	地鐵→公車		公車→地鐵		總費用
成人	₩1,450	₩100	₩1,550	₩0	₩1,550
青少年	₩1,050	₩0	₩800	₩250	₩1,050
兒童	₩免費	₩0	₩免費	₩0	₩免費

備註：僅交通卡方能享有轉乘優惠，定期日票、一次性票卡無法使用此轉乘優惠。

計程車APP
Uber
台灣使用的Uber APP，在韓國也能使用，雖然是中文介面，不過不是所有地點可以用中文查詢，有時仍要以韓文複製貼上，地圖和顯示資訊也都是韓文，有些地區配合的車輛較少。付費以原本綁定的信用卡支付。
Kakao T
Kakao T是韓國最大的叫車平台，只有韓文介面，不過可以以電話搜尋，或是搭配Kakoa Map使用，即便沒有韓國手機號碼或是韓國信用卡也沒關係，只要先下載APP，並綁定台灣手機就可以。車資以實際跳錶為準，可以以現金或信用卡支付車資。

計程車

釜山市區計程車起跳價格比首爾便宜，一般計程車起跳價格為₩3,300，夜間加成或前往市外需加收20%。另外還有一種模範計程車，起跳價格為₩5,500，免收市外或夜間加成費用。也因此，只要預算許可，且有同行友人一起旅遊時非常建議搭乘，多人平分攤車資，有時甚至比搭地鐵還便宜。搭乘計程車除了付現以外，還可以刷卡或使用T-money卡支付車資。

◎**一般計程車與模範計程車價格一覽表**

分類		一班計程車	模範計程車
基本費用（起步費）	最初	₩3,300/2km	₩5,000/3km
	額外	₩100/133m ₩100/34秒	₩200/141m ₩200/34秒
附加費	市外	20%	₩0
	夜間	20%	₩0

©釜山觀光公社

➤釜山觀光巴士

　只要買一張票，就可以整日不限次數利用四線觀光巴士，前往達釜山知名景點觀光！

　釜山觀光巴士（BUTI City Tour）總共有紅、藍、黃、綠四條城市觀光路線，班次密集且路線涵蓋各大景點，讓你能節省移動時間，以舒適且方便的方式盡情體驗釜山。其中除藍線外，全都由釜山站出發，不需要預約，隨到隨上。釜山觀光巴士運行時間為週三至週日，更多資訊可上官網查詢：http://www.citytourbusan.com。

紅線（釜山站←→海雲臺）

釜山站→釜山大橋·釜山港大橋→UN紀念公園→釜山博物館→龍湖灣遊覽船碼頭→廣安里海水浴場→Marine City→冬柏島→海雲臺海水浴場→Centum City（電影殿堂）→釜山市立美術館→廣安大橋→和平公園→釜山港大橋→光復路→釜山站

藍線（龍湖灣遊船碼頭←→海東龍宮寺）

龍湖灣遊船碼頭→（途經廣安大橋）→海雲臺海水浴場→迎月路→東盟文化院→松亭海水浴場→OSIRIA站→海東龍宮寺/水產科學館→Ananti Cove→竹島→Osiria Theme Park（斜坡滑車）→樂天名牌折扣購物中心東釜山店心（釜山樂天世界）→國立釜山科學館→松亭站→（途經廣安大橋）→龍湖灣遊覽船碼頭

綠線（釜山站←→太宗台）

釜山站→影島大橋→白淺灘文化村→天空觀景臺→影島女村（晚霞瞭望臺）→太宗臺→國立海洋博物館→釜山港大橋→五六島Skywalk→龍湖灣遊覽船碼頭→和平公園→釜山港大橋·南港大橋→松島海水浴場（松島天空步道）→札嘎其·BIFF廣場（龍頭山公園）→釜山站

橘線（釜山站←→太宗台）

釜山站→松島海水浴場→岩南公園→甘川文化村→多大浦海水浴場→峨眉山展望台→長林港→釜山現代美術館（乙淑島）→洛東江河口生態中心→石堂博物館（臨時首都紀念館）→國際市場（寶水洞書店街）→龍頭山公園（釜山近代歷史館）→釜山站

◎各線營運時間與班次

路線	營運日	營運時間
紅線	週三至週五	首班車9:45、末班車16:35，每50分鐘一班。
	週六、週日	首班車9:30、末班車16:50，每40分鐘一班。
藍線	週三至週五	首班車9:40、末班車16:30，每50分鐘一班。
綠線	週三至週五	首班車9:30、末班車16:20，每50分鐘一班。
	週六、週日	首班車9:15、末班車16:35，每40分鐘一班。
橘線	週三至週日	首班車9:20、末班車16:20，每60分鐘一班。

◎費用一覽表

分類	成人	4歲以上兒童和青少年
紅線＋綠線＋橘線 藍線單程	₩15,000	₩8,000
紅線＋綠線＋橘線↔（換乘）藍線	+₩5,000	+₩3,000

釜山地鐵1號線

부산 지하철 1호선

釜山地鐵1號線大致沿用日治時代開始營運的釜山電車路線，因此經過這座城市的精華區，同時串連起過去和現在，從以熱鬧魚市聞名的札嘎其、年輕人喜愛的南浦洞商圈、承載戰時避難難民過往歷史的草梁、聚集美食與商家越夜越美麗的西面、依舊保存朝鮮時代邑城的東萊……可說是精彩釜山之旅的起點！不能錯過的還有，轉乘公車前往的甘川洞文化村、影島的太宗台和白淺灘文化村，以及松島的天空步道和海上纜車，1號線可以讓你輕鬆往來於釜山市區。

多大浦海水浴場站

다대포해수욕장역
Dadaepo Beach

多大浦海水浴場站周邊最重要的景點就是多大浦海水浴場和多大浦夢幻夕陽噴泉，以及鄰近的天鵝生態步道。來到這裡也可以步行或搭乘計程車的方式，前往位於山腰上的峨眉山展望台。

釜山地鐵1號線
多大浦海水浴場站
→釜山地鐵2號線→東海線

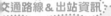
交通路線＆出站資訊

地鐵
多大浦海水浴場站 다대포해수욕장역◆釜山地鐵1號線 부산 지하철 1호선
出站便利通
出口1◆德家手工麵疙瘩
出口2◆天鵝生態步道・峨眉山展望台
出口3◆多大浦海水浴場・多大浦夢幻夕陽噴泉

©韓國觀光公社

◉ 多大浦海水浴場

다대포해수욕장

🅐別冊P.14A2B2　🅑地鐵1號線多大浦海水浴場站2號出口，出站後直走約5分鐘可達。
🏠부산광역시 사하구 몰운대1길 14　📞051-220-4161　🕐24小時開放　💲免費　🌐www.saha.go.kr/tour

長900公尺、寬100公尺的多大浦海水浴場，位於釜山西南方，距離市區大約8公里。**因交通方便、水溫溫和、水深不深、沙質細緻且沙灘平緩，因此深受當地人喜愛，特別適合一家大小前來戲水。**沙灘上還能看見不少大型裝置藝術，這裡同時也是兩年一度的釜山海洋美術節舉辦地。日落時分，這裡的景色分外優美，如果你想在釜山欣賞夕陽，走一趟多大浦海水浴場準沒錯！

欣賞釜山日落絕佳去處！

小編按讚👍

🍴 德家手工麵疙瘩

來碗清爽的手工麵疙瘩解饞。

덕이네 손수제비

🔺別冊P.14B2 ◆地鐵1號線多大浦海水浴場站1號出口，就在出口旁。 ❶부산 사하구 다대로 698 ☎051-262-4959 ◐週四~11:00 ~ 21:00 ⑤麵疙瘩(수제비)、刀削麵(칼국수)₩7,000~₩8,000

　　在海灘玩水或散步後，想來點清淡的美食，麵疙瘩是一項不錯的選擇。德家手工麵疙瘩就位於地鐵出口旁，非常好找。**店內提供辣味、海鮮、辛奇等口味的麵疙瘩和刀削麵，都是以手工製作。**海鮮口味湯頭鮮甜濃郁，喜歡辣的人可以嘗試辣味或辛奇口味。此外也有海鮮煎餅，人多可以點來一起分享！

👁 多大浦夢幻夕陽噴泉

다대포 꿈의 낙조분수

🔺別冊P.14B2 ◆地鐵1號線多大浦海水浴場站2號出口，出站後直走約2分鐘可達。 ❶부산광역시 사하구 몰운대1길 14 ☎051-220-4161 ◐音樂噴泉：4~8月平日20:00~20:20，週末20:00~20:20、21:00~21:20；9~10月平日19:30~19:50、週末19:30~19:50、20:30~20:50。體驗噴泉：5~9月14:00、15:00、16:00、17:00，每次20分鐘；夜間體驗噴泉4~10月第一場音樂噴泉表演結束後，每次10分鐘。 ⑤免費 🌐www.saha.go.kr/tour

　　就位於多大浦海水浴場入口處占地超過2,500坪的廣場上，**擁有1,046個噴射孔的多大浦夢幻夕陽噴泉，直徑達60公尺，最高可以噴到55公尺，是韓國最大的噴泉。**每年4~10月定期舉辦的噴泉秀，是釜山最大的戶外水舞表演，搭配絢麗的燈光與美妙的音樂，場面既華麗又壯觀。除了音樂噴泉之外，還有體驗噴泉，高低起伏的水柱，讓大人和小孩都忍不住鑽進噴泉裡，享受一下濕身的清涼快意。

🎯 天鵝生態步道

고우니생태길

📖 別冊P.14A2B2　🚇 地鐵1號線多大浦海水浴場站2號出口，出站後直走約5分鐘可達。　🏠 부산 사하구 다대동　🕐 24小時開放　💲 免費

> 在城市裡就能觀賞濕地生態。

延伸於多大浦海水浴場旁的木頭棧道，畫出了一條Y字型的岔路，天鵝生態步道是一處散步的好地點。**在蘆葦搖曳的步道上，能夠欣賞到濕地生態：**忙著在泥灘裡鑽來鑽去的小螃蟹，偶然在此暫時歇息的白鷺鷥……白天的生態步道充滿著朝氣。日落後，隨著木棧道的燈光點亮，卻又搖身一變成為電影場景般夢幻，散發出迷人的氣息。

> 將沙洲和遼闊的景色盡收眼底。

> 入夜後景色變得浪漫的天鵝生態步道。

🎯 峨眉山展望台

아미산전망대

📖 別冊P.14A1　🚇 地鐵1號線多大浦海水浴場站2號出口，出站後步行約15~20分鐘可達。也可以搭乘計程車前往，車程約5分鐘，車資約₩4,500。　🏠 부산 사하구 다대낙조2길77　☎ 051-265-6863　🕐 週二~日9:00~18:00（元旦公休）　💲 免費　🌐 www.busan.go.kr/wetland/amisanintro01

洛東江（낙동강）是韓國最長的河流，它從太白山脈發源，從釜山注入東海，多大浦就位於它的出海口。峨眉山展望台總共有三層樓，**透過3樓展望台的大片玻璃，可以將洛東江沿岸的地貌盡收眼底，除了沙洲之外，天氣晴朗時還能看見遠方的加德島與巨濟島，**以及連綿起伏的山脈，景色非常遼闊。這裡還有一間咖啡館，可以坐下來慢慢欣賞風光。2樓的展示廳介紹洛東江河口相關的歷史以及地質特徵，至於戶外的展望甲板，則是觀賞夕陽的好去處。

新平站
신평역
Sinpyeong

新平站原本是個默默無名且人煙稀少的車站，近來因長林浦口規劃得宜，慢慢地吸引遊客前往。若想從新平站前往長林浦口徒步會需要一段時間，可以轉乘公車或是直接搭乘計程車前往。

交通路線 & 出站資訊

地鐵
新平站신평역◇釜山地鐵1號線 부산지하철 1호선
出站便利通
出口3◇長林浦口

> 來拜訪釜山的小威尼斯吧！

👁 長林浦口
장림포구

📖別冊P.14A1 🚇地鐵1號線新平站3號出口，出站後步行約35~40分鐘。或是從4號出口出站後直走，在公車站轉搭沙下3-1號公車，在「장림포구」站下車，車程約10分鐘，之後再步行3分鐘。如果轉搭計程車，車程約7分鐘，車資約₩5,700。
📍부산 사하구 장림로93번길 72 🕐24小時 💲免費

　　釜山新人氣景點「**長林浦口**」，是處充滿異國風情的港口，更有「小威尼斯」的稱號，是釜山人氣打卡景點之一，喜歡拍照的人不要錯過！白天日照下拍起來鮮豔、可愛，更可以挑選在接近黃昏日落時去，除了人潮較少外，還可以拍到更多夢幻美景。

土城站

토성역
Toseong

> 和小王子一起欣賞海景。

說 到釜山最廣為人知且必去的景點,就是有「釜山馬丘比丘」之稱的甘川洞文化村!若要前往甘川洞文化村,無論是搭乘公車亦或是計程車,從土城站換乘都是最快、最省車資的方法,幾乎是大部分遊客釜山之旅的必經車站之一。除了甘川洞文化村,也可以順遊天馬山天空展望台。

交通路線 & 出站資訊

地鐵
土城站토성역➡釜山地鐵1號線 부산 지하철 1호선
出站便利通
出口6➡甘川洞文化村(**Coffee It House**·友人·甘川麵包店·手翻書製作店家)(需換公車)·天馬山天空展望台(峨眉文化學習館·天馬山天空散步路·圓錐形展望台·同心幸福中心·天馬山艾克之家)(需換公車)

釜山地鐵1號線 土城站

釜山地鐵2號線·東海線

> 小編按讚
> 釜山必遊景點。

甘川洞文化村

감천문화마을

🅐 別冊P.7A2B2　🚇 地鐵1號線土城站6號出口,出站後徒步約4分可達「부산대학교병원」公車站,搭乘西區2(서구2)、西區2-2(서구2-2)、沙下1-1(서하1-1)號小巴,在「감정초등학교,감천문화마을」站下車後即達。🏠 부산 사하구 감내2로　☎ 051-204-1444　🕐 文化村24小時開放,咖啡店約10:00~18:00　🌐 www.gamcheon.or.kr

擁有釜山的馬丘比丘、聖托里尼之稱的「甘川洞文化村」,座落於山腳下,呈階梯式聚集一起的彩色房子,更在**2012年日本福岡舉行的亞洲都市景觀獎上被選為亞洲最美的村莊,也是釜山必遊景點之一**。

你知道原本這邊也並不是那麼的色彩繽紛的嗎?其實這個村落的形成源自於韓戰時期,南下避難的人們大量聚集而形成村落,當時稱做「月之村」,只是一個平凡不起眼的半山腰貧民小村落,但在2008年由藝術家跟當地居民一起合作才打造成現在可愛又美麗的甘川洞文化村。

10大必拍

和甘川合而為一
❋別冊P.7B2

下公車後往前方小路右轉，可以先看到3個人形立牌，以甘川洞文化村的繽紛色彩手繪，某個角度會真的與背景的甘川洞合而為一，這個作品表達了每個人心中都有的故鄉，而甘川洞也是某些人別具意義的故鄉。

入口木椅
❋別冊P.7B2

和甘川合而為一的旁邊，可以看到如同藝術品展示般的木椅，以往可以在此以文化村為背景拍美照，不過目前暫時封閉不讓人靠近。

釜山地鐵1號線‧‧‧‧‧‧土城站

❋釜山地鐵2號線❋東海線

徜徉巷弄的魚
❋別冊P.7B2

回到公車站後開始往甘川洞文化村真正的入口走去，沿路有相當多的伴手禮店和特色小店，逛沒多久就可以看到右手邊牆上有一隻大魚，仔細一瞧原來是用諸多彩繪小魚木板組成一隻大魚的裝置藝術。在甘川洞文化村的尾端也有一隻喔。

大石+天使翅膀+木鏡
❋別冊P.7B2

沒有與木椅拍照別灰心，木椅的右邊也有三座新興拍照點，分別是古典風格的木頭全身鏡，有小樓梯貼心讓遊客坐上去一拍遼闊景致的大石，以及很有特色的天使翅膀。人多的時候也可能要排隊喔。

柾國&智旻
❋別冊P.7A2

甘川洞文化村觀光路線只有一條路，基本上不會迷路。某個轉彎處就會看到左手邊有大型的BTS柾國&智旻畫像，拿著玫瑰的兩人非常帥氣，絕對是阿米必須朝聖的景點！

小王子與狐狸
別冊P.7A2
沒有跟小王子合照就是白來了！甘川洞文化村的重頭戲就是小王子和狐狸，要跟他們合照絕對需要排隊，一同望向大海真是太有氛圍了。

鄉愁
別冊P.7A3
在甘川洞的尾端，這個作品名為鄉愁，是詩人鄭芝溶的詩形象化的成果，每一個韓文字母都乘載著無法從文字本身訴說的對故鄉的思念，如波浪般無盡迴盪。

彩繪書階梯
別冊P.7A2
在早午餐咖啡店The Plate旁邊，就是著名的彩繪書階梯，每一階都是一本文學名著，有老人與海、小王子的韓文書名，以及用著英文寫的哈利波特，五彩繽紛又充滿文藝氣息，一樣是需要排隊的熱門拍照點。

我們的社區甘川
別冊P.7A3
鄉愁附近，這算是甘川洞的縮小版裝置藝術，一個個並排的繽紛小房子象徵著甘川洞最大的特色，看似相似卻又不同，蘊含多種樣貌。

壁畫燈塔
別冊P.7A2
小王子旁邊有一棟小巧可愛的白藍建築，頂端是燈塔造型，下方則以幻視藝術的手法描繪燈塔內部，可以在中間的窗景拍出從燈塔往外望的美麗風景。

釜山地鐵1號線
⋯⋯⋯
土城站
⋯⋯⋯
釜山地鐵2號線▶東海線

可以拍出滿版的絕美背景。

☕ 友人

頂樓露天座位適合耍廢看美景。

우인

🔵別冊P.7B2 🏠부산 사하구 감내2로 172 ☎0507-1310-5789 ⏱9:00~19:30 💲美式咖啡₩3,500

　在伴手禮和小店充斥的街道上，這間咖啡店門口不起眼，但擁有1至3層樓高的區域，**尤其是2樓和3樓都有露天座位，可以俯瞰整個甘川洞，非常好拍也非常宜人**。店家會要求先點餐才能入內拍照喔。

🧁 甘川麵包店

감천제빵소

🔵別冊P.7A2 🏠부산 사하구 감내2로 145 ☎051-206-1444 ⏱約10:00~18:00，週二、三休 💲鹽可頌₩2,500

　小狐狸探頭進店內想吃麵包的模樣太可愛了！這間在山坡上的甘川麵包店，除了窗景很好拍之外，店內販售的麵包種類不少，以鹽可頌人氣最高，**剛出爐的鹽可頌熱熱的還有微鹹的鬆軟口感，很推薦當作小點心品嚐**。

☕ Coffee It House

커피잇집

🔵別冊P.7B3 🏠부산 사하구 옥천로 115 1,2층 ⏱10:00~19:00 💲美式咖啡₩4,000

　在甘川洞文化村入口不遠處的這棟粉色房子非常顯眼，地下1樓和1樓是咖啡店，2樓是韓服租借，頂樓更有露天座位，**而大家最喜歡的就是位於1樓店內的大片窗戶，可以拍出瞭望甘川洞的絕美風景**。店家會要求先點餐才能入內拍照喔。

DIY 手翻書製作店家

움직이는 사진상점

🄐別冊P.7B2 🄷부산 사하구 감내2로 170-2 📞010-9305-0202 🄢約10:00~18:00 🌐www.instagram.com/flipbookstudio

小時候可能都有在筆記本或書本角落畫連續圖的經驗，這間手翻書店家就是類似版！在充滿伴手禮店的街道上，這間店相當特別，店員會幫你以釜山景點為背景，拍攝8秒鐘的影像，並將這些影像變成一張張照片集結成一本小書，**快速翻動的話，照片中的你就像會動一樣徜徉在景點中**，非常人氣。

> 換上高中校服一秒拍起復古韓劇。

【韓服／學生制服體驗】

穿著韓服或是復古校服是近年的人氣新玩法！在公車站一下車就能看到一兩間韓服租借的店面，街道內也有數間，非常推薦租借韓服或校服後再開始逛，隨意街拍都可以拍出韓風的獨特樣貌，是來到韓國相當推薦的一種體驗。

看完甘川洞文化村
再到天馬山天空展望台享美景！

從甘川洞文化村前往天馬山天空展望台

這兩處距離不遠，推薦可以白天先到甘川洞文化村走一趟，傍晚時分再往天馬山天空展望台

①回到原本下車的地方，直走經過天橋後的對向公車站。

②搭西區2、沙下1-1號小巴，在「아미동공영주차장」站下車。

③往回左轉上山會先看到一些電影相關裝置，沿著這條天馬山路直行，依序會經過峨嵋文化學習館、天馬山天空散步路上的圓錐型展望台、同心幸福中心、天馬山艾克之家，最後就是天馬山天空展望台。

> 裝置藝術和釜山海景搭配起來和諧又令人讚嘆。

天馬山天空展望台

천마산하늘전망대

別冊P.6D3　地鐵1號線土城站6號出口，出站後徒步約4分可達「釜山大學校病院」公車站，搭乘134、190號小巴，在「草場洞」站下車，往回左轉進小巷，沿著上坡徒步約5分鐘。也可以直接從甘川洞搭乘小巴前往。　부산 서구 해돋이로183번길 17-4

天馬山天空展望台是釜山知名的夜景名所，當然

白天的景色也很讚。這棟兩層樓建築2樓是暫時歇業的咖啡店，3樓是展望台，展望台上還有知名韓國電影《國際市場》的場景佈置。長椅坐著兩位老夫妻，乍看真以為是真人，一旁則是可以互相傳聲的聲音裝置。放眼望去是盡收眼底的釜山港，也許是較其他景點難抵達而人潮不太多，搭配遼闊美景反而多了幾分靜謐。

天馬山天空散步路 圓錐型展望台

천마산하늘산책로

別冊P.7C2　同心幸福中心對面　051-240-4815

　離開峨嵋文化學習館之後，前方有天馬山天空散步路，**沿著木棧道經過一些藝術裝置和戶外畫廊繼續往前走**，會看到一座圓錐形的展望台，不妨在這邊稍作休息，順便欣賞一下比剛才更遼闊些的風景。

峨嵋文化學習館

아미문화학습관

別冊P.7C2　부산 서구 천마산로 410　051-240-4496

　這裡是通往天馬山天空展望台的第一站，除了有咖啡店，也有讀書室和展覽空間，可說是小區居民的小型文化中心。建築物旁的空間有供拍照的愛心藝術裝置，**從這邊看出去可以俯瞰釜山市區，遠方就是釜山塔，其實景色已經很不錯了。**

同心幸福中心

한마음행복센터

⊙別冊P.6D2 ⊙釜山西區天馬山路370 ⊙週一~五 9:00~21:00、週六~日 10:00~22:00 ⑤美式咖啡₩2,500

位於圓錐型展望台附近、木棧道旁的同心幸福中心，不起眼的外觀乍看之下只是小區居民的活動中心，其實內部的咖啡店有媲美網美店家的景致。**坐在一整面大窗前，可以慵懶地欣賞整個釜山市區和釜山港，而且飲料價格也相當便宜**，就連老爺爺和老奶奶都會來這享受悠閒時光呢。

天馬山艾克之家

천마산에코하우스

⊙別冊P.6D3 ⊙釜山西區天馬山路342；釜山西區天馬山路342 ☎070-8917-1503

看到這棟灰白色建築就可以走下木棧道，這間民宿外觀相當可愛，有兩個延伸出去的展望台是對外開放的，就算不是住客也可以放心參觀。**左邊是韓劇《購物王路易》的拍攝地，不過當時有綠色草皮與現在不太一樣。右邊方格磚的則是韓劇《Untouchable》拍攝的展望台。**從這看出去是非常清楚的釜山港，有釜山港大橋、影島大橋和影島連接松島的南港大橋，並不輸天空展望台呢！另外從這邊開始一直到天空展望台都要走大馬路才行喔！

> 天氣好的話可以相賞非常寬闊的釜山港。

從天馬山天空展望台前往地鐵站

① 往前直走會看到左側欄杆旁有往下的樓梯。

② 沿著樓梯往下，穿梭在小巷弄中一直往下前進。

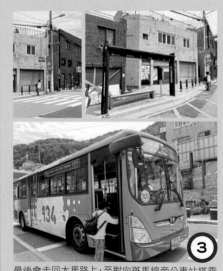

③

最後會走回大馬路上，至對向斑馬線旁公車站搭乘134、190號公車在「토성역.아미동입구」站下車。

札嘎其站

자갈치역
Jagalchi

札嘎其站主要是由許多海產商人聚集而成的札嘎其市集為最知名景點，周邊包含了許多當地市集，例如因釜山國際電影節而得名的BIFF廣場、有好吃的奶奶油豆腐包的富平罐頭市場、國際市場等。並且想到松島觀光的話，從札嘎其站出發也很方便！

交通路線&出站資訊

地鐵
札嘎其站자갈치역➡釜山地鐵1號線 부산 지하철 1호선
出站便利通
出口2➡松島龍宮雲橋（需換公車）・岩南公園烤貝（海鮮王國小伙家）（需換公車）・EL 16.25（需換公車）
出口3➡BIFF廣場・CRR・嚇三同咖啡・A Bientot Croissant・富平洞豬腳街（五六島豬腳・元祖釜山豬腳）・國際市場
出口7➡寶水洞書店街・富平罐頭市場・松島天空步道（需換公車）・松島海上纜車（需換公車）
出口10➡札嘎其市場・札嘎其新東亞市場

來找找有哪些名人手印？

BIFF廣場

BIFF광장
🔺別冊P.9C3　🔹地鐵1號線札嘎其站7號出口，出站後步行約4分鐘。　🔸부산광역시 중구 남포길 4　☎051-253-8523

有吃有逛又有看的釜山地標。

小編按讚
짱 짱

BIFF的前身為南浦洞劇場街，因為1960年代這裡聚集大量劇場，後來被正式命名為PIFF廣場，然後才改成今日的名稱。**廣場上延伸著一條長約428公尺的星光大道和電影街大道，仔細看會發現1996年參加釜山國際電影節的名人手掌印**，此外，每年釜山國際電影節的前夜祭活動，也是在此舉行。廣場越晚越熱鬧，兩旁會聚集許多攤販，有得逛又有得吃，別忘了要買有名的堅果糖餅！

☕ 嚇三同咖啡

하삼동커피 부산광복점

🔎別冊P.9C2 🚇地鐵1號線南浦站7號出口，出站後步行約5分鐘。 📍부산 중구 광복로 38 ☎051-245-6675 🕐9:00~23:00 💲美式₩1,500 🌐www.hasamdong.com

　　位於光復商圈轉角的嚇三同咖啡，販售眾多飲品以及甜點，價格非常便宜吸引不少逛街民眾駐足，**除了韓國人最愛喝的美式咖啡才₩1,500，各式拿鐵也不超過₩4,000**，還有從台灣紅到韓國的珍珠奶茶，以及季節限定推出的特別口味喔。

🎁 CRR

클러스터라운드

🔎別冊P.9C2 🚇地鐵1號線南浦站7號出口，出站後步行約5分鐘。 📍부산 중구 광복로 37-1 🕐12:00~20:00 💲狗狗棒球帽₩24,000 🌐m.clusterround.com

　　養寵物的人會很喜歡這間店！CRR是販售寵物服裝配件和相關物品的品牌，光復購物街這間是今年熱騰騰新開的分店，其中**可以跟狗狗戴情侶帽的大小棒球帽非常吸睛，還有許多顏色繽紛可愛的寵物衣服和玩具，以及實用設計帆布包**等，非常好逛。

> 各式各樣的可頌讓人超心動～

🧁 A Bientot Croissant

아비앙또 크로아상 남포본점

🔎別冊P.9C3 🚇地鐵1號線南浦站7號出口，出站後步行約5分鐘。 📍부산 중구 남포길 8-2 ☎051-254-8577 🕐11:00~22:00 💲可頌₩3,000起

　　a bientot是法文的很快就會見到你的意思，相信在品嚐過這家的可頌麵包後，會深深覺得這名字取的對極了！**店內的可頌是主廚在法國學習後製作而成的正統法式可頌，在這裡卻能用平實的價格享受到來自法國的美味**。店內有多種口味可以選購，除了10種招牌可頌外，不定期也會有些新口味在店內展示。

🍴 富平洞豬腳街

부평족발골목

⏱ 別冊P.9B2　🚇地鐵1號線南浦站7號出口，出站後步行約5分鐘。　🏠부산 중구 부평2길 3　🕐週一～五9:00~21:00、週六～日10:00~22:00

　札嘎其除了海鮮市場非常有名之外，豬腳也不遑多讓。特別是這條街上就開了四五間豬腳專門店而聞名，每到週末夜晚總是相當多在地人來此聚餐，菜單和價格像說好的一樣大同小異，**除了一般的原味豬腳，較特別的是有涼拌冷盤，豬腳和蔬菜與海蜇皮做涼拌，搭配帶有一點芥末的醬汁，相當清爽獨特**，可依照人數點大中小份，是在地韓國人也愛的美食之一。從札嘎其站徒步約5分鐘就到，也很適合先去南浦逛街後來飽餐一頓。

🍴 五六島豬腳

오륙도족발

⏱ 別冊P.9B2　🚇地鐵1號線南浦站7號出口，出站後步行約5分鐘。　🏠부산 중구 광복로 15-1　☎051-241-0134　🕐00:00 ~ 24:00　💲小份₩35,000、中份₩40,000、大份₩50,000

　五六島豬腳在台灣觀光客中較不出名，但是在韓網評價很不錯，除了有原味豬腳、涼拌冷盤豬腳之外，還有海鮮豬腳拼盤和醬肉，都有分大中小，**原味豬腳調味單純，很適合搭配滿桌的小菜和醬料一起包生菜享用。推薦一定要沾少許蝦醬，口感又鹹又鮮**。還有解膩的豆芽湯或海帶湯以及清爽的麵線，大部分小菜和生菜也都是可以續的。

小份量就很多，適合2~3人。

🍴 元祖釜山豬腳

원조부산족발

⏱ 別冊P.9B2　🚇地鐵1號線南浦站7號出口，出站後步行約5分鐘。　🏠부산 중구 광복로 13-1；釜山中區光復路13-1　☎051-245-5359　🕐11:00 ~ 01:00　💲小份₩35,000、中份₩40,000、大份₩50,000

　也許是因為曾被韓國美食節目《白種元的三大天王》介紹過，元祖釜山豬腳的人氣也一直居高不下，如果多人用餐的話建議原味豬腳和涼拌冷盤豬腳各點一盤，享用到不同滋味。和其他店家一樣都是營業到深夜，不論是午餐或晚餐前往都非常適合。

◉ 寶水洞舊書街

보수동책방골목

📖 別冊P.9B1 🚇地鐵1號線札嗄其站3號出口，出站後步行約11分鐘。 🏠釜山 中區 책방골목길 16 ⏰視店家而異，約9:00~19:00 🌐www.bosubook.com

　　寶水洞舊書街原本位於二戰光復後、在國際市場內因戰爭拆遷廢墟而形成的一塊空地上，那裡時常聚集著販售日本人遺留書籍的地攤商，後來因為規劃成私有地，書商們便搬移至今日的位置。

　　當時釜山因為韓戰的關係成為臨時首都，難民為了求生存紛紛將帶來的珍貴書籍變賣出售，而逃難來的教授與學生們因需求購買二手書籍，隨著供需增加，書店逐漸增多，於是正式形成現在的寶水洞舊書街。在這裡可以以三至六折的價格購買到二手書籍，新書也能以比市價便宜的價格入手。**沿著階梯一直往上爬能看到很多特色壁畫的咖啡店，在這時間彷彿停止了一般。**

◉ 國際市場

국제시장

📖 別冊P.9B2C2 🚇地鐵1號線南浦站7號出口，出站後步行約7分鐘。 🏠釜山 中區 중구로 36 📞051-247-7389 ⏰9:00 ~ 20:00 📅 gukjemarket.co.kr

　　走過BIFF廣場即到達國際市場，國際市場是1950年韓戰期間人們在此聚集經營買賣生意而形成，販售的商品種類繁多。**市場內最有名的就屬阿里郎街裡的露天美食**，街道上有著一堆排排坐的姨母、大媽排檔，有賣飯捲、雜菜、魚糕，**喜歡品嚐道地街邊小吃的人千萬別錯過**！國際市場還有販售二手古著，每件都₩1,000元，不止姨母、大叔，許多年輕人也都會在此挖寶。

> 國際市場是尋寶的好去處。

> 奶奶的油豆腐包必吃！

◉ 富平罐頭市場

부평깡통시장

📖 別冊P.9B1 🚇地鐵1號線南浦站3號出口，出站後步行約9分鐘。 🏠釜山 中區 부평동2가 82 📞051-243-1128 ⏰19:30 ~ 23:00 🌐www.bupyeong-market.com

　　與國際市場相連的富平罐頭市場是因韓戰後美軍進駐，水果罐頭、魚罐頭等各式各樣的商品開始走私流入，經由富平市場供給各類批發進口商品給韓國各大市場而得名。在這裡除了白天的傳統市場外，到了傍晚商家紛紛打烊後，就會換成夜市出來擺攤。

　　市場內最有名氣的奶奶油豆腐包(할매유부전골)，包裹著雜菜冬粉的油豆腐包，**加上鮮甜的魚高湯，再放入大蔥跟辣椒的淡味醬油更好吃**！市場內也有許多隱藏美食等帶大家去挖掘，例如綠豆煎餅、水果攤、蛋糕店以及入口附近的排隊麻花捲。

🍴 札嘎其市場

자갈치시장

📍別冊P.9C3 🚇地鐵1號線札嘎其站10號出口,出站後步行約5分鐘。 🔔부산
중구 자갈치해안로 52 ☎051-245-2594 🕐清晨5:00~22:00,每月第1、3個週
二公休。 🌐jagalchimarket.bisco.or.kr

　　**已經有100多年歷史的札嘎其市場,全韓國的魚獲約3至4成都是由
這裡開始流通至韓國各地。**可以細分為在建築物內的室內札嘎其新東
亞市場和室外傘下的傳統魚市場攤販,有時間的話不妨參觀在地市場,
看看一直要從桶中逃跑的章魚,消化一下再繼續前往下個景點!

> 可以品嚐到非
> 常豐富新鮮的
> 漁獲海鮮。

🍴 札嘎其新東亞市場

신동아수산물종합시장

📍別冊P.9C3 🚇地鐵1號線札嘎其站10號出口,出站後步
行約5分鐘。 🔔부산중구 자갈치로 42 ☎051-246-7500
🕐6:00~22:00,每月第2、4個週二公休 💲小份生章魚約
₩20,000 🌐shindongamarket.co.kr

　　在清爽的建築物內**地下一樓是美食街,一樓是海
鮮市場**,店家都有提供附價格的菜單,可稍微比價之
後選一間順眼的用餐。二樓為全韓最大的乾貨市場,
三樓則是空間很大的生鮮餐廳,提供無菜單料理,以
人頭計價有₩30,000、₩40,000、₩50,000三種價格,
也可能會根據當時物價浮動。

松島天空步道

송도구름산책로

◎別冊P.6A1　◎地鐵1號線札嘎其站7號出口，出站後直走約4分鐘可達公車站，搭乘6號公車在「暗南洞住民中心」站下，接著再步行約3分鐘。　◎부산 서구 암남동 129-4　☎051-231-0252（釜山西區旅遊諮詢中心）　◎6:00~23:00　⑤免費　◎www.bsseogu.go.kr/tour

　　松島海上纜車完工後，纜車搭乘處附近也規劃了**松島天空步道，全長365公尺，串連起陸地與海中的龜島**。位於步道中央的龜島，可以看到有名的漁夫與人魚銅像，許多人總喜歡在這裡合照。銅像的背後有著淒美的愛情故事，相傳這名漁夫出海時發生了船難，被人魚公主給救起，後來漁夫又為了救人魚公主而失去性命，深受感動的天神因此動創造了龜島，讓兩人可以在此長相廝守。另外，據說摸人魚公主的左胸可以帶來好運喔！

走上步道可以欣賞海景、仰望纜車！

松島龍宮雲橋

송도용궁구름다리

◎別冊P.6A2　◎地鐵1號線札嘎其站2號出口，出站後直走約2~3分鐘可達公車站，搭乘7、30、71號公車在「暗南公園」站下，車程約25~30分鐘，接著再步行約7分鐘。或是從岩南公園海上纜車站往下走，步行約5分鐘可達。　◎부산 서구 송도해변로 171　☎051-247-9900　◎9:00~21:00　⑤₩1,000　◎www.busanaircruise.co.kr

　　從岩南公園入口沿著上坡往上爬，就會來到松島龍宮雲橋。事實上，在這座全長127公尺、寬2公尺的橋梁落成以前，這裡原本有另一座松島雲橋，卻遭受颱風襲擊破壞，直到18年後才出現這座現代版的龍宮雲橋，通往公園對面的無人島——東島。

　　橋梁因為有著龍頭般的造型而得名，在這裡可以將松島全景盡收眼底，包括松島海水浴場、海上纜車以及松島海岸散步路，**讓人穿梭在天空與大海之間**，不只如此，透過鐵網網洞，還能一窺腳下和附近的奇岩怪石，欣賞拍打上岸的浪花，有時還能看見有人站在岩石上垂釣，一望無際的視野讓人心曠神怡。

龍宮雲橋因為造型像龍頭而得名。

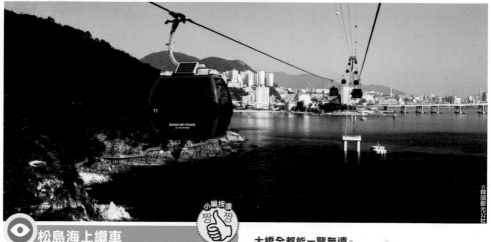

©韓國觀光公社

👁 松島海上纜車

松도해상케이블카

從空中一次擁抱釜山的多處地標！

🅰 別冊P.6A1　🚇 地鐵1號線札嘎其站7號出口,出站後直走約4分鐘可達公車站,搭乘6號公車在「암남동주민센터」站下,接著再步行約10分鐘。　🏠 松島灣站：부산 서구 송도해변로 171、松島天空公園站：부산광역시 서구 암남공원로 181　☎ 051-247-9900　🕐 1~6月、9~12月9:00~21:00；7~8月9:00~22:00　💲 請見表格　🌐 www.busanaircruise.co.kr

從最高86公尺高的松島海水浴場東側的松林公園,一路延伸到西側的岩南公園,**總長1.62公里的松島海上纜車,騰空穿過海面,感受橫越大海驚心動魄的同時,還能將松島海水浴場、釜山影島和南港**大橋全都能一覽無遺。

松島海水浴場是韓國第一座海水浴場,為了重振它昔日的名聲,松島海上纜車經過重新修復後,在2017年時重新開放。纜車只有松島灣站(송도베이스테이션)和松島天空公園(송도스카이파)兩站,建議可以從松島灣站出發,在松島天空公園站下車,因為松島天空公園站就位於岩南公園內,可以順便拜訪松島龍宮雲橋,或是前往岩南公園停車場吃烤貝,或是反過來走。

除一般纜車車廂外,松島海上纜車還有水晶車廂,膽子大的人不妨挑戰一下。此外,這裡還有韓國第一座纜車博物館(송도도펠마이어월드)、亞洲首座空中鞦韆(VR스카이스윙)以及恐龍大冒險(다이노 어드벤처)等體驗或遊樂設施。

海上纜車票價

車廂種類		成人 (14歲以上)	兒童 (36個月以上~13歲)
普通車廂 에어크루즈 Air Cruise	往返	₩17,000	₩12,000
	單程	₩13,000	₩10,000
水晶車廂 Crystal Cruise 크리스탈크루즈	往返	₩22,000	₩16,000
	單程	₩17,000	₩13,000
纜車通行證(只限平日) Free Pass 자유이용권		₩30,000	₩25,000
快速車廂(不需等候) Speefy Cruise 스피디크루즈		(每人價格) 普通車廂 ₩40,000 水晶車廂 ₩50,000	
高級車廂(不需等候) Premium Cruise 프리미엄크루즈		(每艙價格) 普通車廂 ₩240,000 水晶車廂 ₩300,000	

搭乘水晶車廂挑戰一下心臟！

©韓國觀光公社

喜歡吃海鮮的人怎能錯過烤貝!

🍽 岩南公園烤貝

暗南公園 조개구이

🔺別冊P.6A2 🚇地鐵1號線札嘎其站2號出口,出站後直走約2~3分鐘可達公車站,搭乘7、30、71號公車在「암남공원」站下,車程約25~30分鐘,接著再步行約6分鐘。 🏠부산 서구 암남동 620-4 ⏰視店家而異

大啖海鮮之餘還能欣賞夜景。

岩南公園烤貝區位於松島天空纜車站下方的停車場內,**這裡是一個在地人私房口袋名單景點,韓國人這麼說著:「烤貝當然還是要在岩南公園吃才夠味啊!」**

集中在停車場內一角,一整排的烤貝帳篷任君挑選。因為緊鄰松島天空纜車的地理優勢,可以在飯前或飯後一邊欣賞港灣景色外,也推薦晚間時刻前往,可以欣賞到夜間的彩虹纜車,遠看真的就像彩色泡泡一樣,非常的美麗!

🍽 海鮮王國小伙家

해물나라총각집

🔺別冊P.6A2 🚇地鐵1號線札嘎其站2號出口,出站後直走約2~3分鐘可達公車站,搭乘7、30、71號公車在「암남공원」站下,車程約25~30分鐘,接著再步行約10分鐘。 🏠부산 서구 암남동 620-24 암남공원 주차장 내 ⏰週二~日 11:00~24:00 ☎010-6844-7465 💲烤貝類套餐₩60,000起、綜合海鮮₩50,000起、加點炒飯一份₩2,000

在岩南公園的烤貝店家中,韓國人最推薦這間位於最裡面的餐廳,主要的菜單就是綜合海鮮(해산물모듬)和烤貝(조개구이),不用擔心選擇障礙症。

海鮮王國小伙家的烤貝類套餐除了一大盤貝類,還有一盤地瓜義大利麵、一盤大紅蝦、火腿腸,以及兩盤吃起來軟Q軟Q、像魚肉口感的牛角蛤(키조개),還有一鍋滿滿滿的淡菜湯,如果吃得差不多,胃還有空間的話不妨加點一盤香噴噴的炒飯吧!

[**扇貝怎麼看它可以吃了沒呢?**]

扇貝上爐烤後,自行加起司,烤到出水後翻面再烤一下即可食用,或是熟了後肉跟殼分離,能夠輕易的滑動翻面就表示可以吃了。

> 海景和纜車是咖啡廳的一大賣點。

> 各色麵包讓人選擇障礙。

☕ **EL 16.25**

> 小編按讚 讚讚 👍

> 坐擁無敵海景的網美咖啡館。

🅰 別冊P.6A2　🚇 地鐵1號線札嘎其站2號出口,出站後直走約2~3分鐘可達公車站,搭乘7、30、71號公車在「岩南公園」站下車,車程約25~30分鐘,過馬路就到。　🏠 부산 서구 암남공원로 177 3~4층　🕙 10:00~21:30　☎ 0507-1409-8881　💲 咖啡₩6,000起、茶₩7,000起、　📷 www.instagram.com/el16.52_

搭公車到岩南公園站下車後,可以看見馬路對面有棟白色的房子,牆上大大寫著「EL 16.52」非常醒目,雖然看起來是停車場,不過其實是家結合咖啡豆烘焙工房和麵包店的咖啡廳。咖啡廳位於3~4樓,5樓是露天座位區,樓下是停車場,

入口位於面海那側,沿著牆壁繞到後方,會看見一扇玻璃門,從那裡可以搭電梯上樓。

　EL 16.52的點餐台和取餐處都在3樓,你可以先逛逛咖啡廳,挑選喜歡的座位後再點餐。除一般常見的圓桌之外,咖啡廳內還有沙發、高背長排座椅、戶外座位等,**頂樓還有非常夢幻的大型半球罩式透明包廂,無論坐在哪裡,都能看到松島美麗的無敵海景,以及在空中來回穿梭的海上纜車。**

　這裡的麵包選擇非常多樣,長長的陳列架上擺滿十幾種麵包,海鹽麵包、原味和奶油可頌、熱狗麵包……甜的鹹的都有,讓人選擇障礙,蛋糕看起來也非常美味,此外還有冰淇淋。

南浦站
남포역
Nampo

位 於南浦站的南浦商圈可説是釜山的「明洞」，各大運動品牌、國際精品、樂天超市皆可在這輕鬆購入，其他像是釜山鑽石塔、影島大橋也都位於南浦站上，可説是釜山購物觀光行程路線的首站！當然也不能錯過前往影島，拜訪太宗台、白淺灘文化村的機會！

交通路線＆出站資訊

地鐵
南浦站남포역→釜山地鐵1號線 부산지하철 1호선

出站便利通
出口2→Griffin Bay Hotel
出口6→影島大橋・絕影海岸散步路（需換公車）・白淺灘文化村（需換公車）・Café Jimmy（需換公車）・太宗台（需換公車）
出口7→光復路購物街・Kakao Friends旗艦店・WONDERPLACE ABC MART ON THE SPOT・SPAO Olive Young MINIBOX No Brand Burger・豆腐家・龍頭山公園・釜山鑽石塔
出口8→樂天超市光復店
出口10→樂天百貨光復店

> 光復路上有非常多美妝店。

🎁 光復路購物街
광복로패션거리

📍別冊P.8D3, P.9C3　🚇地鐵1號線南浦站7號出口，出站即達。

　　從南浦站7號出口一出站就是光復路尾端，往左邊開始一路逛到BIFF廣場的這條街，就是光復路購物街，整條街上充斥著眾多知名服飾品牌，像是**MLB**、**New Balance**、**Nike**、**愛迪達**、**Converse**等，以及諸多美妝店和文具店**ARTBOX**，非常適合在這邊逛街購物。

小編按讚 讚 讚

Kakao Friends釜山旗艦店

카카오프렌즈 부산플래그십스토어

別冊P.9C2　地鐵1號線南浦站7號出口，出站後步行約5分鐘。　부산 중구 광복로 62　051-256-0815　12:00~21:00　store.kakaofriends.com/home

來旗艦店可以一次買好買滿。

　位於釜山南浦洞商圈的Kakao Friends釜山旗艦店，共有4層樓高，雖然4樓的咖啡店目前暫不開放，對喜歡他們的人來說3層的購物空間也足以買到失心瘋。除了擺放很多大型裝飾可以拍照，舉凡官網上的所有商品都可以購買到，**目前人氣最夯的春植就有好多新品等著我們把它帶回家。**

人氣王春植的周邊商品都可愛爆擊。

WONDERPLACE

원더플레이스 부산광복FSS점

別冊P.8D3　地鐵1號線南浦站7號出口，出站後步行約5分鐘。　부산 중구 광복로 79-1　051-791-1018　11:30~22:00　wonderplace.co.kr

　品牌名稱WONDERPLACE富含讓人充滿驚喜的場所之意，在韓國以及海外展店非常廣，**集結了What it isNt、COVERNAT、Mahagrid、GOLA等韓國時下流行潮牌**，服飾、鞋包、帽子等選擇多樣，滿足潮男潮女的喜好。

ABC MART

ABC마트 GS부산광복점

別冊P.9C2　地鐵1號線南浦站7號出口，出站後步行約5分鐘。　부산 중구 광복중앙로 2；釜山中區光復中央路2　051-246-9900　10:30~22:00　www.abcmart.co.kr

　ABC MART可說是在韓國買鞋必逛，集結了眾多全球知名品牌和鞋款，除了運動鞋也有其他女生鞋款，幾乎沒有找不到的品牌。而且**時常有優惠和活動等，比在台灣買還便宜**，位於光復路購物街十字路口上這間ABC MART共有2層樓高，除了鞋子也販售運動服飾。

On The Spot

온더스팟 광복점

📖別冊P.8D3 🚇地鐵1號線南浦站7號出口,出站後步行約5分鐘。 🏠부산 중구 광복로 70 ☎051-717-3979 🕐11:30~21:30 🌐www.onthespot.co.kr

On The Spot在韓國僅有4間店,其中一間就在南浦商圈,**集結了許多韓國在地以及國際知名流行鞋款品牌,像是近年流行的Crocs洞洞鞋,和每到夏天就會熱賣的韓國品牌TAW&TOE夾腳拖鞋,**以及New Balance、Nike、愛迪達、國民帆布鞋Converse等品牌。

> 在這裡可以購買到幾乎所有的韓國開架美妝。

Olive Young

올리브영 부산남포점

📖別冊P.9C3 🚇地鐵1號線南浦站7號出口,出站後步行約5分鐘。 🏠부산 중구 광복로 64-1 ☎051-254-0961 🕐10:30~22:30 🌐www.oliveyoung.co.kr

在韓國想要買美妝,走進Olive Young就對了。相當於台灣的屈臣氏、康是美和寶雅,進駐眾多韓國和日本開架美妝品牌,**舉凡以唇彩聞名的Romand、peripera,以氣墊粉餅熱銷的CLIO、ESPOIR,還有熱門眼妝I'M MEME、Dasique等都有,**保養方面,當然也有各式各樣的熱銷面膜、精華液、乳霜、髮妝等可以挑選。還有香氛櫃可以自由試香。

SPAO

스파오 남포점

📖別冊P.8D3 🚇地鐵1號線南浦站7號出口,出站後步行約3分鐘。 🏠부산 중구 광복로 82 ☎051-902-0229 🕐10:30~21:00 🌐spao.com

SPAO之於韓國大概如同UNIQLO和GU之於台灣,以平價、款式百搭,以及總是走在時尚前端為賣點,像是冬天韓國人手一件的羽絨外套,設計簡單價格平實,保暖度也足夠,就連台灣人都非常喜歡。還有**每一季都會推出的聯名睡衣,**除了經典到不行的蠟筆小新、哈利波特,到寶可夢和三麗鷗,每一年都讓人驚喜。

MINIBOX

미니박스

📖別冊P.9C2 🚇地鐵1號線南浦站7號出口,出站後步行約8分鐘。 🏠부산 중구 광복로 49 🕐約12:00~20:00 💲髮夾約₩4,000

在南浦街道上不乏看到許多飾品、髮飾店,這間MINIBOX算是較大規模的連鎖飾品店,**高至天花板的飾品牆是一大特色,從耳環、項鍊、手鍊、戒指,到髮飾,女生進去不花一段時間是出不來的,**價格也相當平實,品質確有一定質感,很推薦女生在這邊購買喜歡的飾品。

🍴 No Brand Burger

노브랜드버거 부산광복점

🅐別冊P.8D3　🅑地鐵1號線南浦站7號出口，出站後步行約2分鐘。　🏠부산 중구 광복로 88　🅣051-254-2005　🕐10:00~22:00　🅢漢堡單點₩2,500起　🌀nobrandburger.com

韓國知名超市E-Mart旗下的品牌No Brand，以高品質卻便宜的商品聞名，在韓國有數間大型超市，No Brand Burger即是旗下的餐飲品牌，一樣的裝潢配色，一樣主打便宜經濟實惠，**漢堡單點₩2,500起，套餐最多不過₩6,000~7000左右**，招牌是NBB系列，可以用很便宜的價格吃到一頓漢堡套餐。

> 旅途路上吃膩大魚大肉，可以改試健康無負擔的豆腐拌飯！

🍴 豆腐家

두부가

🅐別冊P.9C2　🅑地鐵1號線南浦站7號出口，出站後步行約8分鐘。　🏠부산 중구 광복로 5·5번길 14-2　🕐10:30~22:00　🅢經典豆腐拌飯+大醬湯/豆腐鍋+荷包蛋₩11,000 (可加價換其他口味拌飯)

隱身在南浦巷弄中的豆腐家，供應的就是豆腐拌飯，別看賣相很普通，簡單又實在的配料拌一拌，是吃得到豆腐清香的家常料理，有辛奇、香菇、海鮮、辣炒豬肉、牛肉等口味，**推薦點套餐，將套餐附的荷包蛋一起拌飯，搭配大醬湯或豆腐鍋的口感會更加豐富**。

👁 龍頭山公園

용두산공원

🅐別冊P.8D2　🅑地鐵1號線南浦站7號出口，出站後沿光復路步行約3分鐘，搭乘手扶梯到最上層，就能抵達。　🏠부산 중구 용두산길 37-55　🅣051-860-7820　🕐24小時開放

位於市中心處的小山丘，是隨西元1876年釜山開港後所建的公園，因為外型像龍頭而得名。**它是釜山的三大名山之一**，同時也是一處受歡迎的市民公園，在這裡可以看見李舜臣將軍銅像，以及一座超大的花鐘。龍頭山公園**擁有欣賞釜山港和影島的最佳視野**。

💡 換錢所集中區

🅐別冊P.8D2　🅑地鐵1號線南浦站7號出口，出站後步行約2分鐘。　🕐週一~五9:00~21:00、週六~日10:00~22:00

從南浦站7號出口只要徒步約2分之後，就會看到友利銀行和GS25對面轉角處，有兩間換錢所，店名分別是中央和友利。大部分到釜山觀光的遊客都會前往這邊換錢，可以兩間比價後選擇匯率比較好的那間進行換匯。

另外也可以看到附近街邊會有阿婆提供換錢服務，匯率也許較便宜，但基於安全考量，建議斟酌選擇。

歷史悠久的白
色建築是釜山
一大地標。

改裝後的釜山
鑽石塔變得更
有趣！

無論白天或
黑夜都適合
登高望遠。

👁 釜山鑽石塔

부산다이아몬드타워

🏠別冊P.8D2　🚇地鐵1號線南浦站7號出口、出站後沿光復路步行約3分鐘、搭乘手扶梯到最上層、就能抵達。　🏠釜山廣域市中區龍頭山街 37-55（光復洞2街）📞051-601-1800　🕐10:00~22:00　💲成人₩12,000、3~12歲兒童和65歲以上長者₩9,000　🌐www.instagram.com/busantower_official/

　前身為落成於1973年的釜山塔，2021年年底歷經全面翻修後，以釜山鑽石塔之名重新對外開放。**這座位於龍頭山公園裡的建築，本來就是釜山的一大地標，儘管塔高只有120公尺，卻因為所在地勢較高，因以居高臨下的視野欣賞釜山港一帶的景色。**

　搭乘高速電梯只要40秒，就能抵達360度的展望台，特別設計成潛水艇般的船艙，更增添趣味。向北可見到釜山站四周，向南可眺望影島大橋、光復洞、南浦洞等繁華景象，東邊則是大小船隻交錯的釜山港，西邊則是國際市場等區域。除了白天景色燦爛外，夜景也很迷人。

　特別是入夜後登場的煙火拼圖秀，襯著釜山的夜景，煙火以投影的方式在大片玻璃上綻放，搭配美妙的音樂，景色更加絢爛。沿途還有許多適合拍照的打卡點，離開前也別忘了拜訪一旁的紀念品店喔，裡頭琳瑯滿目的商品，使選購伴手禮的好去處！

闖關遊戲

釜山鑽石塔準備了闖關遊戲，問題就散布在塔中各處。從搭電梯開始，到參觀結束，一旦發現大大的QR Code，記得拿出手機掃碼，就能得到一個數字，將它們寫在門票背面對應的欄位上，完成後交給紀念品店的店員，就能抽獎，獎品包括徽章、隨行杯和濕紙巾等小禮物。

🎁 樂天百貨 光復店

롯데백화점 광복점

🔴別冊P.8E3 🚇地鐵1號線南浦站10號出口直達 📍부산 중구 중앙대로 2 ⏰週一~四10:30~20:00、週五~日10:30~20:30，7/10公休。☎1577-0001 🌐 www.lotteshopping.com/branchShopGuide/floorGuideSub?cstr=0333

　　樂天百貨光復店高達19層（含地下6層），B1主要是美食館，1樓以國際時尚品牌、化妝品和香水為主，2~3樓主打服飾，4、5樓為女性時尚和包包與鞋子，5樓是男生的西裝與襯衫，7樓是戶外用品和運動專區，8樓則為童裝部，9樓主打家電和餐廚具，10樓為美食街，11~12樓為戶外休息空間。

　　除本館外還有Aqua Mall，並且和樂天超市相通。**來到這裡除了逛街以外，也別錯過Aqua Mall的Aquatique show噴泉秀（每天11:00~20:00每逢整點演出）**，雖然主舞台位於B1，不過**高約4層樓的音樂噴泉**，每層樓都能欣賞到，**表演長達15分鐘**。此外，位於頂樓的公園展望台免費對外開放，可以將釜山港和影島的景色一覽無遺，包括影島大橋和釜山鑽石塔等地標，天氣晴朗時上來吹吹風，欣賞美麗的風景，也很不錯！

> 高達4層樓的音樂噴泉每逢整點演出。

🎁 樂天超市 光復店

> 小編按讚 짱짱

롯데마트 광복점

> 選購伴手禮的天堂～

🔴別冊P.8E3 🚇地鐵1號線南浦站8號出口直達 📍부산 중구 중앙대로 2 ⏰10:00~23:00，每月第二週、第四週週日公休。☎051-441-2500 🌐www.lottemart.com

　　樂天超市光復店緊鄰著樂天百貨，高約6層樓，商品種類繁多，**觀光客要各種超人氣伴手禮零食餅乾泡麵等，都可以在這裡的B1買齊**。除此之外，這裡還有各種水果、炸雞和生魚片等熟食、五花八門的小菜，停留釜山期間想飽餐一頓，或是買些宵夜、下酒菜，都不是問題。

◎ 影島大橋

영도대교

🅐別冊P.8D4E4　🅑地鐵1號線南浦站6號出
口，出站後步行約2分鐘。　🅝釜山廣域市 영도
구 태종로 46 (대교동1가)　🅒橋樑開合時間週六14:00～
14:015　🅦www.bisco.or.kr

罕見的單
邊活動開
合橋。

影島大橋是連接南浦
洞與影島之間的橋梁，原
為日據時期輸送人群而建
造，同時也是**釜山第一座
連接陸地與島嶼的跨海
大橋，為了讓來往於南北
港的船隻經過，故意設計
成單邊開合活動橋梁**，每
當有中大型船隻要經過
時，橋的一端就會升起。
若要欣賞影島大橋開橋有
兩個地點可以做選擇，一是橋面上正面觀賞，二是到
橋下方的Yulali廣場側面欣賞。

影島大橋小故事

1950年6月25日，北韓舉兵越過38度線後，韓
戰爆發(即是6.25戰爭)，在1950年至1953年戰
爭期間，很多人南下至釜山避難，而因戰爭與
親人朋友失去聯繫的人，為了找尋親人朋友，
許多人都在橋梁前等待、打聽消息，或是在橋
上的欄杆刻上姓名等待親友消息，雖然最後南
韓收回了漢城，但有些離散家庭卻再也見不到
彼此，留下許多避難者、倖存者每天在橋上、
橋梁邊徘徊，希望有一天能等到想見的人。

Ⓗ Griffin Bay Hotel

그리핀베이호텔

🅐別冊P.9C3　🅑地鐵1號線南浦站2號出口，出站後步行
約6分鐘。　🅝釜山廣域市 중구 자갈치로59번길 6　📞051-
710-2976　🅦griffinbay.busan-hotel.com/en

開幕於2022年的Griffin Bay Hotel，**地點位於南浦
站和札嘎其站之間，一旁就是札嘎其市場，對面是
南浦的大創**，地理位置非常方便。飯店櫃檯位於2
樓，1樓有便利商店，頂樓還有可以看到釜山鑽石塔
的迷你空中庭園。客房除床鋪、梳妝台和衛浴設備
外，還有簡單的流理台和電磁爐，想簡單準備點食
物也沒問題。

> TOUCH LOVE 裝置是隧道裡的一大亮點。

👁 絕影海邊散步路

절영해안산책로

📖 別冊P.6B1　🚇 地鐵1號線南浦站6號出口，出站後朝影島方向直走，從橋前方的公車站搭乘7、71、508號公車，在「부산보건고」站下車，車程約10分鐘，接著順路步行約2~3分鐘，會發現一條向下的階梯，走下去即達。　📍 부산영도구 영선동4가 186-47　⏰ 24小時開放　🌐 www.yeongdo.go.kr/tour/01462/01463.web?idx=2160&amode=view

　在村落的最下方是絕影海邊散步路，沿著散步路走可以發現一個隧道，是2018年底歷時1年又6個月才完工的白淺灘海岸隧道，走過隧道後就能到達海女村，原本隧道還沒開放時候，需要走過一個山頭，而山頭的階梯又非常的陡峭，在有了隧道後方便也安全多了。**隧道內設有裝置藝術設計，像是其中一個愛心狀的TOUCH LOVE裝置，只要兩人將手掌一起放上去感應，就會有超美麗的愛心出現。**

海女文化

　在走絕影海邊散步路時，可以觀察看看海面上是不是有漂浮的橘色球，有的話就表示那邊有海女在工作，濟州島跟釜山都是靠海過活的城市，早期海女通常是家庭裡主要的經濟支柱，她們不分季節冷暖，只靠著腳蹼跟護目鏡，沒有任何的呼吸設備更沒有潛水裝，直接下海僅藉著雙手或是矛捕捉海洋生物。韓國的海女職業已經有幾百年歷史，不過因工作辛苦又危險，目前海女數量也在銳減中，更成為韓國無形文化遺產之一。天氣好的時候，可以遇到海女奶奶販賣當日的漁獲喔！

👁 白淺灘文化村

흰여울문화마을

📖 別冊P.6B1　🚇 地鐵1號線南浦站6號出口，出站後朝影島方向直走，從橋前方的公車站搭乘7、71、508號公車，在「흰여울문화마을」站或「백련사」站下車，車程約10分鐘，從路邊沿著樓梯向下走就能抵達。如果從南浦站6號出口轉搭計程車，車資大約₩6,200。　🏠 부산 영도구 영선동4가 1044-6　📞 051-419-4067　🕐 24小時開放　🌐 www.ydculture.com/huinnyeoulculturetown

小編按讚 讚讚

令人想起希臘的白色村落。

位於影島的白險灘文化村，是最靠近大海的村落，吸引許多人前往拜訪。

以往遊客大部分集中在釜山市區觀光，海邊也是只去海雲臺或太宗台，忽略了這個超美村落。**因為緊臨大海，以及階梯狀的建築方式，讓人不禁想起希臘地中海**。絕美的景色也成為電影、綜藝節目的取景地，像是韓國綜藝《無限挑戰》、電影《辯護人》等皆曾在此取景。

景色優美、飲品出色！

☕ Café Jimmy

카페지미

小編按讚 讚讚

拍出人生美照的最佳選擇之一！

📖 別冊P.6B1　🚇 地鐵1號線南浦站6號出口，出站後朝影島方向直走，從橋前方的公車站搭乘7、71、508號公車，在「흰여울문화마을」站或「백련사」站下車，車程約10分鐘，從路邊沿著樓梯向下走就能抵達。如果從南浦站6號出口轉搭計程車，車資大約₩6,200。　🏠 부산 영도구 절영로 224 1층　🕐 平日11:30~17:30、週末10:30~18:00　🌐 www.instagram.com/cafe.jimmy

位於白淺灘文化村入口僅幾步距離的Café Jimmy，是一家小小的咖啡店，在咖啡店能將白淺灘文化村、大海盡收眼底，除了風景絕佳，飲品味道也非常棒！

在門口以及店內都能看到一些非常溫馨的貓咪照片，**靠近店內角落大窗旁邊的位子是最熱門的拍照景點，由內往外拍的話，絕對可以拍出衝高IG點讚數的美麗照片**。店內飲料色彩鮮豔，更是讓人少女心爆表！

讓朝鮮太宗也被深深吸引的景色。

小編按讚
짱짱

太宗台

태종대

大自然鬼斧神工的絕景！

🔸別冊P.6C2 🔸地鐵1號線南浦站6號出口，出站後朝影島方向直走，從橋前方的公車站搭乘8、30、66、88、186號公車，在「태종대」站，車程約20～30分鐘，下車後直走約5分鐘，就能抵達入口。如果從白淺灘文化村的Café Jimmy搭計程車前往太宗台，車資大約₩6,000。 🏠부산 영도구 동삼동 산 29-1층 (태종대유원지) 🔸園區：11～2月5:00～24:00、3～10月4:00~24:00。遊園車：6~8月售票時間9:00~17:30、營運時間9:20~17:30。 ☎051-405-8745 💲園區：免費，遊園車：成人單程₩2,000、循環₩4,000，長者單程或循環都₩3,000，青少年單程或循環都₩2,000，兒童單程或循環都₩1,500。 🔸www.bisco.or.kr/taejongdae

　　結合海浪侵蝕海岸所形成的峭壁以及岩石的太宗台，是影島的一座自然公園，之所以取名為太宗台，據說是因為新羅第29代太宗武烈王巡視全國時，被此處美景吸引，所以在此停留遊玩射箭而得名，又古時候，每當早季到來，人們就會在太宗台祈雨，故每年農曆五月初一下的雨也稱為太宗雨。太宗在農曆五月十日駕崩當時也下了雨，之後每逢太宗忌日就會下雨，所以每年此時降下的甘霖都稱為太宗雨。

遊園車

太宗台步道長約3.6公里，如果不想以步行的方式完成，也可以搭乘遊園車。

從入口開始需走一段上坡路後才能到達園區遊園車售票及上車處，搭乘遊園車的話會從出發廣場行經眺望臺、影島燈塔、太宗寺再回到廣場，可以挑選自己想參觀的景點下車，有些景點距離不遠，也可以選擇徒步前往，像是眺望臺到影島燈塔景點徒步約10分可達。遊園車每20分鐘一班。

太宗台三大看點

瞭望臺

天氣晴朗時候可以清楚看到日本的對馬島。瞭望臺前還有一個象徵母愛溫情的母子像，之所以有這個雕像是因為瞭望臺以前生活很苦，有很多婦女受不了當時壓力，所以在此跳崖自殺，韓國政府便在此設立母子雕像，希望欲自殺的婦女在見到此雕像時能夠打消念頭。

神仙岩

燈塔下方100多公尺的懸崖峭壁，有座岩石平台稱作神仙岩，傳說曾有神仙在此遊玩，因此取名為神仙岩。神仙岩旁邊有一根形單影隻的石柱，稱作望夫石，據說以前有位女子天天在這裡，等待強行被帶去日本的丈夫歸來，最後化成了石像。

獨立的望夫石非常顯眼。

超鮮海產這裡吃

燈塔正下方會有海女姨母、海女奶奶們當場處理漁獲，各類海鮮就放在紅色大盆裡，客人挑選後，海女姨母現場切成生魚片上桌，一邊吃著生魚片，旁邊還有海浪拍打著岩石，超近距離欣賞大海。

不過想要吃海女奶奶的生魚片可要有點體力，下去容易，上來可就累了，會需要一直走樓梯，得衡量一下個人體力囉！海鮮攤位營業時間大約在8:30~17:00之間。

中央站
중앙역
Jungang

中央站位於釜山站和南浦站之間，與釜山港國際客運碼頭相鄰，附近有中央日報和東亞日報的釜山分社，以及駐韓國台北代表部釜山辦事處。此區主要景點包括40階梯文化觀光主題街，以及釜山電影體驗館，讓人穿梭在不斷向上延伸的階梯與坡道間。

交通路線&出站資訊

地鐵
中央站중앙역⇨釜山地鐵1號線 부산 지하철 1호선
出站便利通
出口1⇨Good ol' days‧釜山電影體驗館‧特麗愛3D美術館
出口11⇨40階梯文化觀光主題
出口17⇨東橫Inn釜山中央站店

過去階梯附近山上盡是木板房。

👁40階梯文化觀光主題街

40계단문화관광테마거리

🔖別冊P.8D1　🚇地鐵1號線中央站11號出口，出站後步行約2分鐘。　📍부산광역시 중구 40계단길 일대　📞051-600-4046　🕐24小時開放　🌐www.bsjunggu.go.kr/tour

　40階梯是在韓戰中失散的人們重逢的場所，難民們在附近山上搭起許多木板房，並在此生活，當時密密麻麻的房舍，幾乎布滿山坡……從國民銀行中央洞分行開始，直到40階梯文化館為主，**這條長約450公尺的街道**，自2004年6月被選定為釜山市綜合評價最優秀街道，並**以充滿韓國戰爭苦難時代的哀怨與鄉愁為主題**，在街道上設立許多能夠表達當時情景的銅像，供人追憶昔日情景。

☕ Good ol' days

小編按讚 讚讚

굿올데이즈카페

📖 別冊P.8D2 🚇 地鐵1號線中央站1號出口，出站後步行約2分鐘。 📍 부산 중구 중앙대로41번길 5 ☎ 051-246-1798 🕐 11:00~22:00 💲 美式咖啡₩4,000、桃子冰茶₩4,500 🌐 www.instagram.com/goodoldays_cafe

值得一訪的文青咖啡廳。

寬敞明亮的空間非常舒適。

為自己寄張未來明信片吧！

位於轉角的一座獨棟建築，名稱來自「美好的昔日時光」的Good ol' days不只是間咖啡館，散發著滿滿的文青氣息。推門而入，採用大量木頭和白色打造的空間，給人寬敞且舒適的感覺。長長的吧檯，陳列著令人食指大動的甜點，都是由店內的甜點師傅當天製作，其中特別推薦蛋塔，咖啡除了牛奶之外，也提供燕麥奶。

店內最引人注意的是明信片牆，占據滿滿一整面牆的空間，釜山動人的景色全都展現於此。前方還有桌子，展示著筆記本、貼紙、標籤、鉛筆等文具。此外也提供彩色鉛筆、紙膠帶、原子筆和各種印章，讓你完成一張獨一無二的明信片，這些明信片每月1日寄出，你可以指定未來三年的任何一個月份寄出。下次來釜山，也寄給未來明信給自己或朋友吧！

麻雀雖小五臟俱全。

Ⓗ 東橫Inn 釜山中央站店

토요코인 부산중앙역

📖 別冊P.8D1 🚇 地鐵1號線中央站17號出口，出站後步行約8~10分鐘。 📍 부산광역시 중구 중앙대로 125 ☎ 051-442-1045 🌐 www.toyoko-inn.com/index.php/korea/search/detail/00178/

雖然東橫Inn在世界各地房間幾乎都長得一樣，不過卻也能讓人對它的客房以及住宿品質，有一定程度的掌控。**這間飯店位於中央站和釜山站之間，能以步行的方式前往兩地。**此外，不像釜山其他飯店每逢週末，房價就翻倍，它的房價變動不大，也有單人房，還提簡單的免費早餐，算是CP值不錯的選擇。

釜山電影體驗館

부산영화체험박물관

🏛 別冊P.8D2 🚇地鐵1號線中央站1號出口，出站後步行約4~5分鐘。 🏠부산 중구 대청로126번길 12 ☎051-715-4200 ⏰週二~日10:00~18:00 💰成人₩10,000、兒童和青少年₩7,000，另外有與特麗愛3D美術館的套票成人₩12,000、兒童和青少年₩9,000。 🌐busanbom.kr

被暱稱為BOM（Busan Museum of Movies）的**釜山電影體驗館，是一處認識電影完整製作過程的好去處，不只是參觀，還能參與其中**。除了能看到令人懷舊的老電影院，還有手繪電影看板歷史，以及各種老式攝影機和留聲機，也能聆聽全世界知名電影的配樂，如同巨星般製作自己的手掌印，不過最有趣的，是親自體驗包括拍攝、剪輯、配音等活動。

在多個主題體驗館中，你可以挑戰最新的拍攝技術，化身動作片或災難片演員，根據指示在綠幕前完成躲過子彈或逃離恐龍等動作，下一秒觀看合成後的影像，肯定能感受到演員有多難當！此外，還能搭乘時空旅行列車，透過影片認識釜山這座城市如何成為電影之都。

利用錯視效果拍出各種趣味照片！

在綠幕前化身動作片演員吧！

👁 特麗愛3D美術館

트릭아이미술관

🏛 別冊P.8D2 🚇地鐵1號線中央站1號出口，出站後步行約4~5分鐘。 🏠부산 중구 대청로126번길 12 2층 ☎051-715-4200 ⏰週二~日10:00~18:00 💰成人₩8,000、兒童和青少年₩6,000，另外有與釜山電影體驗館的套票成人₩12,000、兒童和青少年₩9,000。 🌐busanbom.kr

和釜山電影體驗館位於同一棟建築中的特麗愛3D美術館，雖然不大，卻有5個主題裝飾房間，以數十幅壁畫讓你拍個夠。**利用錯視效果，產生以假亂真的畫面**，不只如此，**如果下載應用程式，這些原本靜態的場景，瞬間活了起來，變得更加刺激有趣！**

釜山

釜山站
부산역
Busan Station

釜山站既是韓國鐵道車站也是終點站，更是韓國繼首爾站、東大邱站後第三多人使用的車站，許多韓國人會利用KTX往來於釜山及首爾，或是一併遊玩釜山和大邱時，也常利用釜山站。承載釜山歷史與文化的草梁故事路，是該站最知名的景點，附近也有不少知名餐廳。

交通路線&出站資訊

地鐵
釜山站부산역◇釜山地鐵1號線 부산 지하철 1
出站便利通
出口7◇草梁麥麵·舊百濟醫院（Brown Hands百濟·Changbi Busan）·故事藝廊·草梁教會·東區人物牆·168階梯·明太魚子 Cafeteria·6.25馬格利·草梁1941·草梁845
出口10◇三進魚糕·元祖本錢豬肉湯飯

可以自行加入韭菜或醬料調味。

🍴 元祖本錢豬肉湯飯

원조본전돼지국밥

🗺 別冊P.10E2　🚇地鐵1號線釜山10號出口，出站後步行約4分鐘。　📍부산광역시 동구 중앙대로214번길 3-8　☎051-441-2946　🕐9:00~20:30　💲各色湯飯₩9,000

這家店的豬肉湯飯嚐起來一點豬肉腥味也沒有，是韓國人之間的人氣名店，牆上也能看到很多藝人的簽名。**本錢豬肉湯飯的湯頭以豬骨熬煮而成，顏色較淡，湯飯內以瘦肉為主，吃起來軟嫩，份量也多。**

一開始上桌的是原味湯飯，可以根據個人口味喜好，再加入韭菜或是辣椒醬和蝦醬調味，調整成自己喜歡的口味。正統韓式吃法是會倒入白飯及加上少許蝦醬一起吃，湯頭味道會更鮮甜。儘管店外常有人排隊，不過翻桌率很高，所以很快就能嚐到美味湯飯。

🍴 三進魚糕 釜山站廣藏店

삼진어묵 부산역광장점

📍別冊P.10E2 🚇地鐵1號線釜山站10號出口，出站後步行約4分鐘。 🏠부산 동구 중앙대로214번길 7 ☎070-8877-5468 🕐9:00～21:00 💲單點魚糕₩1,000~₩5,000 ⓦwww.samjinfood.com

　　身為釜山的老牌魚糕店，創立於1953年的三進魚糕，在韓國擁有多家門市。這間就位於釜山車站斜前方，看起來很像咖啡館或麵包店，店內也確實提供咖啡或紅茶，供你搭配享用各種魚糕。**店內魚糕選擇琳瑯滿目，從蔬菜、海鮮到熱狗……據説口味多達80種。** 2樓附設座位區，也可以自行以微波爐加熱食物，並且提供免費高湯！

🍴 草梁麥麵

초람밀면

📍別冊P.10D2 🚇地鐵1號線釜山站7號出口，出站後步行約5分鐘。 🏠부산광역시 동구 중앙대로225 ☎051-462-1575 🕐10:00～22:00 💲水麥麵和拌麥麵小碗₩6,000、大碗₩6,500

釜山必吃美食——麥麵！

小編按讚 짱짱

　　位於釜山車站對面的草梁麥麵，**招牌料理是利用小麥粉製成的麵條做成的冷麵，麵條Q彈爽口，以大骨、蔬菜和中藥熬成的湯底，非常鮮甜，** 加上碎冰與辣醬，吃起來又甜又辣，非常開胃。即使不是用餐時間一樣高朋滿座。

加入碎冰讓麥麵更Q彈清爽。

草梁故事街

초량 이바구길

全長1.5公里的草梁故事街，紀錄著釜山的歷史面貌，從開港、解放後成為難民生活區，到1970~1980年代產業復興一路以來的點點滴滴。這條文化主題街道從南朝鮮倉庫舊址開始，沿途經過舊百濟醫院、草梁國小旁的故事藝廊、168階梯、草梁堂山等，一直到望洋路劃下句點，沿途除了各個地標之外，景色也很優美，很適合花點時間好好散步。

◎ 舊百濟醫院

옛백제병원

別冊P.10D2　地鐵1號線釜山站7號出口，出站後步行約3分鐘。

부산 동구 중앙대로209번길 16

　　有著醒目的外觀，這座紅磚打造的建築，是釜山最早的現代綜合醫院，創建於**1922年**。1932年停業後，先後作為餐廳、日本軍官宿舍以及釜山治安司令部等使用，如今1樓是咖啡館、2樓是處對外開放的閱讀空間。儘管建築有些斑駁，依舊可以從它的結構感受昔日知名醫院的風華。

喜歡工業風的人千萬別錯過！

小編按讚 讚讚

☕ Brown Hands百濟

브라운핸즈백제

別冊P.10D2　051-464-0332　10:00～21:30　咖啡₩5,500起、茶₩6,000起　www.brownhands.co.kr

設計充滿特色的咖啡館。

　　本業是設計和生產家具、燈飾等生活用品的Brown Hands，旗下也經營咖啡館，或者說比起咖啡館，更像是他們的展示店，陳設於Brown Hands百濟的所有東西，幾乎都來自自家產品！利用舊百濟醫院的1樓，**咖啡館沒有將它改造的煥然一新，反而利用原本的元素，打造出充滿戲劇性的空間，讓人彷彿走進時光隧道……**

每處轉角都藏著驚喜。

小編按讚 讚讚

◎ Changbi Busan

창비 부산

別冊P.10D2　051-714-6866　週一～六10:00~20:00、週日10:00～18:00　免費　www.brownhands.co.kr

獨具風格的閱讀空間！

　　以首爾為根據地的出版社，希望能為大家提供更好的閱讀空間，因此將舊百濟醫院2樓，改造成一處閱讀俱樂部，同時對所有人免費開放。**Changbi Busan的書籍包羅萬象，從漫畫到小說，都能隨意借閱。**雖然全是韓文書，不過空間非常舒服也很漂亮，如果在附近走累了，不妨**上來坐坐休息一下**，這裡也提供免費wifi喔。

◎ 故事藝廊

담장갤러리

🔲別冊P.10D2 ◈地鐵1號線釜山站7號出口，出站後步行約6分鐘。 ⌂부산 동구 초량중로47번길 7

　　故事藝廊是草梁故事街中的一站，這條小上坡路，串連起舊百濟醫院和草梁教會，**沿途可以看見此區的街景舊照片，以及木板搭建的木造房屋外觀，展現出草梁昔日的生活樣貌。**路的盡頭是一段階梯，往上爬就能抵達草梁國小。

> 可以看見仿昔日木造房屋外觀。

> 教會外牆展示相關歷史介紹和舊照片。

◎ 東區人物牆

동구인물담장

🔲別冊P.11C2 ◈地鐵1號線釜山站7號出口，出站後步行約8分鐘。 ⌂부산 동구 초량동 994-12

　　草梁國小面對草梁教會那側的圍牆，有著草梁故事街的地圖，上方標示著沿途的主要景點，以及過往居民生活場景的壁畫。再往上走一些就是**東區人物牆，可以看見出生於釜山東區的名人和故居介紹，包括至今依舊活躍於韓國綜藝節目的資深MC李敬揆。**

◎ 草梁教會

초량교회

🔲別冊P.10D2 ◈地鐵1號線釜山站7號出口，出站後步行約8分鐘。 ⌂부산 동구 초량상로 53 ☎051-465-0533 🌐www.choryang.org

　　草梁教會就位於草梁國小旁，由北美長老會傳教士創立於1982年。**這棟外觀樸實的教堂歷史已經超過百年，是漢江以南最早成立的教會。**在日本統治期間，它與當地參與韓國獨立運動的成員們多有互動，也是草梁歷史上的地標之一。

紅色的單軌電車迷你可愛。

從觀景台可以欣賞釜山港的風光。

小編按讚 錚 錚

👁 168階梯

168계단

📍別冊P.11C2　🚇地鐵1號線釜山站7號出口，出站後步行約10分鐘。　📍부산 동구 초량동 994-552　🕐階梯24小時開放，單軌電車目前維護中，預計2024年6月重新開通。　📞051-253-8253　💻 tour.bsdonggu.go.kr

絕對值得親腳走上一遭的階梯！

　過去比較貧窮的百姓，或是南遷的難民，只能居住在地勢比較高的地方。168階梯是山腹道路前往釜山港的捷徑，一旦人們在山腰上看到有船入港，就會從這條最快下山的道路奔往港口，尋求可能的工作機會……

　總共由168級階梯組成，雖然階梯數看來不算太多，卻足足有6層樓高，也因此爬起來其實有些費力。然而過去在此生活的人，上上下下只是每天日常，甚

至就連水都要在這裡挑。階梯下方的三座水井（如今只留下一座）成為重要水源，大家挑著扁擔、提著水桶、抱著水缸，在這裡排隊取水，也成了交換八卦的中心。

　隨著時代過去，這裡不再成為人們聚集的地點，不過卻依舊刻畫著過往的點滴。階梯兩旁如今出現幾家特色小店和藝廊，台階上裝飾著可愛的房屋造型磁磚，沿途還有幾座觀景臺。來到這裡不妨花點時間慢慢往上爬，欣賞裝置藝術作品，從平台眺望釜山風光。

　除了以步行方式走完168階梯，其實也可以搭乘單軌電車，這項交通工具是為了服務當地長者，而在後來興建的設施，車廂很迷你，最多只能搭乘8人。不過目前維護中，根據公告預計要到2024年6月才會再度重新開通。

🍴 明太魚子Cafeteria

명란 카페테리아

📖別冊P.11C2　🚇地鐵1號線釜山站7號出口，出站後步行約13~15分鐘。　📍부산 동구 영초윗길 22-1　⏰週二~六10:00~21:00，週日10:00~19:00，週一公休。　📞051-463-9182　💲咖啡₩2,500起、明太魚子沙拉₩6,500

以「明太魚子」為名，顯然**這間餐廳主打明太魚子料理，在這裡可以品嚐到以明太魚子做成的披薩、義大利麵和沙拉等食物**。此外，這間餐廳的另一大特色，是俯瞰釜山港的遼闊視野，位於168階梯頂端的它，天氣晴朗時還能清楚看到影島和銜接的橋梁，入夜後的景色更為迷人。

俯瞰釜山港視野的明太魚子餐廳。

煎餅和馬格利互為良伴！

🍴 6.25馬格利

6.25막걸리

小編按讚👍쨩쨩

老奶奶的美味家常手藝。

📖別冊P.11C2　🚇地鐵1號線釜山站7號出口，出站後步行約13~15分鐘。　📍부산 동구 영초윗길 23　⏰15:00~21:00，　📞051-467-7887　💲各種煎餅₩8,000、馬格利₩4,000

走完168階梯，就能看見這間位於對街的餐廳。沒有明顯的招牌，只有門口放著的看板。6.25馬格利由老奶奶經營，以馬格利和煎餅為特色，**無論是辛奇煎餅或韭菜煎餅，都是滿滿的料，餅皮煎得香脆，非常好吃，搭配馬格利更是爽口**。店內沒有什麼特別的裝潢，所有牆壁、甚至桌子都被前來用餐的人畫滿塗鴉，洋溢著些許懷舊氣息，是品嚐樸實美味的好去處。

草梁1941

초량1941

> 咖啡館還保留了昔日倉庫的模樣。

> **小橋按讚** 짱짱
> 洋溢日式風情的悠閒角落。

🗺別冊P.11B1 🚇地鐵1號線釜山站7號出口，出站後步行約30分鐘。從168階梯步行前往約20分鐘。或是從釜山站前方公車站搭乘190號公車，在「화신아파트」站下，車程約7分鐘，後步行約3分鐘可達。 🏠부산 동구 망양로 533-5 🕐11:00～19:30 ☎051-462-7774 💲咖啡和茶₩5,000起、草梁牛奶₩6,500 🌐www.instagram.com/_choryang

　位於山上望洋路的草梁1941，是一棟興建於1941的日本房舍，曾是日本商人的家。**儘管如今搖身一變成了咖啡館，卻依舊散發濃濃的日式風情**，白色的牆壁搭配大量木頭家飾，出現在角落的昔日用品，讓人感覺**時光彷彿不曾在此流逝**，即使情緒浮躁，來到這裡也能瞬間感到沉靜。

　咖啡館內有許多不同的空間，其中主樓不開放小孩進入，即使如此，還是可以在附樓發現舒適的角落。此外，這間咖啡館以自製牛奶聞名，不想喝咖啡或茶的人，不妨換個口味試試！

> 在這處空間時光彷彿不曾流逝～

草梁845

초량845

🗺別冊P.11B1 🚇地鐵1號線釜山站7號出口，出站後步行約30分鐘。從168階梯步行前往約20分鐘。或是從釜山站前方公車站搭乘190號公車，在「화신아파트」站下，車程約7分鐘，後步行約3分鐘可達。 🏠부산 동구 망양로533번길 8 🕐週四～二11:00～21:0 ☎051-465-0845 💲咖啡₩5,500起、柚子茶₩6,000 🌐www.instagram.com/_choryang

　就位於草梁1941下方的草梁845，外觀和前者截然不同，看來就像工廠或倉庫，有天搖身一變成了咖啡館。內部裝潢也充滿工業風，簡單而開闊，最棒的是面對釜山市區的大片玻璃，擁有絕佳的景觀。不只如此，**這裡的早午餐也很出色，無論麵包或義大利麵都有多種選擇，很值得推薦。**

凡一站

범일역
Beomil

距 離釜山站及中央站三站遠的凡一站，有著釜山最大的批發商場，藏匿在街弄中的美食老店，讓人可以為了它們特地繞過路來享用一番。凡一洞也是韓國經典電影《朋友》的拍攝地之一。

交通路線＆出站資訊

地鐵
凡一站범일역◇釜山地鐵1號線 부산 지하철 1호선
出站便利通
出口7◇凡一洞奶奶湯飯·凡一綠豆煎餅
出口10◇自由批發市場·平和批發市場·五福海帶湯

來嚐嚐厚實肉塊的豬肉湯飯。

凡一洞奶奶湯飯

범일동할매국밥

🅰 別冊P.7A1　🚇 地鐵1號線凡一站7號出口，出站後步行約7分鐘。　🏠 부산 동구 중앙대로533번길 4　☎051-646-6295　🕐 週二~日10:00～19:00

由1956年從平壤到釜山避難的崔順福（최순복）奶奶創立，2006年由奶奶的二媳婦接手，開業至今已經走過60多個年頭，經過兩代傳承依舊屹立不搖，每到用餐時間常常高朋滿座，是釜山當地人名店。**這家豬肉湯飯店跟其他家稍微不同的是，他們給的豬肉不是肉片，而是厚實的肉塊，帶著部分肥肉吃起來很柔軟。**貼心的店家也根據客人不同的吃飯習慣，另有販售湯和飯分開的分式湯飯（따로국밥）。

🍴 凡一綠豆煎餅

범일빈대떡

📖 別冊P.7A2 🚇 地鐵1號線凡一站7號出口，出站後步行約8分鐘。 🏠 부산 동구 중앙대로 519 ☎ 051-646-0081 🕐 15:00～24:00

　　綠豆煎餅是以前人家很常在家裡做來吃的料理之一，將綠豆放在石磨上磨成粉後，加入豬肉、豆芽菜等食材，用豬油小火慢煎至金黃，是有客人拜訪時的餐桌定番菜餚，甚至在韓國的歌曲中也出現過這樣一句歌詞：「돈 없으면 집에 가서 빈대떡이나 부쳐먹자.」（如過沒有錢的話，回家煎個綠豆餅什麼的吃吧。）

為什麼韓國人這麼愛吃綠豆煎餅？

綠豆煎餅裡面含有鐵和胡蘿蔔素，是很有營養的食物，還有解毒的功效，所以不管是精神上或生理上感到很疲勞時，吃綠豆煎餅都能幫助補充所需的營養，達到恢復的效果。

在這邊購買韓國棉被，選擇多又便宜。

🎁 自由批發市場

자유도매시장

📖 別冊P.7B1 🚇 地鐵1號線凡一站10號出口徒步約3分 🏠 부산 동구 조방로 48；釜山東區朝紡路48 ☎ 051-632-8785 🕐 週一～六6:00～18:00 🌐 www.busanjayu.com

　　自由批發市場的規模感覺比平和批發市場大，建築周邊就圍繞著許多雜貨店。1樓多是鞋包，**如想買韓國棉被的可以在2樓逛逛，有很多花色可以選擇**，3樓則是一整層的鮮花、乾燥花、盆栽以及花器等，還有許多精緻的居家小物裝飾，可以在這邊找到不少可愛的擺飾品。

平和批發市場

평화도매시장

🅐別冊P.7B1　🚇地鐵1號線凡一站10號出口徒步約3分
🅖釜山 釜山鎮區 自由平和路 7；釜山釜山鎮區自由平和路7
☎010-8515-7020　🕐週一~六7:00~18:00　🌐www.
bsph.kr

　　釜山的批發商場區，想撿便宜或是當作雨備景點都可以來這邊逛逛。共3層樓的商場，地下1樓有販售一些居家小物，1樓進駐非常多的鞋子和包包店家，不論男女老少都可以找到適合自己的。2樓有襪子、棉被和較成熟的服飾，3樓則有不少童裝和風格較年輕一些的服飾。

🍴五福海帶湯

오복미역

小編按讚 짱짱

> 鮮甜湯頭一喝就上癮。

🅐別冊P.7C1　🚇地鐵1號線凡一站10號出口徒步約5分　🅖釜山 釜山鎮區 自由平和路3번길 14-21；釜山釜山鎮區自由平和路3街14-21　☎051-805-4300　🕐8:00~22:00　🅢鮑魚蛤蜊海帶湯(전복조개미역국)₩20,000

　　很少有店家是專門販售海帶湯，這家連鎖的海帶湯專門店，空間寬敞現代，環境整潔，有各種口味的海帶湯可以選擇，**除了基本的牛肉之外，最熱門的莫過於比目魚、鮑魚和蛤蜊**，點一份鮑魚蛤蜊海帶湯，有蛤蜊和兩顆鮑魚，加上整桌的小菜，吃起來暖身又飽足。

> 鮑魚蛤蜊海帶湯吃得到兩顆鮑魚。

西面站

서면역
Seomyeon

位 於釜山市中心的西面，是地鐵1號線、2號線交界點，從西面站來往機場只需轉乘一次，徒步也能直接前往西面市場吃上一碗熱騰騰的手工刀削麵或豬肉湯飯，或是尋找隱藏於市場中的多樣美食，也難怪此站是觀光客最愛的落腳處！

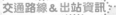

交通路線＆出站資訊

地鐵
西面站서면역➪釜山地鐵1號線 부산 지하철 1호선
出站便利通
出口1➪機張手工刀削麵・豬肉湯飯街（松亭三代豬肉湯飯）・新村蘇子葉辣炒年糕・西面小吃街・大創
出口2➪Shake Shack・善良的豬・Art Box・螞蟻家
出口4➪oppodd・固定店
出口7➪金剛部隊鍋・熙亞家鐵網烤小章魚・梁山咕咕炸雞・KT&G想像庭院 釜山

各種風格的服飾都能在這裡找到。

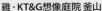

西面地下街

서면 지하도상가

📖別冊P13BC交界　🚇地鐵1、2號線西面站出站即達　🏠부산 부산진구 가야대로 지하　🔽
10:30~20:30，各家時間不定。

小編按讚
👍

琳瑯滿目的店家和商品選擇。

不怕日曬雨淋，也不必擔心天氣炎熱或寒冷，地下街可說是一年四季最佳的購物地點之一，而且只要一出站就能逛，實在非常方便。西面地下街店家五花八門，除最常見的服飾店外，還有鞋店、飾品店、美妝店、隱形眼鏡專賣店、寵物用品店、穿洞店、手機殼專賣店……而且各種風格、年齡層都有，也難怪經常出現滿滿人潮。

🍴 機張手工刀削麵

기장손칼국수

短短一條街相鄰好幾家湯飯店。

📖 別冊P13B2 🚇 地鐵1、2號線西面站1號出站，出站後步行約5分鐘。
📍 부산 부산진구 서면로 56 서면시장 ☎ 051-806-6832 🕐 9:00~22:00 💲 手工刀削麵小碗₩6,000、手工刀削麵大碗₩7,000

機張手工刀削麵位於西面市場內，店內只販售四種餐點，飯捲、手工刀削麵、辣味乾拌手工刀削麵、冷刀削麵。**刀削麵上面有辣椒粉、蒜頭等調味料提味，讓湯頭變得鮮甜，麵條Q彈扎實且份量十足**，就連韓國知名美食節目「白種元的三大天王」都曾來介紹。每到用餐時間，小小的店面就擠滿用餐的客人，因為刀削麵採現點現做，在店外頭的姨母下麵跟揉麵團的手都沒停過！

店內生意好，店員一直忙著出餐。

🍴 豬肉湯飯街

돼지국밥거리

📖 別冊P13B2 🚇 地鐵1號線西面站1、2號出站，出站後步行約5分鐘。 📍 松亭三代豬肉湯飯：부산 부산진구 서면로 68번길 33 ☎ 松亭三代豬肉湯飯：051-806-5722 🕐 松亭三代豬肉湯飯：24小時 💲 松亭三代豬肉湯飯：豬肉湯飯₩12,000、血腸湯飯₩8,000

豬肉湯飯是釜山的代表美食，這種過去因為戰時糧食不足，利用美軍剩下的豬骨熬煮而成的食物，如今已經成為韓國的日常料理之一。儘管許多地方都有湯飯，不過釜山湯飯會將湯汁熬煮到呈現乳白色，因此特別香，這也是它特別有名的原因。

在西面市場機張手工刀削麵旁，延伸著一條豬肉湯飯街，不到100公尺的距離，就能發現好幾家豬肉湯飯專賣店彼此相鄰。**其中最有名的是松亭三代豬肉湯飯（송정3대국밥），打從1946年開幕至今，歷史已超過70年，濃郁的湯頭是它能飄香這麼久的原因。**

🍴 新村蘇子葉辣炒年糕

小編按讚 讚讚 👍

신촌깻잎떡볶이

📍別冊P.13B2　🚇地鐵1號線西面站1、2號出站，出站後步行行約5分鐘。　🏠부산 부산진구 서면로68번길 39 1층　☎0507-1386-6727　🕐週四~二10:00~4:00　💲1人份辣炒年糕₩4,500、炸物每個₩1,000　🌐http://www.instagram.com/ggaet_dduck

> 一網打盡各種在地小吃！

位於西門市場轉角處的新村蘇子葉辣炒年糕，無論位置或招牌都很醒目。**這裡不但有辣炒年糕，還有各式各樣的炸物、魚板、血腸、紫菜飯捲，可以一次吃到多種小吃。**店面不但乾淨，食物也很美味，還附設座位區，讓你可以坐下來好好用餐，因此店外經常出現人潮。

〔 西面小吃街 〕

機張手工刀削麵前延伸的是豬肉湯飯街，至於新村蘇子葉辣炒年糕這頭則是西面小吃街。小吃街上可以看見好幾家攤販，賣的東西大同小異，清一色都是辣炒年糕、魚板、炸物或煎餅，對於有點肚子餓或是想解饞的人來說，可以快速站著吃，相當方便。

> 帶點炭燒味的小章魚更入味。

🍴 熙亞家鐵網烤小章魚

희야네석쇠쭈꾸미

📍別冊P.13A2　🚇地鐵1、2號線西面站7號出站，出站後步行約7分鐘。　🏠부산 부산진구 중앙대로691번가길 25-3　🕐週一~六17:00~23:00（食材賣完為止）　💲烤章魚₩15,000、小章魚鐵板炒飯₩7,000

熙亞家炭火小章魚是先將小章魚在鐵網上炭烤，**因此吃進嘴裡會略帶炭燒味，比起鐵板，鐵網燒烤方式更能提升辣味。**一起上桌的還有水煮蛋、沙拉、蒜頭等小菜，都可以自助再續，就看個人吃多少續多少避免浪費。店內小章魚至少要點兩人份，不過兩人份約12隻小章魚，如果人數多怕會吃不飽的話，建議可以再點個煎餅或是小章魚鐵板炒飯一起吃。至於辣度，就算是點普通味（一般辣度），對台灣人來說可能還是蠻辣的，建議可以從最初階的爽口味開始挑戰。另外推薦生菜包小章魚後，再加點沙拉美乃滋一起吃，會更美味。

釜山地鐵1號線

西面站

➡釜山地鐵2號線➡東海線

讓人大感滿足的美味鍋物！

滿滿一鍋光看就讓人食指大動。

金剛部隊鍋

킹콩부대찌개

🔺別冊P.13B2 🚇地鐵1、2號線西面站7號出站，出站後步行約5分鐘。 🏠부산 부산진구 가야대로784번길 46-1 ☎051-804-8582 🕙10:00~22:00 💰各種部隊鍋每人₩10,000起，可1人用餐。 🈁 www.kingkongbudae.co.kr

部隊鍋的誕生，其實也和戰爭有關，難民將美軍吃不完的食物一起混煮，就成了這道日後的國民美食！

如果你是部隊鍋的愛好者，千萬別錯過金剛部隊鍋。店內提供以香腸為主的金剛部隊鍋、香腸外加火腿的滿滿火腿部隊鍋，以及包含牛五花、火腿和香腸的牛五花肉部隊鍋等，另外還有加上飲料和炸物、炸豬排或糖醋肉的套餐，可以好好大快朵頤一番。

不過就算不點套餐，也能吃得很飽，因為白飯和泡麵免費供應，吃完可以自行再續。值得一提的有，**除了一般泡麵外，金剛部隊鍋還有自己的泡麵，共分綠藻和黑豆兩種口味，非常特別。**

梁山咕咕炸雞

양산꼬꼬

🔺別冊P.13B2 🚇地鐵1、2號線西面站7號出站，出站後步行約5分鐘。 🏠부산 부산진구 서면로 50 🕙24小時 💰炸雞每份₩18,000起，視份量而異。

除了連鎖炸雞品牌之外，韓國也有很多獨立的炸雞店。梁山咕咕炸雞就位於西門市場內，雖然店家裝潢或食物看起來都沒有那麼精緻，不過吃的是傳統的好味道。這家釜山在地老品牌炸雞店，打從1970年開始營業至今，已經有50多年的歷史，除了炸雞之外還有安東燉雞，而且24小時營業，任何時候想吃，都能吃得到。

> 坐在階梯上喝咖啡特別有趣。

◎ KT&G想像庭院 釜山

小編按讚
쨍쨍

KT&G상상마당 부산

讓人捨不得離開的文創空間！

🏢 別冊P.13B3　🚇 地鐵1、2號線西面站7號出站，出站後步行約6分鐘。　📍 부산 부산진구 서면로 39　☎ 051-809-5555　🕐 1樓咖啡廳10:00~22:00，2樓設計廣場110:00~21:00　💲咖啡₩4,500起　🔗 www.sangsangmadang.com/main/BS

　去過首爾的人，或許拜訪過位於弘大的KT&G想像庭院。秉持著同樣的理念，前身為韓國菸草專賣局的大韓菸草公司（KT&G），也在釜山創設了同樣的複合式文化空間，希望能成為藝術家與民眾之間的媒介，同時讓新進藝術家也能有發展的舞台。

　KT&G想像庭院 釜山開幕於**2020年9月**，包括地上13層、地下5層，面積廣達20,000平方公尺，是韓國最大的想像庭院。裡頭除了公演場地和展覽空間之外，還有從文青小物、生活用品到球鞋等不同選物店組成的設計廣場。

　位於1樓的咖啡館「SAPOON SAPOON」，由正官庄經營，店名來自於紅蔘的核心成分「皂素」（SAPONIN）和英文「湯匙」（spoon）的結合，供應的飲料也很有特色，除一般咖啡外，還有加入紅蔘的「人蔘奇諾」（Ginsengccino）或超能雪泡（Snow Shake）等。

🛍 大創

다이소

🏢別冊P.13B3 🚇地鐵1、2號線西面站1號出站，出站後步行約6分鐘。 🏠釜山 釜山鎮區 中央大路693 ☎051-802-6016 ⏰10:00~22:00 🌐www.daiso.co.kr

想買任何東西，到大創就對了！這間分店總共有4層樓，商品包羅萬象，從美妝時尚用品、各式各樣3C用品轉接頭、琳琅滿目的零食、質感文青文具、到迪士尼和復仇者聯盟聯名商品，想買行李箱鎖頭也沒問題，而且物美價廉，讓人就連杯子碗盤等瓷器都想搬回家去。此外，它還會**根據不同季節推出相關商品，像是春天的櫻花系列、夏天的海洋風**……每次去釜山都可以逛逛。

各式各樣的零食好生火！

不只漢堡就連薯條也好吃。

🍴 Shake Shack

쉐이크쉑

小編按讚 👍👍
令人允指的美味漢堡！

🏢別冊P.13C4 🚇地鐵1、2號線西面站2號出站，出站後步行約8分鐘。 🏠釜山 釜山鎮區 中央大路672 三井塔樓 1층 ☎051-520-3707 ⏰11:00~22:00 💲漢堡₩6,800起、薯條₩4,800、經典奶昔₩6,500、Fifty/Fifty(小)₩3,800 🌐www.shakeshack.kr

被喻為全紐約（甚至全美國）最好吃的漢堡，Shake Shack成功插旗韓國，並且在釜山也有了分店。以美味多汁的漢堡聞名，**沒吃過的人，建議吃一次最豐盛的Shack Stack漢堡看看**，裡頭除了起司和漢堡肉，還有一大塊肥厚的波特菇，吃起來非常過癮。此外，Shake Shack的奶昔也很有名，有花生醬、草莓等多達7種口味，擔心熱量的人也可以選擇一半冰茶、一半檸檬水的Fifty/Fifty。

🍴 鄉村飯桌

小編拉讚 짱짱

家常菜韓定食的魅力。

시골밥상

🚇 別冊P.13B4　🚋 地鐵1、2號線西面站7號出站，出站後步行約8分鐘。　🏠 부산 부산진구 중앙대로 673 1층　☎ 051-806-8889　🕐 24小時　💰 1人₩12,000、2人以上每人₩11,000

　　故鄉飯桌是一家韓定食餐廳，進到餐廳裡不需要點餐，店員只要確定人數就會直接上菜。**在這裡可以實惠的價格，吃到滿滿一桌傳統料理，大多是一些家常菜。**主菜通常為辣炒豬肉和燉魚，伴隨一鍋大醬湯，其他小菜包括雜菜、辛奇、煎餅、涼拌菠菜、芝麻醬高麗菜絲等，光看就讓人食指大動，而且吃完還可以再續，保證能吃得飽飽才離開。

一人份套餐也是擺滿一整桌。

🍴 善良的豬

시골밥상

🚇 別冊P.13C3　🚋 地鐵1、2號線西面站2號出站，出站後步行約5分鐘。　🏠 부산 부산진구 중앙대로680번가길 38　☎ 051-808-0712　🕐 10:00~24:00　💰 1人₩15,900，一桌加₩2,000可飲料喝到飽。

　　位於西面鬧區2樓的善良的豬，**是韓國人也很愛吃的烤肉吃到飽，台幣不到500元的價格真的非常實惠**，自助吧有肉區、蔬菜區、沙拉區、熟食區和飲料區，肉品有豬肉和牛肉，醃過的原味肉都有，種類繁多，五花肉當然是必吃。除了肉品也還有一些海鮮，以及辣炒年糕、炸雞、義大利麵等等，選擇多樣，可以一次吃到多道韓式料理。

釜山地鐵1號線……西面站

→釜山地鐵2號線→東海線

Art Box

아트박스

📖別冊P.13C3　🚇地鐵1、2號線西面站2號出站，出站後步行約5分鐘。　🏠부산 부산진구 중앙대로692번길　📞051-804-5656　🕐11:00～22:30　🌐www.poom.co.kr

　　韓國的平價文創文具店，價位約比大創高一些些，但品項也更多且更具設計感，還有品牌自己出的Q版設計角色周邊商品。文具類像是筆記本、手帳，以及鉛筆盒等等，還有各種實用性高的收納包、隨身杯等，以及飾品和髮飾。**除此之外居家、辦公等小物選擇也非常多，夏天大家最需要的手持電風扇也有很多款式。**可以在這邊買到一些不錯又實用的小東西。

紅通通一鍋非常過癮。

選料豐富的辣炒章魚！

螞蟻家

개미집 쥬디스태화직영점

📖別冊P.13C3　🚇地鐵1、2號線西面站2號出站，出站後步行約5分鐘。　🏠부산 부산진구 중앙대로680번가길 33-7　📞051-819-8891　🕐24小時　💲辣炒章蝦腸₩11,000

　　螞蟻家是連鎖辣炒章魚專門店，光是西面站就有兩間。24小時營業，如果住在西面就很適合安排當晚餐或宵夜，菜單有辣炒章魚（낙지볶음）、辣炒章魚和蝦（낙새볶음）、辣炒章魚和小腸（낙곱볶음），以及辣炒章魚加蝦和小腸（낙곱새볶음），**一整鍋上桌後店員會適時過來快炒，海鮮的鮮甜加上醬料鹹味，超級下飯，可以點一人份喔！**

☕ Oppodd

옵포드

🅐 別冊P.13C2　🚇地鐵1、2號線西面站4號出站，出站後步行約7分鐘。　🏠부산 부산진구 중앙대로680번가길 38 1，2층　☎051-806-8889　🕐週一~四、週日10:00~23:00，週五~六10:00~2:00　💲咖啡₩4,800起、氣泡飲₩5,300

🅘www.instagram.com/oppodd.coffee

　　Oppodd就位於西面站中心，店內販售咖啡飲品、蛋糕、甜品等，比較特別的是**店內一、二樓風格截然不同，來到二樓像到了香港茶樓，復古裝潢成為店內一大特色**。據說因為便利的位置，加上充滿象徵性的店面風格，讓它成為韓國人與朋友相約見面的特色標的物。

美味到讓人以為是牛排的豬頸肉！

各式各樣的麵包讓人選擇障礙

🍴 固定店

고정점

🅐 別冊P.13C2　🚇地鐵1、2號線西面站4號出站，出站後步行約5分鐘。　🏠부산 부산진구 중앙대로680번가길 80-5　🕐週二~日17:00~24:00　💲2人份烤肉₩30,000

　　隱身在小巷內的固定店，是**釜山最初開始販售調味豬頸肉的烤肉店，肉質非常柔軟，一度讓人以為是在吃牛排**，而且這家店的調味醬料感覺會非常合台灣人的胃口，菜單方面集中販賣單一肉品，也省下外國人在點餐時的不便，取而代之的是按照人數點餐的方式。

　　除了招牌豬肉外，烤豬皮也是超Q彈好吃。推薦一定要加點白飯，白飯放上一片火腿，配著店內的烤肉、烤豬皮一起吃，超級下飯！

　　另外在西面有新開一家2號分店「고기뻠」，兩家店販售的東西都一樣，差別在別在於二號店是自己烤肉，一號店是他們幫你烤好上桌，兩家店位置非常接近，如果碰到店內客滿又不想等的情況，可以考慮去另一家分店。

蓮山站
연산역
Yeonsan

蓮山站是釜山地鐵1號線和3號線的轉乘處，1958年落成時，原名為蓮山洞站，直到2010年才改成現在的蓮山站，相鄰的教大站則可以換乘釜山電鐵東海線，是前往機張區旅遊的其中一種方法。原本蓮山站的OLIVE YOUNG附設OUTLET，不過目前只剩下門市營運。

交通路線 & 出站資訊

地鐵
蓮山站연산역◇釜山地鐵1號線 부산지하철 1호선
出站便利通
出口8◇MAYAK大閘蟹吃到飽

> 大閘蟹吃到飽
> 也太幸福吧！

🍴 MAYAK大閘蟹吃到飽

마야크 연산점

🔸 別冊P.14B2　🔸 地鐵1、3號線蓮山8號出口，出站後步行約3分鐘。　🔸 부산광역시 연제구 연산동 731-15번지　🔸 051-868-6370　🔸 週一～六11:00～15:00、17:00~22:00 平日成人₩49,000、小孩₩28,000、學齡前孩童₩11,000，3歲以下免費；平日晚餐及週末成人₩57,000、小孩₩29,000、學齡前孩童₩13,000，3歲以下免費。

　　MAYAK是韓國的大閘蟹進出口貿易商，後來延伸觸角，直接將大閘蟹以合理價格提供給消費者。「MAYAK」在俄羅斯語中是「燈塔」的意思，也是以前進出口時一艘運送大閘蟹的船名。

　　MAYAK大閘蟹吃到飽餐廳，是韓國國內唯一能用最合理價格吃到最高級大閘蟹（SNOW CRAB雪蟹）的地方，在中餐時段還有附餐，提供蟹醬拌飯（게장비빔밥）或花蟹拉麵（꽃게라면）二選一。

　　餐廳使用的是和韓國最高等級飯店使用的同一種雪蟹。除了蟹肉吃到飽，還有提供季節小菜（部分小菜可以續加）。另外有三種醬料可以搭配蟹肉吃：柚子茶醬、辣醬、黃瓜美乃滋醬，其中韓國人最推柚子茶醬！

東萊站
동래역
Dongnae

東萊位於釜山廣域市的中央，西元8世紀的新羅時代這裡就設立了東萊郡，而釜山一直都是它的一部分，直到日本殖民統治時，兩者角色忽然互換！在這裡，聳立著象徵釜山過去的東萊邑城，散發出濃濃的歷史氛圍，也顯得相對幽靜，讓人感覺這個老城區似乎未曾受到時間的干擾與影響。

散發文學與靜謐的氣息。

交通路線&出站資訊

地鐵
東萊站동래역➜釜山地鐵1號線 부산 지하철 1호선
出站便利通
出口1➜溫泉川
出口2➜溫泉川・東萊鄉校・東萊邑城（西將台・北門・東萊邑城博物館・蔣英實科學花園）・福泉博物館

◎ 溫泉川
온천천
別冊P.15A2　地鐵1、4號線東萊站1、2號出口，出站後步行約10分鐘。　부산 동래구 명륜동 750；釜山東萊區明倫洞750

　東萊溫泉川是釜山相當重要的河川之一，橫跨金井區、東萊區和蓮堤區，經過打造後成為溫泉川市民公園，不僅規劃有自行車道和慢跑道騎單車、跑步運動等，**到了春天，更搖身一變成為釜山知名的賞櫻景點「東萊溫泉川櫻花路」**，周邊也發展成溫泉川咖啡街。

◎ 東萊鄉校
동래향교
別冊P.15B1　地鐵1、4號線東萊站4號出口，出站後步行約15分鐘。或是在4號出口對面搭乘東萊區6（동래구6）、東萊區6-1（동래구6-1）號小巴在「명륜초등학교」站下車，站牌對面就是。　부산 동래구 동래로 103　051-552-4160　www.dongnae.go.kr/tour/index.dongnae?menuCd=DOM_000000401002031029

　東萊鄉校建於李氏朝鮮時代初期，1592年被日本侵略時燒毀，1605年遷移到其他地方重建，1813年才被遷回現址。**經歷波折的東萊鄉校，主要是當時上層階級子女為準備科舉考試的學習之處。**內有明倫堂以及兩側的東西齋，還有後方的大成殿，雖已無人在此上課，但還是透著幾分文學氣息。

沿著城墎向上走，感受歷史氣息。

◉ 東萊邑城

동래읍성

📖別冊P.15B1C1 🏠부산 동래구 명륜동 산48-2 👁見【如何前往東萊邑城】☎051-550-6634 🕘9:00~18:00

釜山歷史名所。

東萊邑城是釜山的代表性城墎，朝鮮時代所建立，高處有四個門作為防禦及監視之用，西元1592年壬辰倭亂的戰爭遺址之一，到了秋季，古典壯闊的城墎和滿山紅葉同框，是熱門賞楓景點。

東萊邑城的範圍廣大，從城墎起點上去，依序會經過西將台、北門，以及東萊邑城博物館和蔣英實科學花園，往另一邊下山則可以抵達福泉博物館。城墎旁都有階梯可以行走，如果想要輕鬆一些也可以選擇一旁的平緩坡道。

【 如何前往東萊邑城 】

＊從地鐵站出發：
地鐵1、4號線東萊站4號出口，出站後步行約22分鐘。或是在4號出口對面搭乘東萊區6（동래구6）、東萊區6-1（동래구6-1）號小巴在「현대아파트」站下車，會看到右邊馬路對面有座很大的住宅社區──現代公寓。由於東萊鄉城就在住宅社區後面，往右邊過馬路後，向上坡前進，經過社區後會到達一個交叉口，往左邊走就可以看到左方有東萊邑城的城墎和登山步道。

＊從東萊鄉校出發：
往前直行一點就可以看到「현대아파트」公車站和對面的住宅社區，再按照上面的方式繼續往下走。

◉ 西將台

서장대

📖別冊P.15B1 🏠부산 동래구 복천동 산 1-2

從城墎起點開始走上去，走了一小段路會率先看到西將台，不少人會在此稍微停下腳步欣賞西將台的歷史痕跡，並藉此休息。**看起來像是一座涼亭的西將台，雖然可以走進去下層，但限制上樓喔！**

◉ 北門

북문

📖別冊P.15B1 🏠부산 동래구 복천동 538-1；釜山東萊區福泉洞538-1

從西將台繼續往上走，會在一處高點開始下坡，此時沿路城墎旁也插滿了更多旗幟，相當輝煌，而北門就在遠遠的前方，宏偉的豎立著。**北門旁的萊州築城碑，記錄著英祖7年，鄭彥燮擴建東萊邑城的歷史，北門前方，則有兩位守門侍衛，看起來相當逼真！**

北門前方有一個下坡階梯，順著直走就可以抵達福泉博物館，可以在館外公車站搭公車返回地鐵站。

🏛 東萊邑城博物館

동래읍성역사관

📍別冊P.15B1　🏠부산 동래구 동래역사관길 18　☎051-550-4488 ✅
9:00~17:00，週一休 💲免費

　北門的另一側，是東萊邑城博物館和蔣英實科學花園。**東萊邑城博物館以韓式建築設立，內部展示了許多東萊邑城相關歷史與文物**，對歷史有興趣的可以多花點時間入內參觀。

展示許多蔣英實發明的儀器。

👁 蔣英實科學花園

장영실과학동산

📍別冊P.15B1　🏠부산 동래구 동래역사관길 18　☎051-723-5227 ✅週二~日
9:00~18:00 💲免費

　和北門遙遙相望的這座花園，是為了紀念蔣英實而建的科學花園。蔣英實是朝鮮王朝世宗時期相當著名的發明家，有以他為主角的韓國史劇，也有不少相似時代的戲劇都有提到這號人物。

　蔣英實出身貧賤卻很有才華，世宗發現他的才華後排除眾議授予官職，在世宗的支持下，**蔣英實最有名的發明是1442年朝鮮半島歷史上第一個雨量計，以及渾天儀和日晷等重大發明**。其中一項發明品水鐘被印在一萬韓幣紙鈔上，還有以蔣英實為名的獎勵計畫。在科學花園內可以看到許多著名的發明模型，也有導覽解說。

🏛 福泉博物館

복천박물관

📍別冊P.15C1　🚶從北門前方的下坡階梯順著直走，就能抵達。　🏠부산 동래구 복천로 63　☎051-554-4263 ✅週二~日9:00~18:00 💲免費 🔄
museum.busan.go.kr/bokcheon

　福泉博物館位於東萊邑城外，依山勢而建立的白色建築，戶外休憩空間在各季節分別可以賞櫻和楓葉，附近則有韓國三國時期伽倻文化的福泉洞古墳群。**博物館內展示的就是從福泉洞古墳群挖掘出的古物件**，不僅可了解三國時期的墓葬文化，而且由於當時地利之便，有豐富鐵礦資源，因此館內展示的伽倻文化鐵製兵器和鐵盔甲戰袍也相當出名。透過這些文物可以更了解當時文化。

釜山地鐵2號線→東海線

溫泉場

溫泉場站

온천장역
Oncheonjang

又稱為溫泉場的東萊溫泉，打從新羅時代就已經為人所知，屬於鹼性鹽泉的它在釜山開港後，就獲得日本人的大力開發，如今發展成一座溫泉城，來到這裡可以泡腳或洗溫泉，還能品嚐美味的東萊蔥餅，不只如此，還能搭乘纜車前往金井山欣賞美景。

交通路線&出站資訊

地鐵
溫泉場站온천장역◇釜山地鐵1號線 부산 지하철 1호선
出站便利通
出口1◇溫泉水波街‧東萊溫泉露天足浴‧傳聞中的蔥煎餅‧金剛公園‧金剛山纜車

> 在綠蔭下伴著流水散步！

◉ 溫泉水波街

스파윤슬길

📖 別冊P.15B2　🚇 地鐵1號線溫泉場站1號出口，出站後步行約12分鐘。　🚉 부산동래구 금강로 124번길25

　在東萊溫泉露天足浴附近，這條長達120公尺的水道，伴隨著大樹綠蔭，是將千年神秘流淌的東萊溫泉，其繁榮願景形象化的一個設計，**在陽光和月光映照下波光粼粼的水面，因而得名「溫泉水波街」**，水道旁也有許多小店，很適合優閒散步。

👁 東萊溫泉露天足浴

동래온천노천족욕탕

🚇別冊P.15B2　🚉地鐵1號線溫泉場站1號出口，出站後步行約12分鐘。　🏠부산 동래구 금강공원로26번길　📞051-550-6602　🕐3~6月、9~12月週三~日10:00~16:00　💲免費

從古代就流傳東萊溫泉可以治百病，傳説病人只要泡過東萊溫泉都會好轉，是韓國最古老的溫泉之一。**因為據説對慢性病有治癒效果，只要天氣不錯，這裡的露天足浴就時常吸引許多老年人前來泡腳。**要注意的是冬季和夏季都有一個月不開放，下雨天以及天氣惡劣的話也會關閉喔。

吃得到完整海鮮！

🍴 傳聞中的蔥煎餅

소문난동래파전

🚇別冊P.15B2　🚉地鐵1號線溫泉場站1號出口，出站後步行約15分鐘。　🏠부산 동래구 금강공원로 55　📞051-553-5464　🕐10:00~22:00，每月第一個和第三個週一公休(遇假日順延)　💲蔥煎餅₩15,000　🌐blog.naver.com/gudgml1

原本有數間蔥煎餅的這條街，也許是因為疫情關係，目前僅剩下最知名的傳聞中的蔥煎餅。**這間店曾被韓國美食節目《白種元的三大天王》報導過，因而人氣更高，是前往金剛公園必吃的美食**，煎餅中看得到大蔥，還有魷魚、蝦等多樣海鮮，吃得出海鮮鮮味，以及蔥餅加蛋的美味口感卻不會油膩。搭配一碗湯麵清爽飽足。

👁 金剛山纜車

금강공원 금강케이블카

🔵 別冊P.15A2 🚇 地鐵1號線溫泉場站1號出口,出站後步行約22分鐘。 🏠 부산 동래구 우장춘로 155-26 ☎ 051-860-7880 🕐 週二~五9:30~17:00、週六~日9:30~17:30 💲 成人來回₩9,000、兒童₩6,000、65歲以上₩7,000;成人單程₩6,000、兒童單程₩4,000、65歲以上₩5,000 🌐 geumgangpark.bisco.or.kr

進入金剛公園後沿著指標走就可以到達金剛山纜車站,可從這邊搭纜車到金井山山頂,俯瞰釜山市區以及東萊邑城,**天氣好的話甚至可以看到遠方的廣安大橋。秋天更是賞楓景點。**有餘裕的話也可以走一點山路到位於金井山頂峰的金井山城欣賞古蹟。是東萊府、梁山及機張避難兼抗戰之地,也是韓國最大的山城。

秋天推薦搭乘纜車上山賞楓!

南門 남문

金井山有「小金剛山」的美譽,搭乘纜車上山後,可以以健行方式從登山步道前往梵魚寺(범어사),不過路程大約需要4小時。如果只想稍微體驗今井山城的風光,也可以前往最近的南門(步行約30分鐘)。城門興建於1808年,是座八字屋頂的單層門樓,高2.8公尺,在這裡可以北眺姑堂峰、南見白楊山。

👁 金剛公園

금강공원

🔵 別冊P.15A2 🚇 地鐵1號線溫泉場站1號出口,出站後步行約22分鐘。 🏠 부산 동래구 우장춘로 155 ☎ 051-860-7880 🕐 9:00~18:00 🌐 www.bisco.or.kr/geumgangpark

金剛公園就在金剛山山腳下,總面積93萬6千坪,**公園內是滿滿的樹木、山丘甚至是奇岩等,是依山而成的大型公園。**裡面有釜山海洋自然史博物館、釜山民俗藝術館、還有金剛寺、金剛體育館等設施,也有供小孩放風的自然遊樂場,是附近居民的休閒好去處,而最夯的當然就是金剛纜車。

釜山大學站
부산대역
Pusan Nat'l Univ.

釜山大學是韓國光復後以為教育振興國家所創立的十所旗艦大學之一，附近的大學城，錯落著服飾店、百貨公司、咖啡館、酒吧和餐廳等店家，可以買到不少物美價廉的東西，也能發現CP值高的餐廳，而且越晚越熱鬧。找個時間到這裡逛逛，感受一下釜山年輕人的潮流。

交通路線&出站資訊

地鐵
釜山大學站부산대역◇釜山地鐵1號線 부산 지하철 1호선
出站便利通
出口1◇釜山大學咖啡街（CAFE, MEAN・Etalee・Carefor coffee・Mond Coffee・neung sun・WOODEN PLACE COFFEE・THE HARUNA）
出口3◇釜山大學正門吐司巷・nonfinito・李興容糕餅店・NC百貨

> 大學生的美味
> 在地早餐！

🍴 釜山大學正門吐司巷

정문토스트

▲別冊P.16A2 ◆地鐵1號線釜山大學站3號出口，出站後步行約12分鐘，就在釜山大學正門口旁。☎010-2570-5520 ◷約8:00~1:00 ⑤雞胸肉吐司(닭가슴 토스트)₩4,000

　　釜山大學正門旁聚集許多吐司早餐攤販，檯面上就放有許多吐司、雞蛋和水果，用著繽紛紙板寫上菜單，**有起司、香腸、鮪魚、雞胸肉、年糕排骨、海鮮、烤肉、培根、地瓜等等多種料可選擇，還可以加價加起司。**將吐司放在工作台上一片片煎、放上夾料、蛋、生菜等，用紙盒裝的三層吐司，再搭配一杯現打果汁，份量超飽足。

☕ 釜山大學咖啡街

🔖別冊P.16B3C3 🚇地鐵1號線釜山大學站1號出口，出站後步行約5分鐘。

韓國大學周邊通常是尋找咖啡店和美食的好去處。**釜山大學與地鐵站之間，有一小塊區域發展出走兩步就是一間咖啡店的有趣現象**，且各個都有獨特裝潢特色，甚至偌大的兩層樓建築比比皆是，供應的餐點也各有魅力，釜山大學生真是太幸福了！

> 午後一位難求的露天座位。

🧁 Etalee

에타리

🔖別冊P.16C3 🏠부산 금정구 장전로18번길 23 ☎070-4015-3608 ⏰12:00~22:00 💲起司蛋塔₩3,200 🌐www.instagram.com/_etalee

以咖啡色窗框和紅磚瓦牆點綴的白色兩層樓建築，以及竹編椅座位區，天氣好的話這排戶外座位一定全滿。Etalee是葡式蛋塔專門店，**最經典的口味是起司，還有抹茶起司、巧克力起司、胡桃、核桃、奶油玉米等口味**，只要點個蛋塔加一杯飲料，就可以坐在店內享用，除了1樓室內和戶外，也有2樓的露天雅座。當然也可以外帶！

☕ CAFE, MEAN

카페민

🔖別冊P.16B3 🏠부산 금정구 장전로20번길 27 ⏰週一~六12:00~22:00 💲起司可頌鬆餅Croffle₩9,500 🌐www.instagram.com/cafe.mean

白色磚瓦造型外牆，搭配中央咖啡色大門，以及點綴在牆上的數盞小燈，還以為來到了巴黎街頭！轉角處這間CAFE, MEAN，外觀設計相當引人注目，吸引許多人在此街拍，內部則是走隨興慵懶風，共三層樓的風格也不盡相同，**可頌鬆餅Croffle（브라운치즈 크로플）是必點。**

Carefor coffee
케어포커피

📖別冊P.16C3 🏠부산 금정구 장전로12번길 15 ☎010-4215-1465 🕐12:00~23:00 💲蘋果肉桂可頌₩6,000
🌐www.instagram.com/carefor_coffee

有著迷你小花園的這棟小宅，大大的紅色招牌充滿美式庭園風。活潑字體寫滿的方形大窗，加上窗外繽紛座椅一秒變成超夯戶外打卡座位，內部則是偏工業風，每一個角落都很有氛圍感，樓上也有綠色草坪的露天座位區，像極了野餐。**供應可頌、鹽可頌、費南雪和司康等糕點，尤其是蘋果肉桂可頌（애플 시나몬 크루아상）為現點現做。**下午時分幾乎一位難求。

> 在美式小花園喝杯咖啡。

Mond Coffee
몬트커피 부산대점 플래그쉽

📖別冊P.16C3 🏠부산 금정구 장전로18번길 20 ☎051 514 9001 🕐12:00~22:00 💲玉米奶油拿鐵₩6,000
🌐www.instagram.com/mondcoffee_flagship

釜山大咖啡街的咖啡店各個都是獨棟建築，戶外座位區以白色陽傘布置，搭配綠白跳色的色調，這間咖啡店從外觀上就給人繽紛活耀的感覺。內部色彩一樣繽紛，一些植栽也讓人有身處大自然的氛圍，**特別是2樓的露天座位區使用露營桌椅，加上綠色草皮，真的宛如露營現場！**

像極藝術品
的甜點！

🧁 neung sun

能선

📍 別冊P.16B3 🏠 부산
금정구 장전로20번길 7 ☎ 051-513-
0801 ⏰ 12:00~21:00 💲 檸檬蒔蘿
金磚蛋糕₩5,800、拿鐵₩5,000 📷
www.instagram.com/cafe_
neungsun

　純白色兩層樓建築加上些許純
色窗，搭配綠色小樹以及白沙造
景，完全是韓系咖啡店的模範生
代表。共兩層樓空間都是純白系
的座位，以泥土、沙、石頭、綠葉
等造景佈置，每個角落都有留白的
氛圍感，尤其西曬的光影非常美。

　**提供法式融合韓系的特色甜
點，尤其是檸檬蒔蘿金磚蛋糕
（레몬딜 센드）非常特別**，由山
形餅乾包夾，檸檬蒔蘿口味的蛋
糕本體濃郁又有清爽檸檬香，不
會死甜，適合兩人分食，並搭配
一杯清爽拿鐵。

植栽與純白
工業風的巧
妙融合。

☕ WOODEN PLACE COFFEE

우든플레이스

📍 別冊P.16C3 🏠 부산 금정구 장전로12번길 18-6 ☎ 010-
9718-6977 ⏰ 週一、二、四、五13:00~22:00，週六~日
12:00~22:00 💲 提拉米蘇₩6,000 📷 www.instagram.
com/wooden_place.coffee

　稍微偏離主街道，位在小巷弄的這棟偌大紅磚瓦
建築也是兩層樓咖啡店，外觀走韓系老宅風。提供有
手作義式奶酪和提拉米蘇，**義式奶酪有多種水果口
味，提拉米蘇更除了原味外，還有草莓、起司、伯爵
茶、檸檬等口味**，喜歡麵包的話這裡當然也有人氣鹽
味奶油可頌。

☕ THE HARUNA
더하루나

🏠別冊P.16B3 🏠부산 금정구 장전로20번길 21 ⌄
11:00~22:00 💲巧克力榛果醬可頌鬆餅₩4,500 ⌄
www.instagram.com/the_haruna

　白色建築內部走的是日式清雅風，有仿榻榻米的座位區，也有充滿植栽造景的角落，白色窗簾隨風飄逸，整個環境給人靜謐的氣息，很適合在這邊安靜看書或工作。甜點有多種口味的可頌鬆餅，原味、奶油夾心、紅豆奶油夾心、開心果等，也會有季節限定口味。

空間設計非常美。

☕ nonfinito
논피니토

🏠別冊P.16B1 🚇地鐵1號線釜山大學站3號出口，出站後步行約8分鐘。 🏠부산 금정구 금정로 94 ☎051-583-5552 ⌄
11:00~22:00 💲香草拿鐵₩5,500 🆔www.instagram.com/cafe_nonfinito

　在釜山大學周邊大街上，偌大的白色現代建築很引人注目。這間nonfinito可是在大學生中人氣很高的早午餐店，落地窗加上全白裝潢讓整個空間顯得開闊，座位區不少，但整體不會讓人感受擁擠，中央以人像照片做設計的梁柱直通二樓，像在看展覽一樣享受空白。司康、布朗尼等各款糕點都像展覽品一般陳列，還有販售自家設計的杯子喔。

李興容糕餅店

이흥용 과자점

別冊P.16A2　地鐵1號線釜山大學站3號出口，出站後步行約10分鐘。　부산 금정구 부산대학로63번길 30　051-711-4454　8:30~21:00　鹽可頌2入₩3,800　www.instagram.com/lee_heung_yong

　　這間是釜山大學區有名的法式麵包店，共三層樓，1樓就像一般麵包店一樣，多樣麵包可以選擇，**其中鹽可頌（소금빵）是這邊的招牌，還有瑞士捲、起司蛋糕、手工餅乾等糕點**。2樓和3樓則是販售蛋糕和用餐區，當然也有大尺寸的各式蛋糕可提供外帶。

可以買到各大品牌鞋。

NC百貨

NC백화점 부산대점

別冊P.16A1　地鐵1號線釜山大學站3號出口，出站後步行約12分鐘。　부산 금정구 부산대학로63번길 2　051-509-7000　週一~四10:30~21:00、週五~日10:30~22:00　www.elandretail.com/store01.do?branchID=00110038&lang=000600KO

　　到韓國不一定只能逛樂天百貨和新世界！這間NC百貨雖然分店不如前兩間多，但它進駐的多是平價小眾品牌，男女裝、鞋包都有，**也不乏多間韓國美妝和飾品，以及韓國國民服飾SPAO、SHOOPEN、WHO.A.U等**，直接開在大學旁對大學生來說真是逛街福音。

釜山地鐵2號線

부산 지하철 2호선

釜山地鐵2號線不只行駛於釜山廣域市，還連結了慶尚南道的梁山市。從海雲臺區出發，沿途經過海雲臺和廣安里兩座釜山知名海灘、超大型百貨公司和釜山國際電影節舉辦場地所在的Centum City，以及咖啡廳與文青小店齊聚的田浦……讓人見識到這座海港城市的多樣面貌。

特別是海雲臺藍線公園以及釜山 X the Sky兩大新景點的出現，讓中洞開始變得熱鬧起來。如果搭乘天空膠囊列車或是海岸列車，還能將旅程延伸到青沙浦。

中

中洞站
중동역
Jungdong

©釜山觀光公社

過 去遊客前往釜山，搭乘地鐵2號線最遠大多坐到海雲臺站，許多人甚至不知道下一站站名。不過隨著海雲臺藍線公園的開幕，中洞站變得重要起來，來到這裡除了搭乘列車往來於尾浦和青沙浦之間，還能坐上釜山 X the Sky，從驚人的角度欣賞釜山！

交通路線 & 出站資訊

地鐵
中洞站중동역➪釜山地鐵2號線 부산 지하철 2호선
出站便利通
出口7➪迎月路·釜山X the Sky·海雲臺瓦房鱈魚湯·海雲臺藍線公園

©韓國觀光公社

©韓國觀光公社

©韓國觀光公社

迎月路以美麗的夜景聞名。

©韓國觀光公社

迎月路
달맞이길

🅰別冊P.17B2　🚇地鐵2號線中洞站7號出口，出站後步行約10分鐘可到迎月路入口。　🏠부산광역시 해운대구 달맞이길 190　☎051-749-5700　🕐24小時
www.haeundae.go.kr

伴隨著大海、沙灘和松樹，延伸於海雲臺尾浦與青沙浦之間的迎月路，因為絕美的景致而被選為釜山八景之一。這條海邊山路又有「釜山蒙馬特」之稱，除了可以眺望海雲臺半月形的潔白沙灘，沿途還有不少餐廳、咖啡館和酒吧，可以一邊賞景一邊感受悠閒風情。入夜後，踩著月光散步，氣氛相當浪漫，成為情侶熱愛的約會地點。4月時，道路兩旁盛開的櫻花，又讓它成為賞櫻勝地。

◎ 釜山 X the Sky

부산엑스더스카이

🚇 別冊P.17B3 🚉 地鐵2號線中洞站7號出口，出站後步行約16分鐘。 🏠 부산 해운대구 달맞이길 30 100층 ☎ 051-731-0098 🕐 10:00~21:00 💲 大人 ₩27,000、兒童₩24,000 🌐 www.busanxthesky.com

　　位於韓國第二高建築海雲臺LCT Land Mark Tower（411.6公尺）的98~100層，釜山 X the Sky是韓國最大的觀景台，能同時看見海雲臺的遼闊海景，以及釜山的城市風光，包括廣安大橋、釜山港大橋、迎月嶺、二妓臺等知名地標或名勝，都能盡收眼底。

　　參觀從100樓展開，這裡有座**Shocking Bridge，以透明玻璃打造的地板，讓你能從腳底往下看，體驗「懸浮」**於384公尺高空中的刺激感。99樓有餐廳、全韓國最高的星巴克（必須從98層的階梯前往），以及一座露天小平台Sky Garden。98樓則附設開放式休息區、紀念品商店X the Gift，以及其他咖啡館等。無論哪個樓層，都規劃了可以賞景的全景觀景區，提供各種不同的高度與角度。

可以同時欣賞到城市風光和大海景色。

🍴 海雲臺瓦房鱈魚湯

해운대기와집대구탕

🚇 別冊P.17C3 🚉 地鐵2號線中洞站7號出口，出站後步行約18分鐘。 🏠 부산 해운대구 달맞이길104번길 46 ☎ 051-731-5020 🕐 8:00~21:00 💲 大口魚湯₩14,000

　　在韓國當地相信吃鱈魚可以補身健胃，並且有醒酒的作用。這家店採用新鮮鱈魚，湯的用料也超大方，**魚肉燉煮得入口即化且份量多，CP值很高！**也因此雖然店內只賣一種料理，生意依舊很好，包廂房內滿滿的偶像明星簽名照，據說這家店是藝人來釜山必吃的美食店之一。

> 天空膠囊列車和海岸列車一次滿足兩種願望～

海雲臺藍線公園（尾浦站）

해운대블루라인파크（미포정거장）

從空中和地面感受釜山東部的美麗海景！

🔲別冊P.17B3 🚇地鐵2號線中洞站7號出口，出站後步行約20分鐘。 📍부산 해운대구 달맞이길62번길 13 ☎051-701-5548 🕐5~6月和9~10月9:00~20:00、7~8月9:00~22:00、11~4月9:00~18:00 🌐www.bluelinepark.com 💰天空膠囊列車：單程1~2人₩35,000、3人₩45,000、4人₩50,000（每車最多搭乘4人）。海岸列車（每人）：單程₩7,000、兩趟₩12,000、一日券₩16,000。天空膠囊列車與海岸列車套票（各一趟）：2人₩59,000、3人₩78,000、4人₩94,000。

　說起釜山這幾年最熱門的新景點，非海雲臺藍線公園莫屬，昔日廢棄的東海南部線軌道，經過重新設計，如今成為親近環境的觀光設施。全長4.8公里，沿途設有尾浦（미포）、青沙浦（청사포）和松亭（송정）三大站，串連起過去對遊客來說交通較不方便往來的海雲臺與松亭。

　海雲臺藍線公園提供兩種觀光列車，行走於地面上的海岸列車（해변열차），利用的正是昔日的火車軌道。海岸列車是電車型列車，採長列式座椅且自由入座，所有座位都面向大海，沿途能飽覽釜山東部美麗的海岸風光。

　海岸列車往返於尾浦和松亭之間，總共有6站，你可以隨意上下車，只不過一旦下車後，該趟車票就失效（和你有沒有搭完全程無關），想再搭乘就得再使用另一張票，如果搭完全程大約需要30分鐘。

　至於**行走於高架軌道的天空膠囊列車（스카이캡슐），只往來於尾浦和青沙浦之間，全長2公里**，走完全程大約30分鐘。**猶如膠囊般迷你的可愛車廂，每車廂最多可搭乘4個人（頂多多加一位7歲以下小孩共乘），讓你從7~10公尺高的空中，欣賞海雲臺的美景。**

想順利搭乘，請事先預約！

由於搭乘的人非常多，特別是週末或假日，建議事先上網預訂，尤其是天空膠囊列車，現場可能只有少數座位、甚至沒有座位釋出。海岸列車通常不需要預約，可以車到就上。但是如果你想同時預約天空膠囊列車與海岸列車，記得兩者間班次至少要相隔30分鐘，以免來不及銜接。以去程搭乘9:00的天空膠囊列車為例，回程海岸列車就得安排在10:00之後。

列車怎麼安排最好玩？

一般人通常會想兩種列車都搭乘，但是要怎麼坐，才能讓行程更完美？

建議去程可以從尾浦搭乘天空膠囊列車到青沙浦，因為這段軌道靠海那側，可以將一望無際的海景盡收眼底，回程就從青沙浦搭乘海岸列車折返尾浦。

如果只想搭乘天空膠囊列車，也可以從青沙浦沿著海岸列車旁的步道，一路慢慢走回尾浦。值得一提的還有，青沙浦附近有座踏石展望台，來到這裡千萬別急著離開，也去看看這座伸出於海上的展望台吧！

海雲臺藍線公園紀念品店

雖然在尾浦站和青沙浦站都有藍線公園紀念品店，不過青沙浦站的那間更大，出站前記得去逛逛。在這裡可以買到許多相關紀念品，像是天空膠囊列車的明信片、青沙浦紅白燈塔的磁鐵、海雲臺藍線公園的透卡……都是以手繪圖案方式呈現，有的文青、有的可愛、有的復古，讓人很想全都帶回家。

青沙浦平交道

因為海雲臺藍線公園的出現，讓青沙浦意外多了一個景點！原本默默無聞的青沙浦平交道，因為同樣以大海為背景，讓人聯想起日本動漫《灌籃高手》中的櫻木花道平交道，也因此成為釜山最新打卡景點。

每當大家搭乘列車抵達這裡後，總是不願離去，全都在平交道附近的馬路邊找最佳位置，接下來等著海岸列車經過，然後快速按下快門。

露台座位可以看見往來的天空膠囊列車。

👁 青沙浦紅燈塔

청사포어항복방파제등대

📖別冊P.17B2 🚶從海雲臺藍線公園青沙浦站步行前往約3分鐘 🏠청사포어항 복방파제등대 🕐24小時

搭乘海雲臺藍線公園的列車抵達青沙浦站後，出站穿過「櫻木花道平交道」往海邊方向走，會先看到一座有著觀景平台的白色燈塔，這裡是巴士站。從它前方的路右轉，沿著堤道往前走，就會來到**青沙浦地標之一的紅燈塔**。燈塔沒有對外開放，不過四周有座小平台，人們會繞著它欣賞周邊風景。

©韓國觀光公社

小編按讚 짱짱

☕ Alice甜甜圈

엘리스도넛

以紅燈塔和天空膠囊列車為前後景的咖啡廳。

📖別冊P.17B2 🚶從海雲臺藍線公園青沙浦站步行前往約3分鐘 🏠부산 해운대구 청사포로128번길 22 1층 🕐10:30~22:00 💲咖啡₩5,500起、茶₩5,000起、甜甜圈₩3,500起

海雲臺藍線公園青沙浦站附近有不少咖啡廳。出站後往海邊走，來到三岔路後右轉，朝巷子走去會發現裡頭隱藏的好幾家咖啡廳。Alice甜甜圈位於巷口附近，獨棟建築非常顯眼。

主打各式各樣的甜甜圈，光看外型就很討喜，裡頭夾著覆盆子果醬的**Alice甜甜圈是招牌**，另外還有紅心A撲克牌造型的**Trump甜甜圈**，以及夾著卡士達醬的**Vanilla Custar甜甜圈**。飲料除了咖啡和茶以外，還有色彩繽紛的氣泡飲，像是Aurora Lemonade等。

不只餐飲看起來很網美，咖啡廳內裝潢也很適合拍照，不同樓層有著不同的主題，搭配明亮的色彩，讓人感到愉悅。最值得推薦的是位於頂樓的露天座位，這裡就能看到天空膠囊列車往來穿梭的可愛模樣。

◉ 青沙浦踏石展望台

청사포다릿돌전망대

📍別冊P.17C1 🚶從海雲臺藍線公園青沙浦站步行前往約12分鐘 🚇부산해운대구 중동 산 3-9 ☎051-749-5720 🕐9:00~18:00 💲免費 🌐www.haeundae.go.kr

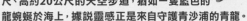

　　從海雲臺藍線公園青沙浦站離開後,沿著海岸列車軌道旁的步道往前走約600公尺,就能抵達青沙浦踏石展望台。**這條長達72.5公尺、高約20公尺的天空步道,猶如一隻藍色的龍蜿蜒於海上,據說靈感正是來自守護青沙浦的青龍。**

　　進入展望台前要先套上鞋套,既能保護步道也能防滑。關於它的名字和海岸上五塊排列有序的礁石有關,因為很像河流中可以踩踏過河的石頭,所以被命名為踏石展望台。從橋上可以看到青沙浦站附近的紅燈塔,除了欣賞風景,橋的一側設計了透明地板,遊客也能看看腳底下的礁石,只不過得膽量夠大!

> 展望台的造型就像一隻青龍。

ℹ 青沙浦踏石展望台遊客諮詢中心

청사포다릿돌전망대 관광안내소

📍別冊P.17C1 🚶從海雲臺藍線公園青沙浦站步行前往約10分鐘 🚇부산해운대구 청사포로 167 🕐9:00~18:00

　　前往青沙浦踏石展望台途中,會先經過遊客諮詢中心。諮詢中心位於3樓,裡頭還有一間商店,販售相關紀念品,除了明信片、T恤、鑰匙圈等東西外,比較特別的是當地的乾海帶,有一般包裝也有禮盒。另外**這裡還能買到魚形木牌,你可以將願望寫在上面,然後掛在展望台前方的步道上。**

海雲臺站

해운대역
Haeundae

遊 客前往釜山旅遊的一大目的就是看海，每年都吸引無數遊客的海雲臺海水浴場，是著名的度假勝地，除了外國人愛去，韓國當地人也會在夏季前往海灘避暑，因此所有人在釜山幾乎必去海雲臺站。不只如此，這裡還有水族館和許多美食餐廳，有吃有看又有得玩，可以很盡情地度過悠閒的一天。

交通路線 & 出站資訊

地鐵
海雲臺站해운대역➡釜山地鐵2號線 부산 지하철 2호선
出站便利通
出口1➡海雲臺元祖奶奶湯飯
出口2➡Ramada Encore Haeundae Hotel
出口3➡海雲臺市場・Café Knotted
出口5➡海雲臺海水浴場・SEA LIFE釜山水族館・密陽血腸豬肉湯飯・古來思・伍班長
出口7➡舒暢鱈魚湯

歷史悠久的老牌牛肉湯飯。

🍴 海雲臺元祖奶奶湯飯

해운대원조할매국밥

🗺 別冊P.18D2　🚇地鐵2號線海雲臺站1號出口，出站後步行約4分鐘。　🏠부산 해운대구 구남로21번길 33 1,2층　☎051-746-0387　🕐週四~二24小時　💲牛肉湯飯₩7,500、牛肉分式湯飯₩8,000　🌐www.haeundae1962.com

　　位於海雲臺大街上的元祖奶奶湯飯從1962年營業至今，奶奶湯飯主要供應牛肉湯飯，店面內牆掛滿明星藝人的簽名與相片，更有韓國美食指標達人《白種元的三大天王》節目做過採訪。

　　牛肉湯飯除滿滿的豆芽菜外，也吃得到燉得軟爛的菜頭，牛肉塊包含了不同部位的牛肉，超多份量讓大胃王也能吃得超滿足！店內的小菜採自助式，拿著餐點附上的小空碟子裝填自己想吃的份量。

> 海雲臺海水浴場是釜山必訪人氣景點。

ⓒ韓國觀光公社

👁 海雲臺海水浴場

해운대해수욕장

🅰別冊P.19C4 🚇地鐵2號線海雲臺站5號出口，出站後步行約11分鐘。 🏠부산 해운대구 우동 ☎051-749-7612 ⏰24小時 🌐sunnfun. haeundae.go.kr

> 小編按讚 👍 👍
> 書夜四季展現不同風情的海灘。

　　來到釜山，怎能不去海雲臺呢？**位於釜山東北海岸邊的海雲臺，擁有綿延1.5公里的細白沙灘，是韓國最具代表性的海水浴場，海灘旁聚集無數頂級飯店。**

　　這座寬30~50公尺、平均水深約1公尺的海灘，海相平靜且海水不深，擁有絕佳的海水浴場條件，除了夏天擠滿戲水人潮之外，其他季節也有許多人前來散步、餵海鷗或看海，其中特別是年輕人。

　　除此之外，海雲臺海水浴場一年四季還會舉辦不同活動，像是農曆正月十五日元宵節舉辦的「迎月節」、5月時以大量沙雕妝點海灘的海雲臺沙灘節，以及11~1月間沙灘閃耀著點點夢幻燈光的海雲臺光之慶典等，都是它吸引人們一再前往的原因。

釜山地鐵1號線

釜山地鐵2號線

海雲臺站

東海線

◉ SEA LIFE釜山水族館

씨라이프 부산아쿠아리움

小編按讚 讚讚

潛入奇妙的海底世界看個夠!

🔹別冊P.18D3 🔹地鐵2號線海雲臺站5號出口,出站後步行約9分鐘。 ⬆부산 해운대구 해운대해변로 266 ☎051-740-1700 ⏱10:00~19:00 💲大人₩30,000、兒童₩25,000 🌐www.busanaquarium.com

想欣賞美麗的海底世界,不用潛入水中,只要走一趟SEA LIFE釜山水族館就可以!

這個位於海雲臺海灘旁的水族館,為地上一層、地下三層的建築,是韓國最大的水族館,按照特色主題

設置不同水槽,**在8大主題展區中總共有250種、超過10,000萬隻海洋動物在此生活,其中包括企鵝、鯊魚、水獺、海龜、魟魚、食人魚、水母、海馬……令人眼花撩亂**,在體驗池中還可以觸摸海星。

另外長達80公尺的海底隧道,可以讓人彷彿真的置身海底,感受魚群從身邊或頭頂游過的新奇體驗。也可以搭乘玻璃船,換個角度觀看海洋生物。館內每天不同時段分別安排了餵食秀或表演,參觀前記得先確認時間,以免錯過。

水族館紀念品店販售各種可愛的海洋生物玩偶、吊飾、筆記本、氣球等琳瑯滿目商品,讓人很難空手離開。

讓人彷彿置身海底的透明隧道。

可愛的企鵝是水族館裡的人氣明星!

盲鰻是釜山的特色料理之一。

🍴 海雲臺市場

해운대시장

📖別冊P.18D3　🚇地鐵2號線海雲臺站3號出口，出站後步行約7分鐘。　🏠부산 해운대구 구남로41번길 22-1　☎051-746-3001　🕐依店家而異 🆙
haundaemarket.modoo.at

　想找各種小吃，到海雲臺市場準沒錯。鄰近海雲臺海水浴場，**這條小小的巷子裡擠滿了各種美食攤位和餐廳，可說是釜山食物代表。**

　一走進去，首先登場的是好幾家盲鰻餐廳。釜山食物大多受到戰爭與自然環境的影響，最初其實盲鰻並不常出現在當地人的餐桌上，然而因為戰爭，為了充飢，近海容易捕撈的**盲鰻**，就成了蛋白質的來源。盲鰻常見的料理方式是鹽烤，或是加入醬料烹炒成辣味，最後鍋底的醬汁還能拿來炒飯。

　炸物、魚板和辣炒年糕當然也不會缺席，其中「是尚國」（상국이네）是市場內的名店，食物非常多樣，還有**飯捲、血腸、餃子**，也提供上述所有小吃的套餐組合，讓你不用做選擇，什麼都吃得到。

　這裡還有一家蒸餃名店，老洪蒸餃刀削麵（노홍만두칼국수）門口，疊滿一籠籠事先準備好的餃子，有蒸餃、蝦餃、辛奇餃子和大餃子，餃子胖胖的模樣光看就非常好吃。店內還有不同口味的刀削麵，以及年糕餃子湯。其他像是將一隻隻炸好的雞，直接擺在窗口「攬客」的傳統炸雞店，或是在鐵板上吱吱作響煎餅攤位，都很吸睛，讓人想什麼都吃上一輪。

🍴 密陽血腸豬肉湯飯

밀양순대돼지국밥해운대점

🔵 別冊P.19C3　🚇地鐵2號線海雲臺站5號出口，出站後步行約4分鐘。

📍 부산 해운대구 구남로 28

📞 051-731-7005　🕐 24小時

💲 豬肉湯飯₩10,000、血腸湯飯₩10,000

　　位於海雲臺主街龜南路旁，這間湯飯專賣店高達三層，店面非常顯眼，是當地知名的餐廳之一。**主要販售湯飯，除豬肉湯飯外，還有血腸湯飯和內臟湯飯，也可以選擇三種都有的綜合湯飯。**一就坐，店家就先送上包括洋蔥、青陽辣椒、大蒜、辣蘿蔔、辛奇的小菜盤，還有韭菜和蝦醬。湯飯可以單吃，也可以加入韭菜和蝦醬調味，全看個人喜好。如果不想吃湯飯，店家也有白切肉和馬鈴薯豬骨湯。

清甜的湯頭和大塊的鱈魚，美味。

🍴 舒暢鱈魚湯

속씨원한대구탕

🔵 別冊P.19B3　🚇地鐵2號線海雲臺站7號出口，出站後步行約8分鐘。　📍 부산 해운대구 해운대로570번길 11 2층　📞 051-731-4222　🕐 8:00~21:00　💲 鱈魚湯₩13,000

小編按讚
짱짱
無論什麼時候都適合來上一碗！

　　這家店一早就開始營業，因為鱈魚湯不只可以當作正餐，早餐吃或作為醒酒湯也很合適。鱈魚富含礦物質、蛋白質和維他命，對身體非常好。**這裡的鱈魚湯魚肉大塊、湯汁鮮甜，就和店名一樣，不但美味吃起來也給人一種很舒暢的感覺，讓人忍不住一口接一口。**鱈魚湯上桌時是原味，店家會另外附上辣椒粉，想吃什麼口味可以自己調整。

🍴 古來思

고래사

🏠 別冊P.19C2 🚇 地鐵2號線海雲臺站5號出口，出站後步行約2分鐘。 📍 부산 해운대구 구남로 14 ☎ 051-744-4227 🕐 週一~五9:00~21:30、週六9:00~22:00、週日9:00~21:00 💲 魚糕₩2,000起、烏龍麵₩8,000、辣炒年糕₩8,000 🌐 goraesa.com

小編按讚 짱 짱

有別於一般魚糕店的細緻口感。

門口插著幾根超大的魚糕，讓人想忽略也難。古來思是釜山知名的魚糕專賣店，儘管路邊都能發現魚糕店，不過這間連鎖魚糕店為什麼能在市場上占有一席之地，原因就在於它使用的材料。

一般來說，混合麵粉的魚糕如果魚漿使用比例越高，價格自然也越貴，但是吃起來無論口感或香氣也更佳。**古來思以新鮮食材製作魚糕，並且沒有使用防腐劑，雖然價格較高，但確實好吃，此外口味也非常多樣，還能看見加入整顆鮑魚或起司與年糕的魚糕！**

除新鮮魚糕外，也有真空包裝。

🍴 伍班長

오반장

🏠 別冊P.19C3 🚇 地鐵2號線海雲臺站5號出口，出站後步行約5分鐘。 📍 부산 해운대구 구남로24번길 20 ☎ 051-747-8085 🕐 11:00~4:00 💲 肉類（120g）₩10,000起、辛奇湯₩10,000

雖然位於巷子裡，海雲臺的烤肉名店伍班長，依舊吸引許多人慕名前往。**傳統的炭火烤肉，爐子旁一半蒸蛋、一半烤豆芽和辛奇，再把肉放在中間，一整個視覺效果滿滿**，重點是這裡的小菜和肉都不錯吃，最後也別忘了來碗冷麵收尾。

☕ Café Knotted

카페 노티드

📖 別冊P.19C2　🚇地鐵2號線海雲臺站3號出口，出站後步行約2分鐘。　🚇부산 해운대구 구남로 17　☎070-4129-9377　⏰10:00~21:00　💲甜甜圈₩3,500起、咖啡₩3,500起、其他飲料₩5,000起　🔗litt.ly/knotted

韓國最好吃甜甜圈的美妙滋味!

寫下每天可在韓國賣出3,000個甜甜圈的紀錄,被喻為「韓國最好吃甜甜圈」的Knotted,在海雲臺有一家獨棟的咖啡廳。

創立6年,這個以可愛黃色笑臉為招牌的鮮奶甜甜圈品牌,除了首爾和釜山之外,在大田、甚至濟州島都有分店,火紅程度可見一般,店面經常可見大排長龍的情景,有時候晚上,一些暢銷的口味像是牛奶鮮奶油甜甜圈(우유 생크림 도넛)或是經典香草甜甜圈(클래식 바닐라 도넛),可能就會被搶購一空,不過其他口味的甜甜圈也很好吃。

Knotted的甜甜圈先烤過後才油炸,然後填入各種口味內館,模樣蓬蓬鬆鬆,裝在杯子裡非常討喜。一口咬下去,飽滿的鮮奶油內館一整個爆漿,在嘴巴裡產生綿密的美妙口感,濃郁卻不膩,只能以誘人來形容!甜甜圈外,這裡還有夾上鮮奶油和水果的可頌等麵包,看起來一樣很好吃。

這間咖啡廳的裝潢還很網美,總共有3層樓和一個屋頂花園。一道非常芭比的粉紅色樓梯,帶領大家前往樓上的用餐空間,這樓梯幾乎已經成為打卡聖地,所有人來都要拍上一張。另一處拍照熱點,是1樓點餐櫃檯旁專門布置給客人拍照的兩人座位。另外,3樓有一張給小朋友畫畫的長桌。

店內最熱門的打卡點!

ⒽRamada Encore Haeundae Hotel

라마다앙코르해운대호텔

📖 別冊P.19C2　🚇地鐵2號線海雲臺站3號出口,出站後步行約2分鐘。　🚇부산 해운대구 구남로 9　☎051-610-3000　🔗www.ramadaencorehaeundae.com

　　Ramada Encore Haeundae Hotel是全世界擁有最多酒店的Wyndham集團經營的全球品牌酒店,由擁有10年酒店設計及品牌經營直營酒店經驗的Style Loft Global營運。

　　緊鄰釜山地鐵二號線海雲臺站3號出口,Ramada Encore Haeundae Hotel與海雲臺海灘也僅距離500公尺,附近還有超市以及許多餐廳,地理位置非常方便。住客們可以免費使用飯店內的健身中心,此外每間客房內都有沙發、乾濕分離衛浴、免治馬桶,酒店內部與客房內都非常整潔,櫃檯接待人員也很親切並能用中文溝通。值得一提的還有,酒店1樓有紅酒專賣店,無論是跟另一半還是三五好友一起來釜山旅遊,無敵海景配紅酒再棒不過!

冬柏站

동백역
Dongbaek

冬柏島位於海雲臺的海灘盡頭，島上種植著鬱鬱蔥蔥的樹木，展現出一種寧靜的氣氛，吸引著人們前往悠閒散步。島上的The Bay 101，除了聚集各種特色餐廳，更是欣賞夜景的好去處，不只如此，這裡還有曾經舉辦過APEC會議的世峰樓，光是一座冬柏島就能看見釜山多種面貌。

交通路線 & 出站資訊

地鐵
冬柏站동백역◇釜山地鐵2號線 부산 지하철 2호선
出站便利通
出口1◇冬柏島・世峰APEC會議之家・The Bay 101
（FINGERS & CHAT）
出口3◇海雲臺電影街

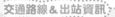

韓國觀光公社提供

各種不同主題壁畫讓拍照更有趣。

◎ 海雲臺電影街

해운대영화의거리

🔺別冊P.20A3　🚇地鐵2號線冬柏站3號出口，出站後步行約20分鐘。　📍부산 해운대구 마린시티1로 91　🕐24小時　💲免費

因為釜山國際影展的成功，讓人總是將這座城市與電影產生連結。從冬柏站3號出口離開後直走約100公尺，接著左轉一路朝海邊直走下去，就會來到這條以電影為主題的濱海道路。**海雲臺電影街除了與電影相關的裝置藝術，靠海那側還延伸著一道白牆，牆面或模仿希臘小島的房舍，或彩繪著各種圖案，成為非常好拍的背景**，特別是出現於後方的廣安大橋，讓入夜後的景色更加浪漫。

◎ 冬柏島

동백섬

🏠別冊P.20B2B3 🚇地鐵2號線冬柏站1號出口，出站後步行約17分鐘。 🏠부산 해운대구 우동 708-3 ☎051-749-7621 ⏱24小時 💲免費 🌐haeundae.go.kr

海濱種滿茶花樹和松樹的冬柏島，位於海雲臺白淨沙灘的西側，這片向大海突出的半島上，有著海灘與綠蔭，沿著海岸步道散步，廣闊的海天景色映入眼簾，一旁的廣安大橋成了最亮眼的背景。它優美的景致，曾讓無數詩人墨客寫下一首首動人的詩。

韓文裡的「冬柏」其實就是山茶花，因為這座小島每到冬末春初，就會開滿各色顏色的冬柏花。儘管因為長年累月的自然泥沙堆積，冬柏島已經不再是座島，而是與陸地連成一片，不過依舊保留著原本的名稱，好讓人們記得它最初的地貌。

島上蜿蜒著步道，除了內側鋪設PU材質適合跑步的步道之外，海岸邊延伸著一條環島散步道。**這條木頭棧道隨地形上上下下，設有多座觀景台，除了可以欣賞海雲臺半月型的沙灘，以及海天一線的美景之外，還能近距離觀賞沿岸嶙峋的礁岩，以及拍打岸邊的洶湧浪濤，**感受到大海與森林交會的魅力。

> 蜿蜒起伏的步道與海岸近距離交會。

💡 冬柏島人魚像

동백섬 인어상

行走於環島散步道，會看見一尊坐在海邊岩石上的人魚像，她低頭彷彿若有所思，姿態落寞，因為這座雕像背後流傳著一段動人的故事。

據說從前從前，那燦陀人魚國的黃玉公主，嫁給了遠在大海另一端的無窮國恩惠王，然而公主非常思念故鄉，因此每當月圓時就會來到海邊，看看顯現於黃玉中的故鄉模樣，以解思鄉之情……

> 獨特的建築讓它成為焦點。

◎ 世峰APEC會議之家

누리마루 APEC하우스

🏠別冊P.20B3 🚇地鐵2號線冬柏站1號出口，出站後步行約15~20分鐘。 🏠부산광역시 해운대구 동백로 116 ☎051-743-1974 ⏱9:00~18:00，每月第一個週一公休 💲免費 🌐www.busan.go.kr/nurimaru

又稱為世峰樓的世峰APEC會議之家，是專為2005年APEC亞太經濟高峰會議而建的會場，**位於冬柏島海濱，兼具自然和現代美感的圓形造型建築令人驚嘆。**建築內陳列有當時開會時的照片、建築模型、會議圓形桌、各國元首合影的紀念照片等。由於位在島的制高點，四周的景觀皆可一覽無遺。

🍴 The Bay 101

더베이101

📍別冊P.20B2　📱地鐵2號線冬柏站1號出口，出站後步行約12分鐘。　🏠부산 해운대구 동백로 52　☎051-726-8888　🕐視各店家不同　🌐www.thebay101.com

> 釜山燈火璀璨的夜景在這看！

　The Bay 101是一處複合式文化藝術空間，包含藝廊、餐廳、宴會研討會等設施，除了前來用餐，另一項**吸引遊客前來造訪的理由，是晚上無與倫比的夜景！**在主建築旁停車場前有塊小空地，是美麗夜景倒影的最佳拍攝地，拍攝倒影需要地面積水，可以自行裝水潑灑在地面上製造出水灘後再拍攝。

> 滿滿的炸海鮮非常過癮。

> 美味的食物搭配美麗的夜景。

🍴 FINGERS & CHAT

📍別冊P.20B2　☎051-726-8822　🕐11:00~1:00　💲炸花枝和薯條₩20,000、無骨炸雞₩20,000、汽水₩3,000　🌐www.thebay101.com

　位於1樓的FINGERS & CHAT，是The Bay 101的人氣美食店，提供釜山版的Fish & Chips，不只是魚還有其他海鮮，包括鱈魚、花枝、鱸魚和蝦子，搭配薯條滿滿一份，讓人吃得很過癮。店內除汽水和瓶裝啤酒外，還提供手工啤酒和葡萄酒。天氣好時，坐在戶外一邊欣賞美麗的景色一邊用餐，感覺非常放鬆。

Centum City站

센텀시티역
Centum City

做為大型複合都市開發計劃區的Centum City，在這裡有全世界最大的百貨公司——新世界Centum City，不只如此，樂天百貨也在這裡插旗，值得喜歡逛街購物的人走上一趟。附近還有釜山國際電影節的舉辦場地電影殿堂，影展期間星光雲集，此區另一大特色是大片綠地，開闊的空間給人舒服的感覺。

交通路線＆出站資訊

地鐵
Centum City站센텀시티역➡釜山地鐵2號線부산 지하철 2호선
出站便利通
出口11➡Centeum Primier Hotel
出口12➡電影殿堂・新世界Centum City

電影殿堂

영화의전당

🔼別冊P.21A1　🚇地鐵2號線Centum City站12號出口，出站後步行約12分鐘。　📍부산광역시 해운대구 수영강변대로 120　☎051-780-6000　🕐週二~日10:00~19:00　🔄 www.dureraum.org

電影殿堂是每年10月登場的釜山國際電影開幕和閉幕儀式的舉辦地點，它獨特的建築落成於2011年，出自奧地利庫柏 西梅布芬（Coop Himmelb(l)au）建築事務所的設計。

擁有**全世界最長的懸臂式屋頂之一，特別是點亮LED燈時，絢麗的光彩成為釜山一大名景。**共由三座建築組成，裡頭容納電影院和大小劇場，戶外還有4,000個座位的露天劇場。平時民眾可以在這裡欣賞一流影音設備帶來的電影和表演。

> 燈光為電影殿堂獨特的建築更增添戲劇性！

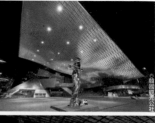

讓人很容易迷路的全世界最大百貨公司。

小編按讚 짱짱

新世界Centum City

신세계 센텀시티

超越百貨公司的複合式娛樂空間！

📖別冊P.21A2　🚇地鐵2號線Centum City站12號出口，出站後步行約3分鐘。　📍釜山廣域市 海運臺區 센텀南大路 35　☎1588-1234　🏬百貨公司：正常營業時間10:30～20:00、延長營業時間10:30～20:30，Spa Land：9:00～22:00，餐廳營業時間11:00～21:00。　💲Spa Land：成人₩20,000、學生₩16,000（最多可使用4小時，超時多加₩3,000）　🌐www.shinsegae.com/store/main.do?storeCd=SC00008

面積廣達88,906坪，新世界Centum City以全世界規模最大百貨公司之姿，在2009年時登上金氏世界紀錄。百貨公司內擁有21個名品館，多達622個國際知名品牌進駐，除提供高品質的購物環境外，樓層間經常化身藝廊舉辦展覽，逛街同時還能欣賞藝術品。

不只如此，這裡還有溜冰場、電影院、展演場、高爾夫球練習場、汗蒸幕、侏羅紀公園等設施，無論大人小孩都能找到屬於自己的樂趣。新世界Centum City不只是百貨公司，可說是結合各種娛樂與文化的複合式購物空間。

其中位於1～3樓的Spa Land，擁有13個包括黃土、炭火、鹽、冰等不同主題的汗蒸幕，並且以地下1,000公尺抽出的兩種天然溫泉，打造出22個溫泉池，在這裡也可以泡牛奶浴，或享受從頭到腳的護理療程，服務多樣且設施新穎齊全，因此非常受到歡迎，它的入口位於百貨公司4號門的1樓。

寬敞明亮的客房非常舒適。

Ⓗ Centeum Primier Hotel

센텀프리미어호텔

🔺別冊P.21B2 🚇地鐵2號線Centum City站11號出口，出站後步行約4分鐘。 🏠부산광역시 해운대구 센텀1로 17 ☎051-755-9000 🌐www.premierhotel.co.kr

　Centum Premier Hotel是Centum City區最頂級的商務酒店，距離海雲臺海水浴場與廣安里海水浴場僅5分鐘距離，步行5分鐘即可抵達BEXCO，距離飯店僅3分鐘之處就有新世界百貨與樂天百貨可以購物。

　飯店服務人員親切有禮，**飯店12樓附設游泳池，游泳池7~8月間24小時開放，除泳裝外也必須戴泳帽才能下水**。另外還有健身房、自助洗衣房等便利設施可供住客使用，早餐的自助吧更是展開一天旅程前的元氣補足站

　為了響應地球環境保護活動，飯店不會每天入房更換床單毛巾，但是如果需要這項服務，只需要將綠卡擺放在床上，房務人員就會幫忙更換。

廣安站
광안역
Gwangan

廣安站還有釜山另一座深受歡迎的海水浴場,廣安里海水浴場就位於海雲臺的西邊,附近林立著餐廳和咖啡廳。這座海灘一年四季上演不同活動,其中特別是每年10月底登場的釜山國際煙火節,此外不遠處的南川洞櫻花路,到了春天更成為絕美的櫻花隧道,此時不妨從金蓮山站一路欣賞櫻花,一路散步到廣安里海灘。

交通路線&出站資訊

地鐵
廣安站광안역◇釜山地鐵2號線 부산 지하철 2호선
出站便利通
出口1◇Hotel 1
出口5◇南川洞櫻花道・廣安里海水浴場

> 每當櫻花盛開時景色美不勝收~

👁 南川洞櫻花道
남천동벚꽃거리

🏯 別冊P.21A3　🚇 地鐵2號線廣安站5號出口,出站後步行約20~25分鐘。　🔌 부산 수영구 광안해변로 100

> 釜山春天最美的散步道!

南川洞原本只是平凡的住宅區,後來因兩側街道種滿了櫻花樹,**每當櫻花季來臨時便成為觀光客的駐足之地,眼前兩排滿開的櫻花美景也讓人紛紛拿出手機留下紀念**。櫻花道從南川站一路延伸到將近廣安里海灘,許多人可能會從南川站出發一路走到廣安里,或是以金蓮山站為起點往南川站走。但如果沒有打算走完全程,可以以金蓮山站為起點,往廣安里海灘走,或是反過來走,就能將海灘跟櫻花景色一網打盡。

> 廣安里和海雲臺
> 的海水浴場呈現
> 兩種不同風情。

◉ 廣安里海水浴場

광안리해수욕장

🔺別冊P.21B2A3　📍地鐵2號線廣安站5號出口,出站後步行約13分鐘。　📍부산수영구 광안해변로 219　📞051-622-4251　🕐24小時　🌐www.suyeong.go.kr

就在南川洞櫻花道旁的廣安里海水浴場,**氣氛充滿蔚藍海岸風情,可以在這裡看到附近居民在沙灘散步、騎腳踏車或蹓狗,更有些韓國情侶會在沙灘上野餐,或是拍攝美美的IG打卡照**。這裡的沙質極佳不黏人,並在持續實施水質淨化下,附近的水營江甚至重新有魚類棲息,晚上的廣安海灘也吸引年輕人會在此聚會、玩煙火等。入夜後的廣安大橋在月色及燈光的探照下更加美麗。

〔 也可以在海邊騎騎腳踏車～ 〕

往南川洞櫻花道住宅區方向走去,可以看到自行車租借處,只要出示護照等證明身分的有效證件,就能免費租借2小時腳踏車。除此之外,喜歡水上運動的朋友,也可以在腳踏車租借站另一頭找到廣安里海洋運動中心(광안리해양레포츠센터),運動中心有許多遊玩體驗課程可以購買,例如:風帆、充氣樂園、滑水板、漂流船、香蕉船等多樣海上娛樂。

H HOTEL 1

호텔 1

🕐別冊P.21A2 🚇地鐵2號線廣安站1號出口，出站後步行約13分鐘。 🏠釜山 水營區 廣安海邊路 203 ☎051-759-1011 🌐www.hotel1.me

近年來一人自助旅遊型態慢慢興起，隨之而來的就是膠囊旅館精品化，而在廣安里海灘這個一級戰區，會推薦HOTEL1的原因，除了個人膠囊房之外，這裡還有2~4人房。而且**HOTEL 1擁有最佳的地理位置，一走出門就是廣安里海灘，此外有窗的房間全都面對海景，只要躺在床上就能把廣安里海灘的日出、日落、夜景全部一網打盡！**

一人膠囊房型分有窗與無窗兩種，房內都有密碼保險櫃、充電插座、電風扇、冷氣、電暖墊、夜燈、LED調節彩色燈。需注意的是Hotel 1的浴室和廁所是採住客共用，但淋浴間都是單間式且有分男女樓層，住起來十分安心。

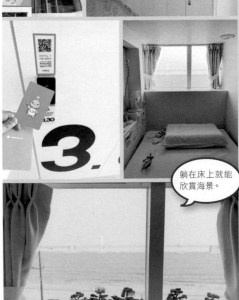

躺在床上就能欣賞海景。

多種座位選擇可躺可坐可臥。

☕ 星星床

별침대

🕐別冊P.21A2 ⏰早餐8:00~10:00、咖啡廳10:00~24:00 💲早餐₩6,600，咖啡廳₩11,800

小編按讚 讚讚

就是想望著海景放空一下午！

Hotel 1的1~2樓附設有咖啡廳「星星床」，只要在1樓櫃檯結帳後，就能在咖啡廳內自助吃到飽，選擇喜歡的座位度過悠閒的時光。**座位選擇很多，有坐、有躺，有的還有床墊，可以跟好朋友或是另一半一起發呆一下午。**

早餐及咖啡時間餐點內容也不同，早餐以簡單鹹食、麵包及咖啡果汁類為主，咖啡時間則供應餅乾、拉麵吃到飽，也沒有用餐時間限制。非住客能也使用星星床的設施。

田浦站

전포역
Jeonpo

田浦站緊鄰西面站，兩站可以安排在一起玩。到了這裡，絕對不能錯過田浦咖啡街，隨著時間發展，除主街外附近巷弄同樣星羅棋布著咖啡廳，其中特別是7、8號出口一帶，林立著風格各異的店家，除了拍網美照必備的文青咖啡廳，還有許多社群媒體上頗具名氣的甜點店和麵包店助陣！

交通路線&出站資訊

地鐵
田浦站전포역➡釜山地鐵2號線 부산 지하철 2호선
出站便利通
出口1➡ordam製菓
出口4➡田浦咖啡街（Toi et moi・Ma Chérie 27）
出口6➡田浦咖啡街（Quant à moi）・BRACKET TABLE・popoi shop・Mabelle mignon
出口7➡樂田浦咖啡街（another mines・法國麵包製造所・再次九月・Vintage 38）・Object addd・NC百貨西面店（SHOPPEN・BUTTER）
出口8➡田浦咖啡街（UMORE・CAFE CAN YOU LIKE・CAFE ISTHENAME・Day of week・LONGDRIVERS・Ohh! Good Thing Hwa製果）・PAPPER GARDEN・slow museum

🧁 ordam製菓

올담제과

📖別冊P.12D4 🚇地鐵2號線田浦站1號出口，出站後步行約3分鐘。 📍부산광역시 부산진구 전포대로171번길 42 🕐週三、週六14:00~18:00

ordam製菓是間位在田浦咖啡街的人氣排隊餅店，因只開放三組客人入店內選購，所以會需要比較多等待的時間。而它到底有名在哪裡呢？**店內的手工餅乾是人氣之一，另一種酥餅（크럼블）更是必買商品！** 酥餅指的是派上方放著酥脆口感的餅乾屑，無論配咖啡或是茶類都超搭！

田浦咖啡街

전포동 카페거리

別冊P.12EF1~4

田浦站西邊一帶巷弄中有非常多咖啡店和購物小店，咖啡街範圍不小，從田浦站2號出口往北一路超過8號出口都有，純色系、繽紛系、歐洲古典系，各種風格的咖啡店都可以在這裡遇到，建議可以從8號出口出站後慢慢逛。

Quant à moi

小編按讚 讚讚

꽁테무아

別冊P.12F4　地鐵2號線田浦站6號出口，出站後步行約3分鐘。　부산 부산진구 동성로25번길 26-1　0507-1300-3059　平日12:00~23:00、週末11:00~22:00　雙口味可頌₩9,000　www.instagram.com/quantamoi_cafe

一秒巴黎露天咖啡。

Quant à moi法文是about me的涵義，紅磚瓦、白色弧形大門、白色格狀窗、復古小燈，這些元素都讓它成為田浦咖啡街最紅的咖啡店，彷彿一秒來到巴黎，露天座位必須要提早去才有可能入座。**人氣餐點是雙口味可頌，可以選兩種口味，有巧克力香蕉、草莓奶油起司等共8種口味**，會將可頌切對半後，分別搭配一種口味送上，把可頌當吐司吃，非常特別。

天氣好的下午必定坐滿。

Toi et moi

트와엣모아

別冊P.12F4　地鐵2號線田浦站4號出口，出站後步行約5分鐘。　부산 부산진구 전포대로176번길 40　週三~一12:00~21:00　土耳其濃厚奶油Kaymak法式吐司₩10,000　www.instagram.com/toietmoi__cafe

toi et moi在法語是「你和我」的意思，從大門到店內裝飾，每個角落都充滿古典歐風，**抹上一球土耳其濃厚奶油Kaymak的厚片法式吐司**（카이막 프렌치토스트），**是店內招牌**，在熱熱的法式吐司上慢慢融化的奶油，視覺和味覺都療癒到，是麵包控和螞蟻控的最愛。其他蛋糕的賣相也是相當吸引人。

釜山地鐵1號線

釜山地鐵2號線

田浦站

東海線

☕ Ma Chérie 27

마셰리27

📍別冊P.12F4 🚇地鐵2號線田浦站4號出口，出站後步行約2分鐘。 🏠釜山 부산진구 동성로15번길 33 ⏰週一～五11:00～19:00、週六～日11:00～20:00 💲脆皮奶酥司康₩4,000 📷instagram.com/ma_cherie27_official

　白色的牆面上掛了許多畫作，可以看出店主想要打造出的古典法國咖啡店風格。**店內供應非常多口味的司康，像是藍莓櫻桃、蘋果芒果、脆皮奶酥等**，口味都相當特別，還有蛋塔、法式吐司等甜點。

☕ UMORE

우모레

📍別冊P.12F3 🚇地鐵2號線田浦站8號出口，出站後步行約5分鐘。 🏠釜山 부산진구 동성로39번길 30-7 ☎010-9876-5432 ⏰12:00～21:00，週三休 💲巧克力蛋糕₩7,500 📷www.instagram.com/umore_umore

　真的是藏在超小巷弄中的小咖啡店，有露天座位可以選擇，**用超級古早味的鐵製和木製桌椅呈現復古工業風**，就連餐具和蛋糕都是走近年流行的Y2K繽紛色彩風，可以跟超級可愛又活潑的店狗一起玩，也是寵物友善咖啡廳喔！

☕ CAFE CAN YOU LIKE

캔유라이크

📍別冊P.12F3 🚇地鐵2號線田浦站8號出口，出站後步行約5分鐘。 🏠釜山 부산진구 서전로68번길 82 ⏰12:30～21:00，週二休 💲美式咖啡₩4,500 📷www.instagram.com/cafe_canyoulike

　用大掛報和幾張海報拼貼呈現招牌，店內外都使用露營椅、收納箱、購物籃、以及可愛的鋁罐來布置，每個角落都充滿美式風格的咖啡店。**最吸引人的是飲料和甜點都會用鋁罐來裝，就好像真的在戶外露營一般。**

處處有露營風格的小巧思。

CAFE ISTHENAME

이즈더네임

🕐 別冊P.12E2　🚇 地鐵2號線田浦站8號出口，出站後步行約5分鐘。　🏠 부산 부산진구 서전로58번길 52　🕐 週日～四11:00~22:00、週五～六11:00~24:00　💲 紅蘿蔔蛋糕₩7,000　🌐 www.instagram.com/cafeisthename

巷口轉角的紅磚牆和露天座位相當引人注目，店內空間寬敞明亮，可以看到學生們喜歡在此寫報告和讀書。想在這邊來上一杯拿鐵等都沒問題，**還有供應脆皮奶酥蛋糕Crumble、紅蘿蔔蛋糕（당근케이크）、義式焦糖奶油千層酥等甜點，尤其蛋糕口感相當紮實**，人氣很高。

Day of week

小編按讚
짱짱

데이오브위크

🕐 別冊P.12E2　🚇 地鐵2號線田浦站8號出口，出站後步行約5分鐘。　🏠 부산 부산진구 서전로58번길 38 2층　🕐 12:00~22:00　💲 藍莓提拉米蘇₩8,500　🌐 www.instagram.com/day_ofweek_coffee

奶油提拉米蘇很讚。

店址在2樓很容易錯過，但他們家的甜點真的不容錯過。店內空間不大但整體非常整齊劃一，白色和木頭色的桌椅、以及一些書架等搭配都充滿文青風格。**甜點是高人氣的提拉米蘇（티라미수），和一般**提拉米蘇不同，在本體上堆疊了一層奶油，**奶油上則是根據口味不同，點綴有巧克力、藍莓、麻糬、草莓等，甜而不膩非常好吃。**

LONGDRIVERS

롱드라이버스

🕐 別冊P.12E1　🚇 地鐵2號線田浦站8號出口，出站後步行約8分鐘。　🏠 부산 부산진구 서전로57번길 4　☎ 010-7720-0223　🕐 10:00~21:00　💲 起司烤布蕾三明治₩11,500　🌐 instagram.com/longdrivers.kr

位於轉角的小小咖啡店外設有露天座位，工業風的裝潢搭配很多植栽裝飾，彷彿來到了歐洲街邊店，難怪天氣好時，露天座絕對座無虛席。以早午餐三明治較為人氣，**起司烤布蕾三明治（치즈 브륄레 샌드위치）濃郁的起司香，和三明治本體交織出入口即化的口感，非常推薦。**

店面外觀是熱門打卡點。

Ohh! Good Thing

오굳띵

🕐 別冊P.12E1　🚇 地鐵2號線田浦站8號出口，出站後步行約8分鐘。　🏠 부산 부산진구 전포대로246번길 14　🕐 週日～四12:30~21:00、週五～六12:30~23:00　💲 蛋糕約₩7,500　🌐 www.instagram.com/ohh_goodthing

白色牆面和大大櫥窗就足以讓人駐足，搭配亮橘色的Ohh! Good Thing招牌字樣簡直太可愛了。店內充滿許多趣味小物，**尤其有很多Q版恐龍裝飾，不定期會在櫃台展示及販售一些明信片、貼紙等可愛作品**，印有招牌Ohh! Good Thing字樣的貼紙則是可以免費拿取的喔。蛋糕等甜點都會貼在櫃檯給大家選擇。

Hwa製果

희와제

🚇別冊P.12E1 🚉地鐵2號線田浦站8號出口，出站後步行約8分鐘。 🏠釜山 부산진구 전포대로246번길 6 1층 🕐週四~一7:00~19:00 ☎051-911-3603 💲司康₩2,700起 🌐www.instagram.com/hwa.bread

Hwa製果是連韓國新聞都報導的知名餅店，

店面介紹上寫著：「不是什麼特別的味道！是豐富的古早麵包店的麵包味」。**這裡最受歡迎的就是復古口味的「紅豆奶油菠蘿」**，甚至在出爐前就有很多人在排隊，店家還使用登記姓名制，並在麵包出爐後一個個唱名，讓客人前去夾取麵包，如果沒登記的話還可能買不到呢。

除了紅豆奶油菠蘿，店內**另一項「招牌酥」也不容錯過**，光是從拿在手中開始就能感受到它的真材實料，招牌酥裡頭包裹著滿滿的鮮奶油、紅豆、栗子、草莓醬，螞蟻族千萬別遺漏它了！

法國麵包製造所

바게트제작소

🚇別冊P.12D3 🚉地鐵2號線田浦站7號出口，出站後步行約2分鐘。 🏠부산 부산진구 전포대로199번길 19 예원빌딩 1층 102호 ☎051-928-0585 🕐週四~二10:00~22:00 💲咖啡₩2,500起、可頌₩4,000 🌐www.instagram.com/baguette_factory

法國麵包製造所是出身法國巴黎藍帶廚藝學校的名店，使用百分百法國的小麥粉與天然酵母製作，麵包柔軟又不乾澀的口感讓法國麵包製作所，在田浦咖啡街商圈成了路人提袋率超高的知名美食店，其中「奶油法國麵包」(고메버터프리첼이)是最有人氣的商品，每天限量100個，在店內有見到這款麵包，不要猶豫趕快買就對啦！

> 來自法國藍帶廚藝學校的美味糕點！

another mines

어나더미네스

🚇別冊P.12E2 🚉地鐵2號線田浦站7號出口，出站後步行約5分鐘。 🏠부산 부산진구 서전로38번길 43-13 성진전자상가 2층 203호 ☎051-806-2985 🕐週三~一12:30~21:30 💲原味舒芙蕾₩13,000 🌐www.instagram.com/anothermines_cafe

藏身在2樓的another mines，全白色系搭配木製桌椅，是視覺上很舒服的韓系咖啡店。**來這邊必吃招牌舒芙蕾，有原味、香蕉、和季節限定口味**，舒芙蕾吃起來蓬鬆軟嫩入口即化，還有附上冰淇淋和一球奶油，這樣的組合就是絕配！另外也有提供蛋塔和鹽味捲等麵包糕點。

☕ 再次九月

다시구월

📖別冊P.12D3 🚇地鐵2號線田浦站7號出口，出站後步行約3分鐘。 🏠부산 부산진구 서전로38번길 76 4층 ☎051-791-0910 ⏰週四~二12:00~22:00 💲咖啡₩4,000起、抹茶布朗尼₩5,500 🌐www.instagram.com/again_september

「再次九月」的店名由來，是老闆夫婦為了紀念在九月份結婚，店內可以看到像是婚禮穿的婚紗與洋服、蕾絲或新娘捧花等裝飾。另外在戶外陽台還設置帳篷座位，不論是同行情侶的小天地或是與朋友們同歡都很棒，但要注意有90分鐘的時間限制。**白天與晚上皆有不同的風情，在夜幕低垂時戶外座位會點上蓋蓋燈光，又美又有氣氛**；而白天前往的優點是人潮較少。

> 戶外附設私密的露營座位。

☕ Vintage 38

빈티지38

📖別冊P.12D3 🚇地鐵2號線田浦站7號出口，出站後步行約5分鐘。 🏠부산 부산진구 전포대로199번길 38 ⏰9:00~2:00 💲蛋塔₩4,000 🌐www.instagram.com/vintage38_jeonpo

夜晚除了深夜食堂和夜生活酒吧之外，還有這間深夜咖啡店可以選擇！開到凌晨兩點的Vintage 38完全符合夜貓子需求，店外一台露營車超級醒目，工業風格的店面共有三層樓，挑高空間非常開闊，2樓還有耍廢的懶人沙發空間。櫃台前的麵包櫃有供應古早味蛋糕、蛋塔、達克瓦茲、肉桂南瓜派、鹽味捲等，不妨晚飯後來續攤一番。

BRACKET TABLE

브라켓테이블

🏠別冊P.12F4 🚇地鐵2號線田浦站6號出口,出站後步行約5分鐘。 🏠부산 부산진구 서전로68번길 109 🕐12:00~20:00 💲馬克杯約₩6,800 🌐www.instagram.com/bracket_table

　販售許多質感居家裝飾的BRACKET TABLE直接把歐洲鄉村小房子搬過來,有一個灑滿花瓣的超美浴缸,**以雜物櫃和流理台展示許多杯盤廚具,用這些美美的單品就可以把自家廚房打造成法式鄉村風格**,各種文青設計的馬克杯非常受歡迎,店內還有販售各種表情姿勢的貓咪明信片,可愛爆表,貓奴必買。

為家中增添儀式感的各式杯盤。

popoi shop

🏠別冊P.12F4 🚇地鐵2號線田浦站6號出口,出站後步行約5分鐘。 🏠부산 부산진구 서전로68번길 108 🕐約12:00~20:00 💲牛仔褲約₩30,000

　隱藏在巷弄中的popoi shop,是走簡單設計的服飾選品店,舉凡上衣就有很多俐落的款式,還有多款牛仔褲、寬褲,以及裙裝,價格都不貴。在這裡可以輕鬆逛,也有試衣間可供試穿。

Mabelle mignon

마 벨 미뇽

🏠別冊P.12E3 🚇地鐵2號線田浦站6號出口,出站後步行約1分鐘。 🏠부산 부산진구 서전로58번길 94 🕐12:00~20:00 💲馬克杯約₩13,000 🌐www.instagram.com/mabelle__mignon

　Mabelle mignon是飾品店也是文創小店,店內有琳瑯滿目的髮飾、戒指等小飾品,也有許多明信片、多款風景海報、造型香氛蠟燭等居家裝飾,以及**設計款馬克杯、隨行杯、餐盤等連廚房都能充滿儀式感的用品,都可以讓家裡增添氛圍感**。另外也有airpods保護殼等3C周邊和文具喔。

PAPER GARDEN

페이퍼가든

🏠 別冊P.12E2 🚇地鐵2號線田浦站8號出口，出站後步行約5分鐘。 ⚲ 부산 부산진구 전포대로210번길 8 🕐 週二~五11:00~20:00、週六~日11:00~21:00，週一休 💲 造型磁鐵₩3,000 📷 www.instagram.com/papergarden.korea

小編按讚 짱짱

選品都太美！

　　是田浦站周邊最有名的居家小物店。

　　通往2樓的樓梯旁就掛滿了許多設計家飾，**販售多款很有設計感的居家用品，像是貓咪、花朵、格紋等造型的地墊掛滿整片牆**，各種質感小盆栽、花瓶，以及花邊造型餐盤、馬克杯等廚房用品，還有筆記本等等，瞬間讓家裡增添儀式感，光是店面風格就足以成為一個打卡景點。

如韓系咖啡店的外觀，不論是否購物都推薦來逛逛。

slow museum

슬로우뮤지엄

🏠 別冊P.12E1 🚇地鐵2號線田浦站8號出口，出站後步行約8分鐘。 ⚲ 부산 부산진구 서전로58번길 9 🕐 12:00~21:00 📷 www.instagram.com/slow.museum

　　女生進去就出不來了！這家店販售許多飾品配件，**從各種顏色設計的大腸圈、韓系髮夾、髮箍等髮飾，到戒指、項鍊、耳環等都是當季流行款式**，除此之外也有可愛的設計款手機殼和支架等手機配件，另外目前很流行的娃娃吊飾也可以在這邊找到。

販售許多如衝浪幽靈等文創品牌商品。

🎁 Object

오브젝트

📖別冊P.12E2　🚇地鐵2號線田浦站7號出口，出站後步行約5分鐘。　📍부산 부산진구 전포대로209번길 11　☎051-808-7747　🕐12:00~21:00　💲明信片組約₩5,000　🌐www.insideobject.com

　Object是韓國知名文創品牌選物店，蒐集有相當多文創設計師的作品，在這裡不只可以**找到台灣很有人氣的gosimperson**(최고심)、**Dinotaeng**(다이노탱)**等可愛文創的周邊商品，文具控也可以發覺很多可愛設計款明信片、筆記本、紙膠帶等文具**，以及Object自家設計雜貨，當然也少不了拿在手上就多了氛圍感的設計款馬克杯。

🎁 TWIN ÉTOILE BUSAN

트윈에뚜왈

📖別冊P.12E2　🚇地鐵2號線田浦站7號出口，出站後步行約5分鐘。　📍부산 부산진구전포대로 221　☎070-4129-7777　🕐12:00~20:00　💲₩　🌐www.twinetoile.com

　TWIN ÉTOILE BUSAN也是文創品牌選品店，**可以買到在台灣超高人氣的secondmorning**（세컨드모닝）**檸檬、地瓜的滑鼠墊、束口袋等周邊商品**，還有超可愛的衝浪幽靈percentage（퍼센테이지），滿牆的手機殼、手機支架等可以幫手機穿好多新衣服。特別是有一整區的多款小眾品牌帆布袋、收納袋，當然也有販售漂亮餐具、香氛等儀式感必備單品。

🎁 addd

애드

📖別冊P.12E3　🚇地鐵2號線田浦站7號出口，出站後步行約1分鐘。　📍부산 부산진구 전포대로199번길 12　🕐平日12:00~21:00、週末11:00~22:00　💲手機殼約₩11,000起　🌐www.instagram.com/addd_official

　和其它文創選品店較不一樣，**addd的風格偏向現正流行的Y2K甜辣少女系**，無論是手機殼、手機支架、耳機保護殼等3C周邊，或是隨意擺掛的幾個特色包款，再到居家廚具和居家裝物玩偶等，大多是大膽繽紛的配色與蝴蝶結、愛心等甜美設計，非常可愛。

🎁 NC百貨 西面店

NC백화점 서면점

🕐別冊P.12D1 🚇地鐵2號線田浦站7號出口，出站後步行約10分鐘。 🏠부산 부산진구 동천로 92 ☎051-794-7000 ⏰平日10:30~21:00、週末10:30~22:00 🌐www.elandretail.com/store01.do?branchID=0011044&lang=000600KO

西面站除了地下街超好逛之外，平易近人的NC百貨也很不錯！屬ELAND旗下百貨，因此也就進駐許多旗下相關平價品牌，例如**國民平價服飾SPAO和SHOOPEN，飾品品牌OST和LLOYD**。也有手機周邊品牌DESIGNSKIN，設計可愛的文創品牌BUTTER和ARTBOX，台灣人也愛逛的H&M也有喔。其他鞋包服飾和韓國美妝等也都可以在這邊看到。

🎁 SHOOPEN

슈펜

🕐別冊P.12D1 ☎051-794-7052 ⏰平日10:30~21:00、週末10:30~22:00 💲雲朵包₩29,900起 🌐shoopen.elandmall.co.kr

ELAND旗下韓國平價鞋包品牌，**最紅的就是各款平價好穿的帆布鞋和休閒鞋，千元不到就可以擁有一雙防水鞋**。而有多種配色和款式的涼拖鞋則是夏季人氣王，不管是辦公室拖鞋或玩水夾腳拖都很可以用不貴價格購入。包包方面也不容小覷，除了多款實用側背包和後背包之外，近年最夯的雲朵包也有好多可愛的顏色呢。

> 自家設計的Butter Famliy角色商品人氣很高。

🎁 BUTTER

버터

🕐別冊P.12D1 ☎051-794-7047 ⏰平日10:30~21:00、週末10:30~22:00 💲手持電風扇約₩15,900 🌐www.instagram.com/butter_insta

BUTTER是韓國超可愛的設計文創品牌，有他們自家設計的Butter Famliy周邊商品，從各種大小的娃娃到化妝包等文具類周邊商品，每一隻角色都超級可愛令人愛不釋手。**除了文具用品之外，許多質感的居家小物如杯盤、地毯、睡衣、拖鞋、浴袍等也都很受歡迎**，夏天最需要的手持電風扇，近年熱門的露營相關商品，甚至是紛紛出國旅行非常需要的行李箱也有喔。

東海線
동해선

海線不是地鐵，而是屬於韓國鐵道公社的廣域鐵道，不過和釜山電鐵共同規劃為都市鐵道。它往來於釜山廣域市以及蔚山廣域市，以釜田站為起點、太和江站為終點，長達將近65公里的路線上，總共有23個站，不過遊客最常用到的應該是Osiria站和機張站。

Osiria站所在的東釜山旅遊區，這幾年來出現了不少新的景點，除原本就深受遊客喜愛的海東龍宮寺外，還有釜山樂天世界以及釜山天際線斜坡滑車，鄰近幾張站的機張市場，則是品嚐海鮮的好去處，還能將行程延伸到竹城聖堂。

Osiria站
오시리아역

前 往釜山，遊客總會拜訪海東龍宮寺，不過過去「千里迢迢」來到這裡，只能欣賞這個景點，實在有些可惜。然而隨著東釜山旅遊區的開發，現在來到Osiria站，可能一天都逛不完：釜山樂天世界、樂天名牌折扣購物中心東釜山店、釜山天際線斜坡滑車，更別說還有坐擁絕美海景的特色咖啡館！

交通路線＆出站資訊

地鐵
Osiria站오시리아역◇東海線 동해선
出站便利通
出口1◇釜山樂天世界‧樂天名牌折扣購物中心東釜山店‧龍宮海鮮托盤炸醬麵（需換公車）‧海東龍宮寺（需換公車）‧釜山天際線斜坡滑車（需換公車）‧CORALANI（需換公車）

東海線 Osiria站

海東龍宮寺旁的美食名店。

🍴龍宮海鮮托盤炸醬麵

용궁해물쟁반짜장

📍別冊P.22C2 🚇東海線Osiria站1號出口，出站後走從前方「오시리아역」公車站，搭乘1001、139號公車，在「용궁사.국립수산과학원」站下車，後步行約8分鐘。 🏠부산 기장군 기장읍 기장해안로 208 ☎051-723-0944 🕐週二～日10:30～21:30 💲海鮮托盤炸醬麵₩8,000

海東龍宮寺附近有間超有名炸醬麵店，是韓國三大電視台KBS、MBC、SBS都爭相報導的美食店，更是許多人到海東龍宮寺參拜，觀光之餘也順道探訪的餐廳之一。**店內最有名的招牌菜是海鮮托盤炸醬麵（해물쟁반짜장），麵裡吃得到蝦仁、小章魚、魷魚塊及蔬菜，麵條略帶點綠色，吃起來微辣**；如果不能吃辣也可點原味炸醬麵。

> 大自然的鬼斧神工和寺廟相融合為韓國最美寺廟。

12支生肖
位在寺廟入口前，供奉著東洋哲學的六十甲子十二支像。

地藏王菩薩像
在到達海東龍宮寺前的叉路左轉，臨海面有一座日出岩，岩上有尊地藏王菩薩，據傳是觀賞日出最棒的位置。

海東龍宮寺

小編按讚 讚讚

해동용궁사

🅐別冊P.22C2 🚇東海線Osiria站1號出口，出站後從前方「오시리아역」公車站，搭乘1001、139號公車，在「용궁사.국립수산과학원」站下車，後步行約10分鐘。 🏠부산 기장군 기장읍 용궁길 86 ☎051-722-7744 🕐4:30~20:30 🆂免費 🌐yongkungsa.or.kr

世界知名海岸寺廟。

海東龍宮寺是韓國最美寺廟，也是韓國唯一建於海邊的佛寺，由高麗恭愍王的王師懶翁大師創建於1376年，原名普門寺，爾後壬辰倭亂戰禍時被燒毀，經過重建，1974年當時的住持夢見乘著龍、身穿白衣的觀世音菩薩，因而更名為海東龍宮寺。**沿著海岸線石壁建造的寺廟，不時有海水打上岸的岩石海岸和寺廟建築的壯觀景色，是大家駐足必拍的美景。**

許願池
通往海東龍宮寺的半月橋「不二門」，橋邊有座許願池，據說如果能將硬幣投進小童手上的缽，就會心想事成。穿過半月橋終點「萬福門」就是海東龍宮寺本尊了！

交通平安塔
據傳是為載運遊客來海東龍宮寺的司機以及遊客都能交通平安而建,祈願所有人能夠行車平安。

得男佛
龍門石窟前這尊達摩像,相傳摸了他圓滾滾的肚子就能一舉得男,因此稱得男佛。

藥師佛殿
到達海東龍宮寺前,左方這座藥師佛殿可以先居高臨下觀賞海東龍宮寺的面貌,是不用人擠人的拍照點。

彌勒佛
這尊彌勒佛供奉在大雄殿旁,是從寺廟創建起就存在的彌勒佛,吸引眾多信徒前來求子。

海水觀音大佛
這尊觀世音菩薩位於海東龍宮寺最高處,是以單一石材建成的韓國最大石像,高度約10公尺,又被稱為東海笠岩佛的藥師如來佛。非常壯觀。不愧是韓國三大觀音聖地之一。

灌浴佛
相傳以虔誠的心為佛像沐浴,祈求的願望就能順利達成。

如何前往釜山天際線斜坡滑車和海東龍宮寺
這兩個景點距離相當近,非常推薦可以安排在同一天前往,地鐵1號出口出站後,經過草坪往左邊走去,在人行橋下就會看到公車站。搭乘公車下車後就會看到對面的釜山天際線斜坡滑車,而海東龍宮寺則是從公車站後方的巷子走去,一路上會有燈籠裝飾,也會有不少遊客同路喔。

看得到夢幻的樂天世界城堡。

釜山天際線斜坡滑車

스카이라인 루지 부산

不會開車也可以享受飆速快感！

🔘別冊P.22C1　🚇東海線Osiria站1號出口,出站後從前方「오시리아역」公車站,搭乘1001、139號公車,在「용궁사.국립수산과학원」站下車,後步行約1分鐘。　🏠부산 기장군 기장읍 시랑리 산 60-1 ☎051-722-6002　🕐週一～五10:00～19:00、週六～日10:00～20:00 💲2次券:成人網路價₩25,650、成人現場價₩27,000、兒童₩12,000;3次券:成人網路價₩28,500、成人現場價₩30,000、兒童₩12,000;4次券:成人網路價₩31,350、成人現場價₩33,000、兒童₩12,000;5次券:成人網路價₩34,200、成人現場價

₩36,000、兒童₩12,000,價格皆含斜坡滑車和空中吊椅。 🌐www.skylineluge.kr/busan

　喜歡刺激娛樂的話,絕不能錯過釜山斜坡滑車的有趣快感,而且是大人小孩都可以玩的喔!釜山天際線斜坡滑車以次數計價,分為2~5次,越多次越划算,網路先訂票也會更便宜。搭乘吊椅纜車上去的過程可以看到釜山樂天世界,因為有城堡加持,景色非常夢幻,還可以俯瞰下方的賽道。不用擔心一竅不通,這邊都有工作人員會使用英韓語言詳細解說,**只要認真照指示操作,飆速過程安全又刺激,可以輕鬆享受超車的快感,玩過一次後都會欲罷不能。**

空中吊椅 스카이라이드

斜坡滑車需要搭乘空中吊椅上山、懸空的吊椅讓人想到滑雪的路上，只要聽從指示安全乘坐即可，搭乘過程中也不要劇烈晃動或把頭、手伸出範圍外，基本上是安全的。在纜車上可以將一旁樂天世界一覽無遺，近在眼前的城堡相當華麗，也可以俯瞰下方在賽道上奔馳的滑車，正式玩樂前先將眼睛餵飽飽。

【 ◎ 】購買照片

$ 實體照片1張₩10,000，加購照片1張₩7,000、加購檔案1張₩4,000，照片2張加檔案不限張數₩25,000

園區在空中吊椅和賽道上有設置攝影機拍攝照片，結束後記得到室內販賣部的機台，使用安全帽上的感應裝置感應機台右邊裝置，就可以看到自己的照片，喜歡的話可以購買實體照片或檔案，因為是付費的，因此機台上顯示的照片禁止翻拍喔。

斜坡滑車怎麼玩

購票後要先選擇安全帽，依照大人和兒童、女生和男生有不同尺寸之分。搭乘吊椅纜車上去後，出發前會有專業工作人員教學，斜坡滑車的原理是靠著重力加速度往下滑行，主要要學習如何煞車和變換方向，只要好好聽從指示，每個人都可以安全飆速喔。

不過要注意，因為兩手都必須緊握把手，因此滑行過程禁止拿出手機等設備拍照攝影，非常危險，也務必和前後車保持距離，如果想超車，也要在安全範圍內才行喔。

商店和美食攤

園區室內有展示販賣部，展示一些相關商品和伴手禮周邊，選購照片的機台也在這邊。室外有小吃店、咖啡店和便利商店，可以吃到年糕、馬鈴薯球、魷魚等鹹食點心，甚至還有夏威夷蓋飯。另外也有供應冰棒等甜品區，不怕餓肚子。

> 一位難求的懶骨頭！一邊耍廢一邊欣賞無敵海景太悠閒了！

☕ **CORALANI**

코랄라니

> 擁有浮誇海景！

📖別冊P.22A3 🚇地鐵東海線Osiria站1號出口，出站後從前方「오시리아역」公車站，搭乘185號公車，在「공수.양경마을」站下車，後步行約5分鐘。 📍부산 기장군 기장읍 기장해안로 32 ☎051-721-6789 🕐10:00~22:00 💲拿鐵₩7,000 🌐www.instagram.com/cafecoralani

　釜山2023洗板IG、最紅的海景咖啡店之一。清水模的咖啡店外觀，有兩區大片階梯式露天沙發區，完全面海就像要走進湛藍海水一般的視角，這浮誇的畫面就在釜山！**坐在水藍色的懶骨頭上，一邊看著白色度假傘隨風飄逸一邊欣賞蔚藍海水，這樣的午後時光堪稱完美**，難怪天氣好的時候一位難求。搶不到露天座沒關係，4層樓高的咖啡店座位非常多，不論是大片落地窗邊、或是窗前陽台露天座位，都可以欣賞到絕美海景。

從釜山天際線斜坡滑車前往CORALANI

　如果行程是先體驗釜山天際線斜坡滑車的動感刺激，和海東龍宮寺的壯闊景色後，想找間咖啡廳坐坐，就回到釜山天際線斜坡滑車前，往回程的公車站搭乘100、海雲台區9（해운대구9）號公車，在「공수.양경마을」站下車，後步行約5分鐘，就可以看到顯眼的CORALANI建築。

建築洋溢濃濃的地中海風情～

小編按讚

什麼都有什麼都賣的購物天堂！

🎁 樂天名牌折扣購物中心東釜山店

롯데 프리미엄아울렛 동부산점

📖 別冊P.22B2　🚇 東海線Osiria站1號出口，出站後步行約16分鐘。或是從釜山樂天世界步行前往約10分鐘。　🏠 부산 기장군 기장읍 기장해안로 147　☎ 051-901-2500　🕐 10:30～21:00　🌐 www.lotteshopping.com

　釜山真是一處購物天堂，除名列金氏世界紀錄的全世界最大百貨公司新世界Centum City外，在Osiria還有樂天名牌購物折扣中心。

　白色燈塔的外觀非常醒目，遠遠的就能看見，以希臘聖托里尼島為靈感來源，樂天名牌折扣購物中心不只是購物商場，還結合了樂天 超市以及樂天電影院等設施。

　購物中心內齊聚國內外知名品牌，從韓國潮牌MLB、美國知名休閒品牌Polo，以及Gucci、Balenciaga、Moncler等國際精品，都能在此找到。除服飾外，還涵蓋寢具和廚房用具等超過550家商店，提供20~60%的折扣，讓你買得過癮。

　帶小孩的家長也不必擔心，購物中心附設遊樂設施：旋轉木馬、海盜船、小火車、碰碰車……此外也有親子餐廳。逛累了，除了到餐廳享用美食，也能到3樓的空中花園休息。

> 洛莉城堡是釜山樂天世界的地標！

👁 釜山樂天世界

롯데월드 어드벤처 부산

小編按讚 쨍쨍

不能錯過的釜山第一座主題樂園！

🕙別冊P.22B1 🚇東海線Osiria站1號出口，出站後步行約10分鐘。 🏠부산 기장군 기장읍 동부산관광로 42 ☎1661-2000 🕙平日10:00~20:00、週末和國定假日10:00~21:00、6/5~6/6 10:00~21:00 💲一日券成人₩47,000、青少年₩39,000、65歲以上長者₩33,000、幼童₩12,000 🌐adventurebusan.lotteworld.com

期待許久，釜山終於有自己的主題樂園了！

釜山樂天世界正式在2022年3月31日開幕，占地約50萬平方公尺，大約是首爾暨室樂天世界的3～4倍大。以童話王國為主題的它，總共分為六個主題園區，當你化身羅蒂（Lotty）營救洛莉（Lorry）的過程中，透過17項遊樂設施一一闖關，展開屬於你的冒險。

除了遊樂設施以外，樂園內還有各式各樣的表演，加上五花八門的商店，以及選擇眾多的小吃與餐廳，讓你重新找回快樂的時光～～

六大主題園區

挺克瀑布區 Tinker Falls
一進入園區，最先看到的就是位於右前方的挺克瀑布區，這裡最主要的設施是「奧格雷激流勇進」（Ogre's Flume），以及深受小朋友喜愛的「會說話的樹」（Talking Tree）和「冰糖山鐵路」（Candy Train）等。

彩虹泉區 Rainbow Springs
彩虹泉區特別色彩繽紛，給人童話的感覺。「旋轉鞦韆」（Fantastic Fountains）、和「兒童卡通童話世界」（Kidstoria）是此區主題設施，「花園舞台」（Garden Stage）每天固定有樂隊表演。

地下世界區 Underland

此區擁有釜山樂天世界最刺激的遊樂設施，包括「超級大擺錘」（Giant Swing）以及「巨型挖掘機」（Giant Digger），保證讓你腎上腺素飆升，叫到不要不要。一旁還有碰碰車「頭羊之爭」（Ram Page），感受另一種橫衝直撞的速度感。

奇蹟森林區 Wonder Woods

建築屋頂讓人聯想起維京人龍頭戰艦的奇蹟森林區，感覺神秘又隱蔽。這裡除了「驚濤駭浪」（Giant Splash）這個超大型遊樂設施之外，還有許多可以套圈圈或玩射擊遊戲的遊戲攤。

皇家花園區 Royal Garden

以「Lorry城堡」（Lorry Castle）為地標，前方是美麗的噴泉與花圃，兩旁伴隨著讓人聯想起溫室的玻璃建築，皇家花園區是釜山樂天世界的最佳打卡點，每個角度都好拍。此區的遊樂設施為「天鵝湖」（Swan Lake）和「旋轉木馬」（Dairy-Go-Round）。

歡樂牧場區 Joyful Meadows

帶小朋友前來的家庭，到歡樂牧場區就對了，這裡有許多適合小孩的遊樂設施，像是兒童版大怒神「跳舞的小馬」（Dancing Pony）、輕量級雲霄飛車「曲奇火車」（Mysterious Cookie Train），以及上下飛升的「飛吧咕咕雞」（Fox in Henhouse）等。

釜山樂天世界與海東龍宮寺、釜山天際線斜坡滑車之間的交通

釜山樂天世界距離海東龍宮寺和釜山天際線斜坡滑車不遠，建議可以直接搭乘計程車前往。到海東龍宮寺約需7~10分鐘，車資約₩6,000~₩7,300。到釜山天際線斜坡滑車約需6分鐘，車資約₩5,000~₩5,500。如果要搭公車，則必須回到Osiria站前搭1001號公車，或是在Lotte Mall搭乘185號公車，車程約20~30分鐘，車資₩1,200。

三大必玩最驚險遊樂設施

巨型挖掘機
⊙地下世界區

　　你是雲霄飛車愛好者？那麼絕對不能錯過**時速高達105公里、360度旋轉的巨型挖掘機**，展開一趟飛躍1,000多公尺的雲霄飛車之旅，保證讓你腎上腺素每秒不斷飆高！

驚濤駭浪
⊙奇蹟森林區

　　喜歡玩水嗎？想要感受浪花噴濺的清涼？驚濤駭浪給你的，還可以更多——**從40公尺高、大約13層樓的高度瞬間下墜**的驚喜，不只如此，還有急速倒退上升的樂趣。別說你沒準備好，因為你永遠沒有辦法做好準備。

> 準備好從13層樓高往下墜了嗎!?

> 超大擺幅保證讓你分不出東南西北、上下左右！

超級大擺錘
⊙地下世界區

　　就在巨型挖掘機旁的超級大擺錘，保證同樣讓你驚聲尖叫。**左右搖擺超過180度、甚至將近270度的擺幅**，暈頭轉向只是剛剛好而以，而且千萬不要往下看，你不會想知道自己倒底「飛」得有多高。

💡 **放聲尖叫前先準備好你的雨衣**
　　釜山樂天世界有兩項遊樂設施與水有關，分別是奧格雷激流勇進和驚濤駭浪，而且保證會很濕。因此如果你很在意，可以先在超商買件雨衣帶去，如果沒事先準備，也可以在這兩項設施的商店購買，每件₩3,000。

有點刺激又不會太刺激的遊樂設施

奧格雷激流勇進
📍挺克瀑布區

很想玩激流衝浪,但是驚濤駭浪太刺激!沒問題,釜山樂天世界也幫你想到了,試試高度減半的奧格雷激流勇進。**搭乘獨木舟,緩緩爬坡,接著急速下降到20公尺深的山谷**,結果還使忍不住尖叫了!?

POINT 1

POINT 3

曲奇火車
📍歡樂牧場區

你們家也有膽子大的小朋友,還是有心臟沒那麼強的大人,沒關係,曲奇火車歡迎所有人搭乘。**雖然沒有360度旋轉,也沒有飆高時速,不過還是有急升陡降和快速旋轉**,稍稍滿足搭乘雲霄飛車的願望。

旋轉鞦韆
📍彩虹全區

你或許無法忍受超級大擺錘的瘋狂,但是還是可以感受在空中旋轉的滋味。**旋轉鞦韆讓你彷彿鳥兒般在空中翱翔,還可以從高處欣賞釜山樂天世界的全景**,給你很不一樣的感覺,伴隨著微風其實很舒服,只要你不擔心雙腳離地……

POINT 2

> 坐上旋轉鞦韆飛高高!

> 家庭電動車讓大人小孩遊園都輕鬆。

走累了?租輛家庭電動車如何?

帶小朋友出門,當他們坐不住娃娃車,爸媽也抱不動時該怎麼辦?要不試試租輛家庭電動車?小朋友可以坐在前面的小車子裡玩開車,大人也可以不用走,讓電動車帶著你們前進。
📍租車地點:大門入口旁的娃娃車租借處、皇家花園區的莎倫露台餐廳(Sharon Terrace)

活動與體驗

POINT 1

遊行是絕對不能錯過的活動之一。

遊行
⌂以皇家花園區噴泉四周為核心繞一圈

　遊行是每個遊樂園的一大亮點，釜山樂天世界也不例外。遊行視季節不同，可能會調整時間，以5月為例，下午和晚上各有一場，但是夏天氣候炎熱，可能只在晚上8:00舉行，出發前可以先上官網查詢。

　遊行會從「頭羊之爭」遊樂設施附近出發，經過歡樂農場區，繞皇家花園區噴泉外圍一圈，並在城堡前方花圃以及「說話的樹」兩處地點暫停，以表演和觀眾展開互動。

POINT 2

도레미 (DO RE MI)

在園區內的許多地方都可能遇到魔法仙女樂隊。

魔法仙女樂隊
⌂花園舞台和園區各處

　每天在花園舞台都會有魔法仙女樂隊（Magic Fairy Band）的表演，此外，在園區的不同角落也可以看見他們的演出。長達15分鐘的活動，為大家帶來耳熟能詳的樂曲，充滿活力的音樂炒熱歡樂氣氛。

美食和餐廳

路易露台餐廳 Louis Terrace

🏠皇家花園區

　　玩累了，想喝杯飲料配甜點，來路易露台餐廳就對了。就位於城堡前方的噴泉旁，**這處擁有大片透明玻璃的咖啡廳，提供各種令人垂涎的點心**，馬上讓你補充滿滿能量。

歡樂美食廣場
Joyful Food Plaza

🏠地下世界區

　　這間大型餐廳的裝潢，讓人聯想起熱帶。**餐廳供應多種韓國和亞洲料理**，包括韓國傳統便當、拉麵、辣炒年糕、煎餃、紫菜飯卷、辛奇炒飯、炸豬排、炸醬麵、水冷麵、蛋包飯等，可以大快朵頤一番。

帶著走小吃

玩得正盡興，不想浪費時間到餐廳裡用餐。不妨在小吃攤買些可以帶著走的點心邊走邊吃，熱狗、吉拿棒、辣炒年糕、日式章魚小丸子、棉花糖、爆米花……還有這種上層放炸雞、下層放飲料的小吃杯，就算沒有桌子，也可以一邊吃炸雞、一邊喝飲料！

> 超方便的隨行杯只要一手就能搞定！

購物首選

> 商品琳瑯滿目，小心你的荷包！

洛莉商場
Lorry's Emporium

　　釜山樂天樂園中附設了許多商店，雖然每家店的商品不盡相同，不過如果你沒有那麼多時間一一逛完，或是不想在遊玩的過程中提著大包小包，不妨在離開前，拜訪位於出口附近的洛莉商場。

　　這間店非常大，各式各樣羅蒂和洛莉商品齊聚，從Q版到各種造型都有，商品更是小從鑰匙圈、零錢包，大到頸枕、背包都有。也有可愛的學生制服和小女生最愛的仙女服等。

機張.

機張站
기장역
Gijang

坐落釜山東北邊的機張瀕臨日本海，這裡是東海漁場漁業的中心，可以品嚐到大量且新鮮的海產，其中特別是位於機張站不遠處的機張市場，就是大啖海鮮的好去處。從這裡還可以搭乘巴士，前往因電視劇而聲名大噪的竹城聖堂。

交通路線&出站資訊

地鐵
機場站기장역➡東海線동해선
出站便利通
出口1➡機張市場‧竹城聖堂（需換公車）

👁 **機張市場**
기장시장

🔼 別冊P.22A2　🔵 東海線機張站1號出口，出站後步行約6分鐘。　🏠 부산 기장군 기장읍 읍내로 104번길 16　☎ 051-721-3963　🕐 6:00~21:00　🌐 gijangmarket.modoo.at

小編按讚
짱 짱

必吃高CP值的海鮮大餐！

大大小小的攤販將整個市場擠得水泄不通，看似雜亂卻又井然有序的排列著，1985年時為了因應市場現代化計畫，臨時攤販搖身一變成為常設市場。海帶、鯷魚、白帶魚等當地知名水產，依季節輪番供應，由於價格比札嘎其市場便宜，因此吸引許多釜山人前來採買。至於**外國遊客則喜歡來這裡吃螃蟹，無論是雪蟹、帝王蟹或松葉蟹，價格同樣比市區便宜許多**，不過還是要記得多方比價。

擠滿無數攤位讓機張市場熱鬧非凡。

墨刻攝影公社

到竹城聖堂拍張韓劇般的美照～

👁 竹城聖堂

小編按讚 쩡쩡

讓人彷彿置身歐洲濱海教堂～

죽성드림성당

🏠別冊P.22C2 🚇東海線機張站1號出口，出站後步行約6分鐘，在機張市場外公車站，搭乘機張區6號（기장구）小巴，在「두호해녀복지회관」站下，車程約18分鐘，再步行約4分鐘。或是從機張站直接搭乘計程車前往，車程約10分鐘，車資約₩7,500。 🕐 부산 기장군 기장읍 죽성리

　　竹城聖堂是2009年時為拍攝韓劇《我的夢想型男Dream》而搭建的場景，後來成為情侶的約會聖地，美麗的風景也吸引攝影迷到此取景，而後又以日出再度變得有名，甚至連外國觀光客都開始慕名前來。

　　充滿異國情調的紅色尖頂白色牆身就駐立在海岸旁，唯美景色令人難忘！儘管竹城聖堂形單影隻的坐落於岸邊，然而伴隨藍天、大海與陽光，怎麼拍都好看。聖堂內部平時沒有對外開放，然而偶爾會有展覽活動，如果聖堂的門打開，便可以入內參觀，大門緊閉時千萬不要強行進入。

［拍出一張張教堂奇蹟美照！］

選個晴朗的天氣到教堂，有著木頭搭製的巨大方框駐立在海旁，蔚藍天空和遼闊大海是最棒的背景，還有教堂的圓型拱門、海邊懸崖上的白色柵欄，只要天氣超好、充足的陽光，哪裡都是超棒的打卡美景！

大邱Daegu

대구

大邱位於慶尚北道以南、釜山的西北方，是韓國六大廣域市之一。在三韓時期曾經建國，今日達城公園內的完達伐城就是當年的遺跡。

朝鮮時代，大邱肥沃的土壤讓它成為農業中心，不但升格為郡，還設有慶尚道監營，因為位居交通要衝，更讓它一躍成為嶺南地區的中心，當時藥令市和西門市場已經頗富盛名。

脫離日本統治後的大邱人口快速增加，發展成一座大城市。如今這座城市以工業掛帥，其中特別是在紡織、冶金、機械等方面。儘管如此，大邱同時也是一座適合旅遊的城市，這裡是已故歌手金光的故鄉，延伸於青蘿丘和桂山聖堂之間的近代胡同可説是大邱的時光隧道，搭乘纜車還能前往八公山或前山觀景台登高望遠……除了燉排骨、烤腸、雞胗等在地美食，不能錯過的還有一年一度的大邱炸雞啤酒節！

大邱市區交通大破解

總共由7個區、2個郡組成的大邱廣域市，總面積超過880平方公里，境內有3條都市鐵道串聯91個車站，成為當地主要的大眾交通工具。地鐵線不似首爾忙碌、複雜，且大部分觀光景點都集中於地鐵站附近，因此在當地使用地鐵旅行既方便又簡單。

大邱都市鐵道

大邱都市鐵道或稱「大邱地下鐵」（대구 지하철），打從1997年首條路線開通以來，如今共有2條地鐵和1條單軌電車三條路線，全都採用相同的標準軌距，並且由大邱都市鐵道公社營運。線路十分簡單且類似台灣捷運，非常容易理解和搭乘。

1號線（紅色）

往來於達城郡的舌化椧谷以及東區的安心之間，全長28.4公里，共有32站。它是大邱第一條營運的地鐵路線，1997年開始通車，沿途經過許多景點或鬧區，包括安吉郎、半月堂、中央路、大邱站、東大邱站等，是大邱最繁忙的軌道交通路線。

2號線（綠色）

以達城郡的汶陽和慶山市的嶺南大為起點和終點，全長31.4公里的它，是大邱地鐵中最長的一條路線，沿途行經29個站。2005年開始通車，不僅往來於釜山，更串連起慶尚北道的慶山市，沿途經過啟明大、頭流、慶大醫院等遊客經常拜訪的地方，並以半月堂與1號線、青蘿坡與3號線相交。

3號線（黃色）

2015年通車的3號線，採用單軌鐵路設計，以高架方式往來於北區漆谷慶大醫院和壽城區龍池之間，全長23.95公里，總共有30個站。遊客大多使用這條路線前往達城公園、西門市場、壽城池等站，它以明德與1號線、青蘿坡與2號線交會。

◎地鐵票價一覽表

交通卡類型	成人	青少年	兒童
儲值型交通卡	₩1,250	₩850	₩400
一次性交通卡	₩1,400	₩1,400	₩500

備註：若超過2小時未出站，將追加一次基本費用。

➤如何購買一次性地鐵單程票

1 找到售票機，通常都會有中英日韓等多語言操作介面。

2 依照指示選擇普通票或兒童票

3 依照指示選擇目的地站名、張數後，投入紙鈔或硬幣即可。

➤如何搭乘地鐵

1 由有綠色箭頭的驗票口進入

4 地鐵車廂有路線圖可隨時追蹤

2 將一次性單程票或T-Money交通卡，在驗票口感應處輕觸一下，即可進出站。

5 若要轉乘，依照指標前往即可。路線標示大多有清楚標示中、英文。

3 依照標示找到要搭乘的路線及月台，等列車進站後依照指示排隊，先下車後上車，勿爭先恐後。

➡ 公車

大邱公車大致可分兩種，行駛路線較短的市內巴士（시내버스）與路線較長的急行巴士（급행버스）。急行巴士為紅色車體，市內巴士根據行駛地區不同，車體顏色分有深藍、淺藍、綠色。

◎公車票價一覽表

區分		一般成人 (滿19歲以上)	青少年 (滿13~18歲)	兒童 (滿6~12歲)
市內巴士 (시내버스)	交通卡	₩1,250	₩850	₩400
	現金	₩1,400	₩1,000	₩500
急行巴士 (급행버스)	交通卡	₩1,650	₩1,100	₩650

➡ 計程車

大邱計程車跳表起跳金額與釜山相同皆為₩3,300，夜間加成20%，可使用信用卡、T-Money交通卡或現金。市區觀光景點距離相隔都不遠，很多時候搭計程車甚至連表都還沒開始跳就到目的地，跨地鐵站的景點普通車資也都在

₩4,000~₩5,000左右，推薦多人同行時可多利用計程車。

除了路邊隨招計程車，另外非常推薦下載使用「Kakao T」APP，可以提前輸入上車點與下車點，並在搭乘前事先了解大概車資，以及呼叫車輛到達所需時間，為行程移動做準備，有關此APP更多介紹可參考P.62。

備註：使用時避免定位誤差情形發生，建議盡量複製韓文地點搜尋，定位會更加準確。

➡ 大邱觀光巴士

大邱觀光巴士（DAEGU CITY TOUR）有6條專人導覽的主題路線和1條市區循環路線，其中市區循環路線帶領觀光客輕鬆探訪大邱12個觀光景點，適合沒有特別排定行程的人使用，能更快領略大邱城市之美。

市區巡迴路線

◎**發車地點**：東大邱站前city tour站點

◎**票價**：成人₩10,000，兒童、青少年₩8,000，小學生、老人₩6,000

※持一張通票，可不限次數搭乘。

※價格不含參觀地點門票、餐費、等其他費用。

◎**時間**：9:00~15:00（東大邱站發車），1小時一班

◎**休日**：週一、春節、中秋節

◎**路線**：

1.東大邱站→2.大邱國際機場→3.三星創造校園/歌劇院→4.金光石路→5.東城路→6.近代文化胡同→7.西門市場→8.E-World→9.安吉郎烤腸街→10.前山展望台→11.壽城池→12.國立大邱博物館

◎**網址**：daegucitytour.kr/chi/

大邱地鐵1號線

대구 지하철 1호선

大邱地鐵發展得比較晚，在2005年以前，地鐵1號線是唯一的一條快速交通線。興建過程中發生過氣爆事件，2003年時也曾因為火災而中斷幾個月的服務，不過挺過個各種困境的1號線，目前每天提供約300趟班次，為當地交通做出重大貢獻。1號線也帶領遊客前往可以徜徉大邱近代歷史，同時品嚐美食、享受逛街樂趣的半月堂和中央路，或是換乘巴士、搭乘纜車登高望遠的前山觀景台和八公山……大邱最精華的景地，可說都位於這條線上。

大明站

대명역
Daemyeong

大明站是最靠近頭流公園聖堂池的地鐵站，經由徒步穿越當地小巷，一邊感受在地氣息，一邊愜意地前往目的地。頭流公園周邊圍繞著許多獨具特色的咖啡廳，是深受遊客歡迎的景點，鄰近的西部客運站也有熱鬧的店面可以逛逛。

交通路線&出站資訊

地鐵
大明站대명역➡大邱地鐵1號線 대구 지하철 1
出站便利通
出口1➡Sungdangmot VILL Café·Green Face Café

可以賞景的大窗也是打卡熱點。

☕ Sungdangmot VILL Café

성당못 빌

🔼 別冊P.28A2 🔽 地鐵1號線大明站1號出口，出站後步行約10分鐘。🔼 대구 남구 성당로 54-5 🔽 050-71307-1784 🔽 11:00~22:00 $ 咖啡₩4,000起、茶₩4,500起

讓人置身室內卻又像位於室外的大窗。

這家靠近聖堂池的咖啡廳，因為擁有一片絕美大窗，而在社群媒體上成為大邱人熱門打卡咖啡廳之一。**咖啡廳是一棟三層樓高的公寓式建築，最有名的打卡大窗位於三樓**，店內同時設有戶外區與室內區。推薦店內的季節甜點草莓塔，新鮮草莓搭配不甜膩的鮮奶油，塔皮酥脆爽口略帶淡淡奶香。藍莓優格冰沙則以新鮮藍莓製作，吸取時可以直接吃到藍莓顆粒，優格冰沙與藍莓比例恰到好處，非常值得一試！

☕ Green Face Café

그린페이스카페

小編按讚 讚讚 👍

咖啡廳、野餐、外拍一次完成。

🔵別冊P.28B1 🔵地鐵1號線大明站1號出口，出站後步行約20分鐘。 🏠대구 달서구 성당로 117-10 1층 ☎010-4556-0181 ⏰12:00~20:00 💲咖啡₩4,000起、果汁₩6,000起，另有包含租借道具的套餐。 🌐www.instagram.com/greenface_cafe

Green Face Café由三位大男生所創立，他們各自負責吧台、宣傳及攝影師的工作，因為都是學設計出身，而且都是大邱在地人，所以開設了這間**結合咖啡廳、照相館，以及特殊野餐出租體驗的複合式咖啡廳**，希望將大邱的美介紹給更多人。

店內有許多吉普賽、波希米亞及中東裝潢的內用座位區，店內四處可見法國麵包、時尚雜誌、鮮花花束、可愛泰迪熊，甚至是野餐籃、水果等可租借的外拍道具，讓畫面更豐富。如果單純想來店內喝飲料也可以，提供咖啡、果汁等飲品，以及簡單貝果輕食。

各種風格的座位區和五花八門的道具，讓你拍個夠！

帶著道具外拍去

在店內選購出借野餐服務後，可以帶著租借的道具前往一旁的頭流公園，甚至更遠一點的聖堂池，找個自己喜歡的景色拍照。如果在頭流公園內角度取得好，還可以直接與大邱83塔一起同框喔！

自拍小撇步！

除了利用店內的野餐籃、帽子、小熊玩偶、雜誌等道具，也可以用帽子擋住臉，增添神祕感！或是雜誌遮臉好文青，又顯臉小，自備吹泡泡工具，更是夢幻指數爆表～～

吹個泡泡，讓畫面更夢幻～

安吉郎站
안지랑역
Anjirang

烤 腸是大邱的知名美食之一，在安吉郎站附近，延伸著韓國知名飲食主題街道之一的安吉郎烤腸街，而且越夜越熱鬧。不遠處的前山咖啡街，展現截然不同的風情，散發著悠閒的氣息。還有許多人是為了拜訪前山展望台而來，搭乘纜車上山，欣賞大邱市區美景。自從前山天空愛情橋和前山日落觀景台開放後，安吉郎站又多了一個吸引人們前來的原因。

交通路線&出站資訊

地鐵
安吉郎站안지랑역◇大邱地鐵1號線 대구 지하철 1호선
出站便利通
出口◇安吉郎烤腸街（大發烤腸）
出口3◇前山咖啡街（crafter navy gray、PLANT）
出口4◇a.nook（需換公車）・前山天空愛情橋（需換公車）・前山日落觀景台（需換公車）・前山纜車（SOPRA OBSERVATORY屋頂展望台）（需換公車）・前山展望台（需換公車）

☕ 前山咖啡街
앞산카페거리

🔺別冊P.25C2 🚇地鐵1號線安吉郎站3號出口，出站後步行約15分鐘。

前山美麗的景致，讓山腳下漸漸聚集了許多咖啡店，因而形成特殊的前山咖啡街區域。街道上還有相關壁畫藝術，用著韓文寫下「你現在就想喝咖啡」、「我請吃飯的話你就請喝咖啡吧」等相關詼諧話語，散步其間選一間咖啡店愜意欣賞前山之美吧。

☕ navy gray
네이비그레이

🔺別冊P.25C2 🚇地鐵1號線安吉郎站3號出口，出站後步行約15分鐘。 🏠大邱 南구 자유6길 50 ☎070-757-6328 ⏱11:00~18:00，週五休 💲₩ 🌐www.instagram.com/navygray_coffee

有點偏離主街區的navy gray，**在有限空間內用復古風格的單品和植栽營造出古典氛圍**，供應可頌、費南雪、可麗露、蛋塔等法式甜點，以及很受歡迎的拿鐵和濃縮咖啡，很多韓國人都會來此外帶享用。

☕ crafter

크래프터

📖 別冊P.25C2　🚇地鐵1號線安吉郎站3號出口，出站後步行約12分鐘。　🏠大邱 남구 현충로 41-3　📞070-4042-4525　🕐12:00~20:30，週二、三休　💲蛋糕約₩6,000　🌐www.instagram.com/craft___er

藏在小巷弄中的小花園！crafter將韓屋混搭成一棟歐洲小宅，在庭院有五顏六色的鮮豔花朵和植栽，**木頭與純白色系交織的小房子搭上夢幻白色窗簾，就像在英國花園度假一般**，供應手沖咖啡、拿鐵、和各種蛋糕，是滿足少女幻想的田園系咖啡店。

透過天窗灑下的光影，追光人必去！

小編按讚 짱짱 👍

🧁 PLANT

用前山美景享用下午茶！

플란트

📖 別冊P.25C2　🚇地鐵1號線安吉郎站3號出口，出站後步行約15分鐘。　🏠대구 남구 현충로 7길 13-1　🕐11:00~22:00　💲豆沙奶油德式扭結麵包(앙버터 프레즐)₩4,500　🌐www.instagram.com/plant___coffee

這棟全白色系建築很難不注意到，鋪上小白石的1樓露天座位區非常美，室內有不少窗戶和天窗，桌椅不知是否有計算過光影位置，擺放的精巧也不擁擠，藝術般的花瓶讓每一個角落都是一幅畫，**特別是2樓外用透明天窗營造出的露天座位，可以欣賞窗外的前山**，搭配美味的可頌、鹽可頌、磅蛋糕和德式扭結麵包，美味又愜意。

🍴 安吉郎烤腸街 👍

안지랑 곱창골목

大邱必吃烤腸一條街！

🕐 別冊P.25B2 🚇 地鐵1號線安吉郎站2號出口，出站後步行約8分鐘。

韓式烤腸是大邱十味之一，在安吉郎站附近有一條充滿烤腸店的街道，特別的是每間店的招牌都統一格式，店名像是「大發」、「SMILE」、「黃金」等也相當直白有趣。菜單都張貼在門外，價格幾乎是統一公定價，各家店面從中午就開始營業到深夜，可說是韓國版的深夜食堂聚集地。

🍴 大發烤腸

대박곱창막창

🕐 別冊P.25B2 🏠 大邱 南區 大明路36街63 ☎ 053-655-5645 🕐 12:00~2:00 💲 鐵盆小腸₩15,000

大發烤腸供應小腸（곱창）、豬或牛大腸頭（막창）、五花肉等，烤腸街比較特別的是，**將小腸用一個鐵盆裝滿就是一份，鐵盆小腸（곱창 한바가지）還搭配年糕，有一種老式風味**。烤腸搭配的配料有洋蔥、蘿蔔、玉米粒、豆瓣醬，老闆會幫忙烤到熟了之後跟你說可以吃了，口感相當有嚼勁又入味，食量大的女生和男生可以一人吃這樣一盆的份量。

用鐵盆裝的小腸，古早味十足。

小雞按讚 讚讚

a.nook
아눅앞산

櫻花季必去！

🔺別冊P.25B3 🔺地鐵1號線安吉郎站4號出口前「안지랑네거리2」公車站，搭乘410-1、達西4（달서4）號公車，在「안지랑골입구」站下車後步行約6分鐘。 🏠大邱 남구 앞산순환로 459 ☎053-754-1060 🕙10:00~22:00 💲鹽可頌 ₩3,500 🅾www.instagram.com/a.nook_

　　每到櫻花季，2樓大片窗前的櫻花樹滿開，目光所及都是櫻花，可以完美拍出櫻花滿版的背景照，是前山必訪咖啡店之一！除了櫻花季，這裡本就是人氣很高的早午餐店，供應許多麵包以及豐富的早午餐盤，可頌、鹽可頌、肉桂捲、貝果等都廣受好評，和特定靠窗座位可以看到窗外的韓屋建築，平日中午前就已逼近客滿。

春天櫻花滿開，可以享受被櫻花擁抱的幸福感。

👁 前山天空愛情橋・前山日落觀景台
앞산하늘다리·앞산해넘이전망대

🔺別冊P.25A3 🔺地鐵1號線安吉郎站4號出口前「안지랑네거리2」公車站，搭乘410-1、達西4（달서4）號公車，在「앞산자락카페마실앞」站下車後步行約5分鐘。 🏠대구 남구 대명동 산 218-15 ☎053-664-2000 🕙9:00~21:00，天候不佳可能關閉 💲免費

　　前山天空愛情橋和前山日落觀景台是大邱最新景點，夕陽西下的美景讓這裡成為新興人氣景點，一旁的星巴克頂樓還可以將兩座建築盡收眼底。前山天空愛情橋的起點在前山洗衣處公園（앞산 빨래터공원），沿著方便的無障礙通道木棧道慢慢走上去，可以從不同角度欣賞天空愛情橋的多樣面貌。傍晚會開始點燈，隨著燈光變換和夕陽西下的背景非常美、蜿蜒的木棧道也成為畫龍點睛的絕配。經過觀景台後走上愛情橋，在比想像中還高的高度感受晚風吹拂，不妨和喜歡的人們一同走過橋上的愛心裝置藝術吧。

> 秋季滿山的紅葉是知名賞楓景點。

SOPRA OBSERVATORY屋頂展望台

📖別冊P.28A3 ☎053-656-2994 ⏰24小時 💲免費

　　到達前山上的纜車站後，2F就是餐廳和咖啡店，以及SOPRA OBSERVATORY屋頂展望台，就算沒有用餐也可以到展望台，**從這邊看出去的風景就非常美，可以俯瞰整個大邱市**，如果在咖啡店點餐，也可以到下方咖啡店露天座位，非常好拍。

前山纜車

앞산 케이블카

📖別冊P.28A3 🚇地鐵1號線安吉郎站4號出口前「안지랑네거리2」公車站，搭乘410-1號公車，在「앞산공원」站下車後步行約15分鐘 🏠大邱 南區 앞산순환로 574-114 ☎053-656-2994 ⏰詳見纜車時間表 💲大人來回₩12,000、單程₩8,000，小孩來回₩8,000、單程₩6,000 🌐www.apsan-cablecar.co.kr

　　前山纜車是前往前山展望台的必經之路，到達纜車站之前會先走一段山路。纜車班次5~15分鐘一班，車程約6分鐘，共有兩台纜車同時往上和往下，車內座位不多，大多得站著，因此如想拍到對面纜車可得卡好位子。**從纜車看出去的山景非常壯觀，尤其是秋季時的滿山楓葉，吸引大批人潮來搭纜車賞楓。**

月份	首班纜車	回程末班纜車（售票所30分鐘前關門）	
		平日	週五~日、國定假日
1月	10:30	18:30	20:00
2月	10:30	19:00	20:30
3月	10:30	19:30	21:00
4月	10:30	19:30	21:30
5月	10:30	19:30	22:00
6月	10:30	19:30	22:00
7月	10:30	19:30	22:00
8月	10:30	19:30	22:00
9月	10:30	19:30	21:30
10月	10:30	19:00	21:00
11月	10:30	18:30	20:30
12月	10:30	18:30	20:00

往來前山纜車與前山天空愛情橋‧前山日落觀景台交通

前山纜車和前山天空愛情橋、前山日落觀景台不遠，推薦將行程排在一起。建議可以先在前山搭纜車至前山展望台，傍晚再下山，走過原本下公車的總站，一直走至平地大馬路後左轉有個位於停車場前公車站，步行約18分鐘。在此搭乘達西4（달서4）號公車在「앞산자락카페마실앞」站下車後往前直行，會經過星巴克，左邊就會看到前山天空愛情橋‧前山日落觀景台了，到星巴克頂樓可以看得更清楚。

前往前山纜車／展望台交通Step by Step

1 地鐵1號線安吉郎站4號出口前「안지랑네거리2」公車站，搭乘410-1號公車，在「앞산공원」站下車。

2 從公車站下車後，往前山公園的方向前進，也會看到往前山纜車的標示。

3 途中會經過一座小空地和涼亭，以及「洛東江戰勝紀念館」。

5 到達山上纜車站後，往右邊跟著指標走，經過一段步道和一整排的愛情鎖，就會到達前山展望台。

4 之後到岔路口，會看到標示車輛往左、行人往右的告示牌，跟著指示往右走。不久之後就會看到前山纜車站。

👁 前山展望台
앞산전망대

📖別冊P.28A3 📍대구 남구 앞산순환로 454
🕐24小時 💲免費

小編按讚 짱짱
俯瞰大邱美景！

在前山上的纜車站下車後，往右方跟著指標走一段路，就可以到前山展望台。前山展望台被選入韓國觀光100選，也是韓劇《金秘書為何那樣》的拍攝地。這裡的大邱市景觀更加壯闊，180度一覽無遺。

2023年配合兔年，在展望台打造了一隻金兔裝置藝術，**這隻兔子是用韓文篆空字體排列而成，仔細看可以看到「遇到對的人吧！（좋은 사람 만나세요）」、「請成功吧！（성공하세요）」、「成為有錢人吧！（부자되세요）」等正能量又讓人會心一笑的句子**，兔子在夜晚還會打燈，相當漂亮。

兔年限定的兔子，全身都是韓文金句！

半月堂站

반월당역
Banwoldang

半月堂站可說是大邱的市中心，地鐵1、2號線在此交會。百貨公司、地下街和東城路商圈相互串連，除了是熱鬧的商業區之外，附近還有桂山聖堂、藥令市和青蘿丘等知名景點，結合傳統與現代，展現多重面貌，是遊客前往大邱的必訪之站。

交通路線&出站資訊

地鐵
半月堂站반월당역◇大邱地鐵1號線 대구 지하철 1호선
出站便利通
出口10◇butter roll pain france
出口11◇Le Pouldu・本座紫菜飯捲
出口12◇OOM STUDIO・INDIBRAND 東城路2號店・東城路 SPARK（ALAND・SPARK LAND）・PIGMENT・BEBECO
出口13◇泰山餃子・Pain Pan Pao・Fun it 夜光保齡球
出口14◇半月堂地下街（半月堂炸雞）・三松麵包 本店・藥廛・星巴克 大邱中央路老宅店
出口18◇舊第一教會・大邱藥令市韓醫藥博物館・嶺南大道・李相和古宅・徐相敦古宅・桂山聖堂・咖啡名家 CAMP by咖啡名・3.1運動路・第一教會・青蘿丘・巨松燉排骨
出口19◇有昌飯店
所有出口◇半月堂地下街

教堂美麗的建築令人印象深刻！

👁 舊第一教會／大邱基督教歷史博物館

🙏 小編按讚 짱짱

제일교회/대구기독교역사관

📖別冊P.27C3 🚇地鐵1、2號線半月堂站18號出口，出站後步行約6分鐘。 📍大邱 중구 남성로 23 ☎053-256-5441 💲免費 🌐www.firstch.org

慶北地區最早基督教會所在地。

大邱第一教會是慶北地區最早的基督教會。來自美國北長老會的牧師1896年時改建了大邱的住宅，建立了新教教堂。後來因為信徒陸續增加，教堂也不斷擴建，今日**這棟雙層紅磚建築興建於1933年，3年後又增建了高達33公尺的五層鐘樓，以飛扶壁、尖拱窗和哥德式尖塔為特色。**過去60年來一直被當成禮拜堂使用，如今以博物館之姿對外開放，展示大邱基督教一路以來的發展歷史。

大邱藥令市韓醫藥博物館
대구약령시한의약박물관

別冊P.27C2 地鐵1、2號線半月堂站18號出口，出站後步行約6分鐘。 大邱 중구 달구벌대로415길 49 053-253-4729 週二~日9:00~18:00，元旦、春節、中秋節公休 免費 www.daegu.go.kr

藥令市是國王特許開設的藥材市場，大邱藥令市打從朝鮮時代就已存在，是韓國三大中藥市場之一。

大邱藥令市醫藥博物館就位於舊第一教會旁，從這頭可以看見一道刻有「不老門」三個字的石門，另一頭入口還有一道傳統造型的藥令門。

博物館開幕於1993年，這處文化空間總共分為三層，1樓主要是韓藥材批發市場，2、3樓展出大邱藥令市400年來的歷史，以及韓醫藥的原理和健康實踐。除了透過模型重現過往藥材從發現到交易一路以來的情形，還能看到包括熊膽、烏梢蛇等各種珍貴的藥材、《東醫寶鑑》等韓醫書，以及切藥用的各種相關工具，此外還能體驗試穿韓服。商店中不但能免費飲用雙和茶，還能選購紅蔘餅乾和糖果等伴手禮。

東醫寶鑑是由朝鮮時代的御醫許浚所著。

走過這道門，就來到韓醫藥博物館。

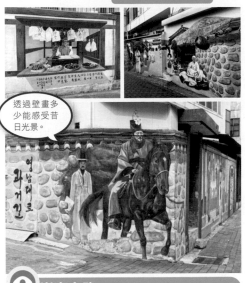

透過壁畫多少能感受昔日光景。

嶺南大路

영남대로 과거길

📖別冊P.27C3 🚇地鐵1、2號線半月堂站18號出口，出站後步行約8分鐘。 📍대구광역시 중구 약령길 🕐24小時 💲免費

　嶺南大路是朝鮮時代大邱地區連接漢陽（首爾）和東萊（釜山）的重要貿易要道之一，除了是當時赴都趕考的儒生必經之路，也是朝鮮時代藥令市運送藥材至宮中的道路。長約380公里，據說走完全程需要14天，位在中心點的大邱類似現在的休息站。在這裡可以看見儒生赴京趕考以及藥令市集等壁畫。

在美麗的木造建築中時光彷彿倒流……

徐相敦古宅

서상돈고택

📖別冊P.27B3 🚇地鐵1、2號線半月堂站18號出口，出站後步行約6分鐘。 📍대구광역시 중구 서성로 6-1 ☎053-256-3762 🕐週二~日10:00~17:30，國定假日、春節和中秋連假公休。 💲免費 🌐www.jung.daegu.kr

　位於李相和故居斜對面的**古宅，屬於韓國末代企業家、同時也是政府官員徐相敦（1851~1913年）所有，他還是一位民族獨立運動家**。1907年在他的領導下，原本源自大邱的國債報償運動，很快遍及韓國各地，民間自發募款以向日本贖回國債，雖然活動最後失敗，但他的崇高情操備受推崇。

李相和古宅

이상화 고택

📖別冊P.27B3 🚇地鐵1、2號線半月堂站18號出口，出站後步行約6分鐘。 📍대구광역시 중구 서성로 6-1 ☎053-256-3762 🕐10:00~17:30，春節、中秋節公休。 💲免費 🌐www.jung.daegu.kr/new/culture/pages/culture/page.html?mc=0336

　出生於1901年的李相和，是韓國最重要的現代詩人之一，**他最知名的詩創作於日本殖民時期，表達了人民的悲痛、失落與哀傷**。這處古宅是他1939年起一直住到1943年過世時的地方，兩棟單層木造建築經整修後，以募得的資金重新擺設展出。

◉ 桂山聖堂

계산성당

🏛 別冊P.27B3　🚇地鐵1、2號線半月堂站18號出口，出站後行約7分鐘。　🏠대구中區 서성로 10　☎053-256-2046　🕐6:30~21:00　💰免費
🌐www.kyesan.org

> **小編按讚 짱짱**
> 大邱最美的哥德式建築~

　　桂山聖堂為大邱地區唯一留下的1900年代初期建物，風格屬磚瓦結構哥德式建築，是天主教大邱總教區的主教座堂。1886年時由在大邱地區進行傳教活動的羅伯特神父（Robert,A.P.）買地建立，一度遭大火燒毀，但是羅伯特神父不放棄，不止在韓國國內尋找少有的鐵製材料外，還遠從香港、法國引進其他建築材料後，重新著手聖堂重建工程，終於在1902年完工。

　　教堂採用拉丁十字結構，兩側藝廊從位於中央的正殿延伸，裡頭點綴著彩繪玻璃，是大邱必訪的歐風教堂。如遇聖堂彌撒時間時會禁止進入，即使其他開放時間入內，也記得保持安靜以免影響其他人。值得一提的還有，春天桂山聖堂周邊還能欣賞到盛開的櫻花！

> 不只建築吸睛，春天時教堂周邊的櫻花也很迷人。

這個角度拍也很美！
　　桂山聖堂地面上有一些貼心的最佳拍照點提示，可以輕鬆找到最棒的拍攝角度。從聖堂後方停車場走去，還有一座現任神父宿舍，站在宿舍前方朝聖堂方向拍照，可以同時捕捉到桂山聖堂與青蘿丘上的第一教會，或是借位將第一教會放入手掌中。

桂山聖堂的彩繪玻璃
你發現了嗎？桂山聖堂的彩繪玻璃和一般教堂有些不太一樣？除了耶穌和玫瑰窗之外，還有多位穿著韓國傳統服飾的人物，成為它的一大特色。下次來到這裡，記得繞一圈找找看！

☕ 咖啡名家 半月堂CAMP by店

커피명가 캠프바이커피명가

🔖別冊P.27B3 🚇地鐵1、2號線半月堂站18號出口，出站後步行約8分鐘。 🏠大邱中區西城路20 1層 ☎053-422-0892 ⏰8:00～21:00 💲咖啡₩4,800起 🌐myungga.com

　「咖啡名家」是間連鎖咖啡廳，在大邱、首爾皆有分店，但為什麼要特別介紹CAMP by分店呢？因為它**就位在知名景點桂山聖堂旁。每當春天櫻花盛開時，可以從窗邊捕捉到櫻花與教堂同框的美景**，店內的甜點也不容錯過，像是季節性的草莓蛋糕，或是巧克力蛋糕都是首選。靠窗座位是最熱門的位置，在這裡悠閒喝杯咖啡，順便欣賞眼前的桂山聖堂吧！

👁 3.1運動路

3.1운동계단

🔖別冊P.27B3 🚇地鐵1、2號線半月堂站18號出口，出站後步行約9分鐘。 🏠大邱中區東山洞 ⏰24小時 💲免費

　位在桂山聖堂對面的3.1運動路，總共有90個階梯，是當時準備3.1萬歲運動的學生們，為了躲避日軍監視，而通行於林間的一條階梯小路，非常具有歷史意義，階梯頂端就是青蘿丘與第一教會。**因為韓劇《金秘書為何那樣》在此取景，也讓它成為為劇迷必訪的景點之一。**

> 也來和金秘書打卡同一處景點吧！

👁 第一教會

대구제일교회

🔖別冊P.27B3 🚇地鐵1、2號線半月堂站18號出口，出站後步行約12分鐘。 🏠大邱中區國債報償路102길50 ☎053-253-2615 🌐www.firstch.org

　1993年時，大邱第一教會利用信徒的捐款，以及中央教會的愛心款，建立了**結合韓國傳統與西方樣式的新教堂，**也就是現在位於青蘿丘上的宏偉白色建築。過去使用了100多年的舊第一教會隨之退休，由這棟哥德式磚砌建築取代。

青蘿丘
청라언덕

別冊P.27A3B3 🚇地鐵1、2號線半月堂站18號出口，出站後步行約10分鐘。 🏠대구 중구 달구벌대로 2029

小德按讚
짱짱

美麗建築見證大邱歷史。

青蘿丘原意為爬滿藤蔓的山丘，是大邱基督教發展之地，除了保留19世紀末到此定居的三位美國傳教士住宅之外（現已作為博物館使用），這裡還有大邱第一顆蘋果樹、鐘塔、東山醫院前身的「濟眾院」。

興建於1906~1910年間的傳教士Chamness住宅現為醫療博物館，展示早期的醫療器材與文獻記載，至於傳教士Blair住宅，現在當作教育歷史博物館使用，傳教士Switzer住宅為東西合併式建築，紅磚牆、韓屋屋頂配上西式彩繪玻璃，目前是宣教博物館，這些住宅只有平日對外開放參觀。

這些博物館因為外觀非常美麗，吸引許多韓劇來此取景，像是張根碩與少女時代潤娥主演的《愛情雨》中，女主角住院的場景，就是在醫療博物館的2樓拍攝。另外還能看到大邱東山醫院舊大樓的入口，當初因為興建地鐵3號線，而將原本的門廊遷移到了青蘿丘。

大邱地鐵1號線 ⋯⋯ 半月堂站

▸大邱地鐵2號線▸大邱地鐵3號線

昔日傳教士住宅成為博物館。

大東醫院舊大樓入口在青蘿丘保存下來。

> 色香味俱全的
> 燉排骨不吃肯
> 定後悔！

> 小編按讚
> 짱짱

> 就算排隊也
> 必吃的大邱
> 美食！

巨松燉排骨

거송갈비찜

📖 別冊P.27C3 🚇地鐵1、2號線半月堂站18號出口，出站後步行約3分鐘。 🏠大邱中區南城路 40 ☎053-424-3335 ⏰11:00 ～ 16:00、17:00~21:00 💲燉牛肉排骨（1人份）₩19,000、燉豬肉排骨（1人份）₩12,000

　　巨松燉排骨可說是旅遊大邱必吃的美味店家！入座後店家會先送上一碗充滿海鮮味的蟹肉蛋花羹，跟一碗解膩的冷辛奇湯，**來這裡必點的就是招牌燉排骨了，充滿蒜味的醬汁是受歡迎的關鍵，燉排骨還有加入調理健康的中藥材**，排骨肉燉得能輕易與骨頭分離，超開胃的醬汁讓你狂扒兩碗飯不是問題。

　　排骨分為牛肉排骨（소갈비）和豬肉排骨（돼지갈비）兩種，燉排骨口味鹹度適中，店家也有提供調整辣度的服務，從不辣到超辣共分五級。店內的水、小菜、紫蘇葉、白飯採自助式，另外汽水、熱茶也是免費供應，保證吃得超滿足！其他食物還有排骨餃子（갈비만두）、水冷麵（물냉면）和拌麵（비빔면）。

有昌飯店

유창반점

📖 別冊P.27B4 🚇地鐵1、2號線半月堂站19號出口，出站後步行約6分鐘。 🏠大邱中區明倫路 20 ☎053-254-7297 ⏰週日～五11:00 ～ 20:00、週六11:00~19:00 💲傳統炸醬麵₩6,000、傳統炸醬飯₩6,000、糖醋肉₩20,000、炒碼麵₩8,500

　　有昌飯店起始於1977年，是大邱知名人氣中餐廳，即使隱身在像迷宮的巷弄內，依然不減饕客們想吃美食的心。**店招牌上自豪的寫著炒碼麵名店（짬뽕맛집）四個大字，除了老闆自行推薦的招牌炒碼麵，中**

華拌飯（중화비빔밥）也頗有人氣，獲得許多韓國部落客的大力推薦。中華拌飯裡面有大量肉絲、洋蔥、辛奇、木耳、紅蘿蔔、蝦仁，飯上還蓋有一個半熟荷包蛋，搭配上特製的辣醬，對於嗜辣的人來說會非常過癮，如無法吃辣的人，建議改點炸醬麵（짜장면）。

> 加入大量配料
> 的中華拌飯，
> 是炒碼麵外的
> 另一項選擇。

一出地鐵站就能逛街，非常便利！

中央圓形大廳是許多人相約碰面的地點。

🎁 半月堂地下街

반월당 지하상가

📖別冊P.27C3 🚇地鐵1、2號線半月堂站，與整個地鐵站連通。 📍大邱 中區 達句伐大路 地下 2100 ☎053-428-8900 ⏰視店家而異，每月第一個週一公休。

一出站就能逛街，半月堂地下街無論何時都聚集人潮。**主要沿地鐵2號線半月堂站的範圍延伸，地下街位於B2**，服飾店、飾品店、鞋店、化妝保養品店、寵物用品店、隱形眼鏡專賣店……**琳瑯滿目的店家讓人眼花撩亂**，這裡還有許多藥房，也能發現照相館，不只滿足購物需求。中央圓形大廳有手扶梯可以通往B1夾層，在那裡可以找到像是飯捲天國之類的餐廳。

🍴 半月堂炸雞

반월당닭강정

📖別冊P.27C3 🚇地鐵1、2號線半月堂站14號出口，出站後步行約1分鐘。 📍大邱 中區 達句伐大路 地下 2100 메트로센터 地下 C107호 ☎053-257-0048 ⏰10:30～23:30 💲年糕、炸雞或炸雞年糕杯裝各₩4,000。盒裝₩7,000～20,000。

逛街良伴：帶著吃的美食炸雞配年糕！

在半月堂地下街靠近14號出口的地方，聚集著幾家小吃攤，半月堂炸雞也是其中之一。**店內只提供兩種食物：年糕與炸雞**，炸雞有多種調味，包括原味（순항맛）、**辣味（매운맛）、醬油口味（간장맛）、起司口味（치즈맛）**。想解饞的人，可以點份杯裝炸雞年糕邊走邊吃，人多不妨選擇派對盒或家庭盒，吃個過癮。

炸雞口味選擇多樣。

☕ Pain Pan Pao

팡팡팡

小編按讚 讚讚

讓人恨不得多幾個胃的咖啡廳。

🏠別冊P.26D3 🚇地鐵1、2號線半月堂站13號出口,出站後步行約3分鐘。 🏠大邱中區 동성로1길 15 유니온스퀘어 2층 ☎053-252-2025 🕙10:00~23:00 💰咖啡₩4,800起、茶₩5,500起 🌐www.instagram.com/painpanpao

以「麵包」為名,招牌下方還寫著「麵包仙境」(Bread Wonderland)的標語,不難想像這間咖啡廳的主打特色。Pain Pan Pao位於2樓,你可能會為它的規模感到驚訝,足足占據了一整層樓的空間!

好幾個櫃子展示著各式各樣的麵包,甜的鹹的都有,從夾著火腿與蔬菜的可頌、奶油巧克力麵包、各種口味的雙色馬卡龍到迷你水果泡芙,更別說還有點綴著鮮奶油的切片蛋糕和水果塔……不只如此,這裡也提供沙拉、義大利麵和歐姆蛋等食物。

讓人選擇困難的不是麵包甜點,還有座位區,可以使用電腦等3C產品的大長桌、配備投影設備的迷你劇院階梯座位、位於露台採光充足的帳篷露營區等,甚至還有高掛紅色水晶吊燈的宴會包廂,也難怪成為當地的人氣咖啡廳。

麵包甜點種類多到讓人選擇障礙!

不同主題的座位區也很有趣~

🍴 泰山餃子

태산만두

📍別冊P.26D3　🚇地鐵1、2號線半月堂站13號出口，出站後步行約2分鐘。　📍大邱 中區 達句伐大路 2109-32　☎053-424-0449　⏰週二~日11:00 ~15:00、16:00~21:00　💲煎餃、蒸餃各₩6,000，海鮮拉麵₩5,000。

　　泰山餃子是當地知名老店，打從1972年開始營業至今，在大邱有多家分店，這家是本店。店內餃子種類選擇眾多，**最有人氣的招牌是辣醬蔬菜拌餃子（비빔만두）**，糖醋餃子（탕수만두）也是韓國人的心頭好，當地人會點一份餃子搭配一份辣拌麵（쫄면）。招牌辣醬蔬菜拌餃子一份有10顆，煎炸過的餃子大粒飽滿，外酥內軟，搭配上辣醬蔬菜忍不住一口接一口。

韓國人超愛澱粉加澱粉的組合？

　　從韓國人氣美食中有發現超多澱粉組合嗎？像是吃完泡麵一定要加飯、餃子配著拌麵吃，辣炒年糕、煎餅等等，但為什麼吃這麼多澱粉，大多數的韓國人還能保持好身材呢？據說是因為辛奇有助消化，還有一說曰韓國人習慣走路，也因為地形之故常要爬樓梯，強迫運動下不瘦也難呀！

> 不只牛角麵包，水果派也很美味～

☕ Le Pouldu

르폴뒤

📍別冊P.26D3　🚇地鐵1、2號線半月堂站11號出口，出站後步行約3分鐘。　📍大邱 中區 동성로1길 26　☎053-426-3006　⏰9:30 ~22:30　💲咖啡₩3,500起、牛角麵包₩3,500　🌐www.instagram.com/lepouldu_

> 小編按讚　짱짱　以牛角麵包打響名號！

　　擁有一道可愛的藍色大門，窗邊裝飾著美麗的盆栽與綠意盎然的植物，Le Pouldu一眼就抓住眾人目光。1樓的麵包坊讓人光看就食指大動，**琳瑯滿目的麵包中最有名的是牛角麵包，提供抹茶、巧克力、奶油等多種口味，草莓鮮奶油麵包也很受歡迎**，五顏六色的水果派也非常吸睛。座位區位於2樓，散發一種歐式建築的典雅，伴隨大片窗戶引進室內的光線和綠意，非常舒服。

大邱地鐵1號線　半月堂站　大邱地鐵2號線★大邱地鐵3號線

大邱地鐵1號線·····半月堂站

大邱地鐵2號線·大邱地鐵3號線

本座紫菜飯捲

본죄김밥

🔹別冊P.26D3 🚇地鐵1、2號線半月堂站11號出口，出站後步行約3分鐘。 🏠대구 중구 동성로1길 25 ☎053-255-2278 🕐8:30~21:00 💲紫菜飯捲₩3,000起、辣炒年糕₩4,500、拉麵₩4,000

　在半月堂附近想簡單用個餐，可以考慮來份紫菜飯捲。本座紫菜飯捲裝潢現代、簡單，用餐環境明亮乾淨。店**內提供牛肉（소고기）、炸豬排（돈까스）、鮪魚（참치）、漢堡肉（스팸）、辛奇（김치）、炸蝦（튀김새우）、起司（치즈）等多達15種口味的飯捲**，此外也有辣炒年糕、拉麵、魚板、水冷麵、蓋飯、蛋包飯等食物，選擇多樣非常方便。值得一提的還有，店內小菜醃製小辣椒，酸酸辣辣且後勁十足，非常開胃。

> 滿滿的料帶來飽足感。

🧁 butter roll pain france

뻐다롤빵프랑스

🔹別冊P.26E3 🚇地鐵1、2號線半月堂站10號出口，出站後步行約2分鐘。 🏠대구 중구 동성로1길 41 ☎053-424-2025 🕐9:00~23:00 💲咖啡₩3,000起、茶₩2,500起
🌐cityfood.co.kr/file2/h_0078/38974

　位在半月堂東城路鬧區，**店內最有人氣的麵包商品，就是同時滿足視覺和味覺的爆漿草莓吐司和大蒜奶油法國麵包**，另外，大邱在地人也很推薦內餡塞得滿滿的巧克力吐司。內用時店員會幫忙將麵包剪開以方便食用，如果是外帶的話會建議不要剪，不然會比較油膩，回去後稍微加熱一下吃一樣美味。

OOM STUDIO

오오엠스튜디오

別冊P.26E3　地鐵1、2號線半月堂站12號出口，出站後步行約10分鐘。　대구 중구 동성로5길 55　010 3443 1176　11:00~22:00　oomstudio.co.kr

　OOM STUDIO是男女裝品牌，追求適度的時尚，希望穿搭可以為本人帶來相應的印象。**品牌風格走舒適簡約風**，好搭的各色棉質T恤和褲裝，適合外出也可以當居家服，也很適合當作情侶裝。

INDIBRAND 東城路2號店

인디브랜드 동성로2호점

別冊P.26D3　地鐵1、2號線半月堂站12號出口，出站後步行約10分鐘。　대구 중구 동성로5길 47-1　053-252-9553　10:30~22:00　www.indibrand.co.kr

　INDIBRAND是韓國知名女裝品牌，清新自然的風格加上簡單百搭的設計，以及平易近人的價格深受喜愛，**尤其是一系列褲裝和長裙，非常適合上班族等輕熟女穿著**。在東城路一帶就有兩間店面，其中2號店有兩層樓店面較大，非常值得逛逛。

東城路有多間OLIVE YOUNG！

是韓國最大的美妝店，就如同台灣的屈臣氏、康是美一般，進駐數不清的日韓保養、彩妝品牌，以及歐美線的開架品牌，東城路這一帶有非常多店面，隨興逛街之餘如果經過就不妨順便採購一番。

約10:00~22:00　www.oliveyoung.co.kr

簡約百搭又平價的服飾，深受韓國女性喜愛。

🏬 東城路SPARK

동성로 스파크

🅐別冊P.26F2 🚇地鐵1、2號線半月堂站12號出口，出站後步行約12分鐘 🏠大邱 중구 동성로6길 61 🕐1F餐廳約10:30~22:30 🌐d-spark.kr

東城路SPARK是韓國第一間以遊樂為主題的大型SHOPPING MALL，**最知名的就是7-9F的遊樂園SPARK LAND**，尤其摩天輪是東城路地標。1F有知名美國漢堡Shake Shack和連鎖咖啡店A Twosome Place，還有平價服飾Topten。2F是韓國潮牌選品店ALAND。3F整修中，4F有壽司吃到飽餐廳和服飾品牌8Seconds。5F和6F則有溜冰場和保齡球館。推薦可以下午時分前來，慢慢逛到樓上的遊樂園SPARK LAND。

👁 SPARK LAND

스파크랜드

🏠東城路SPARK 5~9F ☎053-230-2010 🕐週一~四12:00~22:00、週五12:00~23:00、週六11:30~23:00、週日11:30~22:00 💲red zone(室外)+blue zone(室內)：Big5(兒童區、溜冰場除外的5種設施玩到飽) ₩18,000、一日通票₩39,000、夜間通票(週一~五18:00後)₩28,000；red zone(室外)：Big3(3種設施玩到飽)₩13,000、全設施通票₩25,000、摩天輪₩8,000、其他遊樂設施₩4,000~6,000；blue zone(室內)：Big3(3種設施玩到飽)₩14,000、全設施通票₩28,000、兒童區(限12個月~10歲兒童，父母入場免費) ₩15,000 🌐d-spark.kr/open_content/floor/floor_07.php

SPARK LAND可說是東城路SPARK的最大亮點，區分為7-9F的red zone室外遊樂園，和5~6F的blue zone室內遊樂場「HAPPY ViLLAins」，室內遊樂場從溜冰、保齡球、極限運動、兒童遊樂場、射擊、棒球到VR遊戲等等，豐富的體驗非常適合雨天旅遊備案。

7F室內有連鎖遊樂場「ZZANG GAMES」，室外7-9F共7座遊樂設施以及美食街，可以在自動售票機或是人工櫃台購票，基本可以選擇要玩3種或是5種，也可以和樓下室內遊樂場混搭。其中夜晚的摩天輪相當美，因此晚上也會較熱鬧，是約會名所。

> 頂樓的摩天輪是東城路地標。

ALAND

에이랜드

🏠東城路 SPARK 2F ☎02-3210-5800
⏰11:00~22:00 www.instagram.com/aland_store

　　ALAND是韓國潮牌選品店，舉凡**以可愛的黃色小天使為LOGO的What it isNt、逗趣幽靈圖案NICE GHOST CLUB、棒球男孩塗鴉風EBBETSFIELD，以及韓國歐巴人手一件的COVERNAT，**帽子、服裝、運動鞋、包包等從頭到腳全部都可以在這裡找到，喜歡韓國潮牌必逛。

販賣眾多韓國知名潮牌。

東城路還有非常多服飾小店

東城路一帶除了很多韓國平價品牌如SPAO、SHOOPEN、WHO.A.U之外，也有很多韓國網拍服飾小店，是大邱年輕人最愛的逛街區之一，以女裝和飾品店居多，很適合安排逛街行程，隨意走走都能發現驚喜。

BEBECO

피그먼트 배배꼬 동성로점

🏠別冊P.26F3　🚇地鐵1、2號線半月堂站12號出口，出站後步行約15分鐘。　🏠大邱 中區 동성로6길 76　☎010-5262-0822　🕙10:00~22:00　💰草莓牛奶甜甜圈₩4,000　🌐www.instagram.com/bebeco_official

　　在烤得鬆軟的圓形甜甜圈撒上糖粉，擠入滑順飽滿的奶油內餡，是近年韓國越來越受歡迎的甜甜圈甜點，也是在大邱不能錯過的人氣伴手禮。口味多**樣，有水果甜香的哈密瓜、香蕉、草莓牛奶等，也有伯爵茶、抹茶等茶控必點，當然像是牛奶、花生、巧克力、榛果可可等定番口味是一定有的。**

> 甜而不膩的爆漿鮮奶油，好想再吃第二個！

PIGMENT

피그먼트

🏠別冊P.26E3　🚇地鐵1、2號線半月堂站12號出口，出站後步行約10分鐘。　🏠大邱 中區 동성로3길 64　🕙約11:00~22:00　🌐www.pigment.co.kr

　　PIGMENT是韓國女裝品牌，店面遍布全韓國，**偏向歐美慵懶隨性風格，清新一致的色系逛起來相當舒服**，主打舒適且實用性高的基本款T恤，以及超好搭配的各式襯衫，很適合穿搭走中性風格的女孩。

大邱必吃的麻藥玉米麵包。

三松麵包 本店

삼송빵집

小編按讚 讚讚

讓人一吃上癮的麻藥玉米麵包！

🏠別冊P.26D2 🚇地鐵1、2號線半月堂站14號出口，出站後步行約7分鐘。 📍대구중구 중앙대로 397 ☎053-254-4064 ⏰1F麵包店8:00~22:00、2F用餐區9:00~21:00，售完提前結束。 💲麻藥玉米麵包2個₩5,600 🌐www.ssbnc.kr

　　超過60年家傳歷史的三松麵包，是大邱老字號的人氣麵包店，在韓國各地擁有多家分店，位於中央路這家正是它的本店。半開放式的烘培區讓人眼睛一亮之餘，也先被剛出爐的濃郁麵包香襲擊。

　　招牌必買的是**麻藥玉米麵包（통옥수수빵），不會很甜的菠蘿麵包奶酥表皮，包覆著玉米內館，每一口都吃得到玉米粒**，香醇濃郁而不膩，難怪人氣之高，也在2016年榮獲藍緞帶殊榮（Blue Ribbon Survey）。另外菠蘿紅豆麵包（소보로팥빵）也很受到歡迎！

★ Fun it 夜光保齡球

Fun it 락볼링

🏠別冊P.26D2 🚇地鐵1、2號線半月堂站13號出口，出站後步行約6分鐘。 📍대구 중구 동성로 17 지하 1층 ☎053-427-5672 ⏰平日13:00~2:00、週末12:00~4:00 💲保齡球消費：17:00以前每人₩3,500、17:00以後每人₩4,500，租借保齡球鞋₩2,000。

　　如果想要體驗大邱年輕人的夜生活，不妨到大邱東城路商圈內的Fun it夜光保齡球館。**保齡球館位於地下1樓，這裡有保齡球、撞球場、遊戲機、包廂KTV等設施**，如果打兩局或以上的保齡球，可以免費打撞球。現場有販售飲料、餅乾和雞尾酒吧，如果購買酒精飲品需要出示身份證明文件。

☕ 星巴克 大邱中央路老宅店

스타벅스대구종로고택점

🅰別冊P.26D2 🚇地鐵1、2號線半月堂站14號出口，出站後步行約5分鐘。 📍대구 중구 중앙대로77길 22 ☎1522-3232 🕐8:00~22:00 🌐www.starbucks.co.kr

　　台灣的星巴克有特定幾間走當地特別建築設計風格，而韓國大邱中央路這間星巴克，不但非常大，還是走韓屋老宅風，有偌大的露天座位和室內空間，非常值得感受一下，**在韓屋中享用台灣人也熟知的咖啡味道。**

> 擺滿整桌的菜色，僅是一人份呢！

🍴 藥廛

약전식당

🅰別冊P.27C2 🚇地鐵1、2號線半月堂站14號出口，出站後步行約8分鐘。 📍대구 중구 중앙대로77길 50-3 ☎053-252-9684 🕐12:00~14:00、17:00~21:00 💲海鞘定食 ₩15,000

　　藥廛絕對是藏在巷弄裡的在地美食！外觀相當低調，要不是有招牌實在很像一般住家。藥廛就是「藥舖」，因鄰近韓國三大中藥市場之一的藥令市而取此名。走過有醬缸的庭院進入店內，大型傳統藥櫃以及古樸的裝潢，加上店員一席韓服裝扮，彷彿穿越回韓國古代。

　　這邊只供應一種韓定食──海鞘定食（멍게정식），**調味後的海鞘，加上蔥末、紫菜，加入石鍋拌飯，相當鮮甜好吃。**還有特別的7樣小菜、烤魚、熱湯，這樣一人份吃得飽足又道地。

中央路站

중앙로역
Jungangno

距 離半月堂站很近的中央路站,有時很難區隔兩站之間的景點和商圈,因此不妨把兩站安排在一起玩。這裡有著重返1950年代風情的鄉村文化館,保留昔日慶尚監營所在地的公園,以及匯聚手工鞋相關業者的手工鞋街。此外,還有充滿特色的咖啡廳,以及辣炒年糕和烤肉等美食名店。

交通路線&出站資訊

地鐵
中央路站중앙로역⇨大邱地鐵1號線대구 지하철 1호선
出站便利通
出口2⇨中央辣炒年糕·Egg Drop
出口3⇨T.morning·burgundy
出口4⇨慶尚監營公園·大邱近代歷史館·ECC COFFEE·QK bakery·Factory 09·香村文化館·香村洞手工鞋街·漢城烤肉

🌳 慶尚監營公園

경상감영공원

🔺別冊P.26D1 🚇地鐵1號線中央路站4號出口,出站後步行約5分鐘。 🏠大邱 中區 경상감영길 99 ☎053-254-9404 💲免費

位於市中心的慶尚監營公園,腹地不大卻也五臟俱全,西元1601年時曾是慶尚監營地點,近代1910~1965年曾被用為慶尚北道廳舍,爾後廳舍遷移到別處,1970年則將此地規劃為中央公園,並**改造設置有大邱歷史文化遺產**,是有小橋流水又有歷史建築的清幽公園。

文藝復興式建築外觀，充滿莊嚴古典氣息。

大邱近代歷史館

대구근대역사관

🏛別冊P.27C1　🚇地鐵1號線中央路站4號出口，出站後步行約5分鐘。　🏠大邱 中區 慶尙監營길 67　☎053-606-6430　🕐週二~日9:00~18:00，週一遇假日順延至隔日公休，1/1公休。　💲免費　🌐daeguartcenter.or.kr/dmhm

　這棟潔白的文藝復興式建築，建於1932年，**前身是舊朝鮮時期韓國產業銀行大邱分行，現則規劃為大邱近代歷史館，也被列為文化遺產**，內部展示大邱19世紀後期至20世紀初的生活、風俗、教育、文化等主題。除了一些當時代相關的展示品之外，館內角落還有保留舊朝鮮時期銀行的紅磚瓦柱子，非常具有歷史意義。

☕ ECC COFFEE

이씨씨커피

🏛別冊P.27C1　🚇地鐵1號線中央路站4號出口，出站後步行約5分鐘。　🏠大邱 中區 鐘路 72　🕐平日8:00~21:00、週末11:00~21:00　💲拿鐵₩4,500　🌐www.instagram.com/ecc.coffee

　美麗的大邱近代歷史館周邊也許是因為充滿文藝歷史氛圍，散落著許多咖啡店，這家ECC COFFEE**老宅和大樹下的露天座位相當愜意，店內也有了非常多的植栽和復古的擺設物件，充滿古典慵懶的氣息**。櫃檯前除了櫥窗上的飲料菜單，還有展示在台前的麵包模型，超級逗趣。

QK bakery

큐케이베이커리

🔺別冊P.27C2　🚇地鐵1號線中央路站4號出口，出站後步行約5分鐘。　🏠大邱 중구 경상감영길 56　☎010-2990-4496　🕗8:30~20:00　💲季節水果酥皮派₩4,000　ⓤwww.instagram.com/qk＿＿＿official

小小的招牌很容易讓人忽略，這間咖啡店位於大邱近代歷史館周邊，走純白系風格，有麵包櫃和蛋糕櫃，**販售季節水果酥皮派**（계절 페스츄리）、**肉桂捲、可頌、費南雪等麵包**，也有每個都很精緻的水果塔、**瑞士捲、切片蛋糕**，是遊覽大邱歷史散策的途中很推薦休憩的甜點店。

> 非常有創意的工具形狀瑪德蓮蛋糕。

Factory 09

북성로공구빵

🔺別冊P.27C1　🚇地鐵1號線中央路站4號出口，出站後步行約5分鐘。　🏠大邱 중구 서성로14길 79　🕗11:30~20:30　💲工具瑪德蓮三入組₩4,500　ⓤwww.instagram.com/factory09

過去北城路一代曾經是大邱最繁華的地區之一，這裡的工具街也是軍需用品大型製造工廠，隨著商圈轉移，也許工具街的歷史已不復大家記憶，但這家麵包店就結合了這樣的背景，**和北城路唯一僅存的一間金屬鑄造廠合作，製作出螺絲起子、把手等三款維妙維肖的工具形狀瑪德蓮蛋糕**，沒有多餘的調味，就是很樸實的口感，在充滿工具擺飾的店內，越嚼越香。

換上復古警察裝，吃煎餅配米酒！

🏛 香村文化館

향촌문화관

🚩別冊P.27C1　🚇地鐵1號線中央路站4號出口，出站後步行約3分鐘。　🏠大邱 中區 中央大路 449　☎053-219-4555　🕐4~10月週二日9:00~19:00、11~3月週二~日9:00~18:00，週一遇假日順延至隔日公休，1/1公休。　💲成人₩1,000、青少年與長者₩500　🌐www.hyangchon.or.kr

　如果覺得逛博物館很乏味，那麼香村文化館將顛覆印象。**在這裡可以僅用不到50元的門票，換上學生服、警察裝或韓服，體驗1950、60年代的韓國庶民生活**，從那個年代的公車、復古的西服店、到古早味的攤販食堂，館內1、2樓栩栩如生的場景佈置，相當好拍。如果想要更了解韓國歷史，3樓則有許多史料紀錄可以參觀。

👁 香村洞手工鞋街

향촌수제화골목

🚩別冊P.27C1　🚇地鐵1號線中央路站4號出口，出站後步行約5分鐘。　🏠香村洞手工鞋中心：大邱 中區 西城路14길　☎香村洞手工鞋中心：053-661-2043　🕐香村洞手工鞋中心：週二~日10:00~18:00　🌐www.jung.daegu.kr/new/culture/pages/culture/page.html?mc=1864

　現在非常繁華的東城路商圈周邊，有許多早期知名的商街，如北城路工具街、香村洞手工鞋街等，**香村洞手工鞋街就是從1970年代開始，一間間手工鞋鋪進駐而成，目前依然有許多手工鞋相關業者匯集。**有興趣的話，可以前往香村手工鞋中心（향촌수제화센터）欣賞設計公募展獲獎的手工鞋作品，以及相關歷史介紹。

🍴 漢城烤肉

한성불고기

🏠別冊P.26D1　🚇地鐵1號線中央路站4號出口，出站後步行約4分鐘。　🏠大邱 中區 北城路 104-10　☎053-252-6984　🕐12:30~23:30　💲有骨炭烤豬排（兩人份）₩13,000、辣烤魷魚（小份）₩15,000

這家40年傳統炭火烤肉專門店，因為營業時間早又好吃，廣受韓國人喜愛。**像是招牌烤肉有骨炭烤豬排（돼지석쇠쇠갈비），就很合台灣人口味，甜鹹度剛好也不過辣**，帶有淡淡的炭烤香味，另外噴香嗆辣的辣烤魷魚（오징어불고기）更是最佳的下酒菜，濃重的

在歷史悠久的烤肉店來份炭火烤肉特別有滋味。

調味讓人又多扒幾碗飯。其他還有辣椒醬烤肉（고추장불고기）和烤鰻魚（장어구이）等選擇。因為店內只有姨母和爺爺兩個人在服務，動作可能會稍慢一點，不妨多感受一下大邱的慢旅遊吧！

店家裝潢以旅遊為主題，充滿趣味～

🍴 T.morning

티모닝

🏠別冊P.26D1　🚇地鐵1號線中央路站3號出口，出站後步行約5分鐘。　🏠大邱 中區 東城路 83　☎053-421-1040　🕐週四~二8:30~22:00　💲咖啡₩2,000起、茶₩2,500起、各種吐司₩7,000起，所有餐點加₩1,500就能升級套餐。　🌐www.instagram.com/t.morning_official

如果喜歡早餐吃飽飽的人決不能錯過「T.morning」！**店家的招牌菜是份量十足的三明治，更是大邱旅遊中推薦必吃的早餐店之一。**店面整體風格營造一種旅遊的氣氛，像是坐在機艙內一樣，部分座位還有模仿機艙挖出小窗戶，牆面上也能看到許多空服員的照片。除了口味多元的三明治，飲品部份也有很多選擇。

每日供應不同甜點～

🍵 burgundy

버건디

🅰別冊P.26E1F1 🚇地鐵1號線中央路站3號出口，出站後步行約8分鐘。 🅞大구 중구 교동3길 27 🕐12:00 ~21:00 💲各色蛋糕₩6,500起 ✆instagram.com/cafe.burgundy

供應美味糕點的手工烘焙複合咖啡廳。

小編按讚 짱짱

這是一家隱藏在一條靜謐小巷內的手工烘焙複合咖啡廳，由一位年輕的韓國女生經營，飲品烘培一人包辦。店內供應有飲品及甜點，咖啡部分有美式、拿鐵、香草拿鐵及維也納咖啡，無咖啡因飲品則有檸檬茶跟奶茶，夏天還會推出清涼的水果類飲品或氣泡飲。甜點部份每日供應的品項不固定，可以自行夾取後至收銀台結帳。

🍴 Egg Drop

에그드랍

🅰別冊P.26E2 🚇地鐵1號線中央路站2號出口，出站後步行約5分鐘。 🅞대구 중구 동성로2길 87 1층 ✆053-721-6775 🕐10:00 ~21:00 💲吐司₩4,900起、套餐₩7,400起 ✆www.eggdrop.co.kr

來韓國不要只吃ISSAC三明治，也試試Egg Drop！Egg Drop使用特別訂製的小型厚片吐司，**吐司烤的酥脆內軟，再從中間劃開後放入熱騰騰的內餡，現點現做的香滑嫩蛋絕對是畫龍點睛的一大功臣**，不管哪個口味都好吃的讓人豎起大拇指！

讓人食指大動的香滑嫩蛋。

🍴 中央辣炒年糕

중앙떡볶이

🅰別冊P.26E2 🚇地鐵1號線中央路站2號出口，出站後步行約6分鐘。 🅞대구 중구 동성로2길 81 1층 ✆053-424-7692 🕐週一~六11:30 ~20:00 💲辣炒年糕₩4,000、扁餃子₩4,000、紫菜飯捲₩2,000 ✆www.instagram.com/psk1670

自1979年開業至今，中央辣炒年糕全國僅此一家，絕無分店！好吃的程度連韓國美食指標王白種元也認證，還曾來此錄製節目。**店內販賣的大多是韓國小吃，像辣炒年糕、血腸、飯捲，還有大邱著名的扁餃子**，並且提供建議吃法：把辣炒年糕的醬汁淋在白飯上微波2分鐘，或是店內紫菜飯捲沾年糕醬汁吃也很好吃！

七星市場站

칠성시장역

Chilseong Market

七星市場是大邱最知名的傳統市場之一，擁有非常龐大的商圈，在這裡可以讓人走進當地人的日常，感受大邱的生活脈動。附近還有玩具街，以及近幾年才興起的夜市，以及不能錯過的市場和在地美食。

交通路線&出站資訊

地鐵
七星市場站칠성시장역◇大邱地鐵1號線 대구 지하철 1호선
出站便利通
出口1◇七星市場
出口2◇常客食堂・七星市場文具玩具街
出口3◇樂榮燉排骨
出口4◇星空想像七星夜市

> 七星市場橫跨好幾棟建築和街區。

◎ 七星市場

칠성시장

🅐別冊P.28A1 🚇地鐵1號線七星市場站1號出口，出站後步行約1分鐘。 🏠大邱 北區 칠성시장로 28 ☎053-665-2651 ◕視店家而異

　　歷史超過40年，七星市場如今發展成一個橫跨6個商街的大型市場，裡頭**聚集著大量獨特且專門的商家，除海鮮、肉類和蔬果之外，還擴及二手家電、玩具園藝等範圍**，可說是囊括生活所需的方方面面。其中特別是蔬果市場，超過80家店舖入駐。比起名氣更響亮的西門市場，這裡相對遊客較少，更能感受在地的傳統市場氣氛。

🍴 常客食堂

단골식당

小編按讚 讚讚

📖別冊P.28A1 🚇地鐵1號線七星市場站2號出口，出站後步行約3分鐘。 🏠대구 북구 칠성시장로7길 9-1 ☎053-424-8349 ⏰7:00~21:00，每月第二、四個週三公休。 💲醬油烤肉₩6,000、辣椒醬烤肉₩7,000、白飯₩1,000

> 便宜又美味的在地烤肉！

　　這間位於七星市場範圍內的店家，雖然外觀並不起眼，烤肉卻非常美味。店內幾乎沒有裝潢，簡單且擁擠的擺著幾張桌椅，菜單也很簡單，只有醬油烤肉（간장불고기）和辣椒醬烤肉（고추장불고기）兩種，白飯需要另外單點。

　　烤肉以大圓盤承裝，上面放著包括辛奇、蒜頭、蘇子葉、蝦醬、醬油等配料和湯。烤肉帶著炭火的焦香，料理簡單卻滋味滿分，讓人忍不住一口接一口。

> 吃得到炭火焦香的美味～

> 讓人回憶起童年時光的店家…

🎁 七星市場文具玩具街

칠성시장 문구 완구 골목

📖別冊P.28A1 🚇地鐵1號線七星市場站2號出口，出站後步行約6分鐘。 🏠대구 북구 칠성시장로7길 ⏰視店家而異

　　位於七星市場的外圍，從地鐵站2號出口出來後，往常客食堂的方向走，但不要彎進常客食堂所在的巷弄，而是繼續往前走約3分鐘，可以發現聚集著幾家文具店和玩具店。**店外的箱子或籃子裡堆滿各式各樣的玩具，或上學所需用品，讓人懷念起以前上學的時光**。即使是平日也可以看到父母帶小孩前來選購物品的情景。

🍴 樂榮燉排骨

낙영찜가비

砂糖中和辣味，吃起來更順口。

📖別冊P.28B2B3　🚇地鐵1號線七星市場站2號出口，出站後步行約3分鐘。　📍大邱 中區 東德로36길 9-17　📞053-423-3300　🕐10:00~22:00　💲燉排骨₩20,000、韓牛燉排骨₩30,000　🌐www.daegufood.go.kr/kor/food/food2.asp?idx=264&gotoPage=6&snm=75&ta=5

兩種牛肉可供選擇的燉排骨。

來到大邱怎能不吃燉排骨呢？位於東人洞燉排骨街上的樂榮燉排骨，是這條街上最且最有名氣的店家，從1974年的小店面開始，到現在已經擴展成整棟三層樓。**樂榮排骨提供兩種牛肉選擇，一種是稍便宜的外國牛肉，另一種為韓牛，如果預算許可的話，推薦點韓牛燉排骨吃**，

口感上更軟嫩也更香甜。燉排骨加入辣椒粉、蒜頭及砂糖悶煮燉熟，因為砂糖減緩了排骨的辣味，吃起來更溫和好入口。

雖然攤位不算太多，卻規劃的非常舒服。

🍴 星空想像七星夜市

별별상상칠성야시장

📖別冊P.28B1　🚇地鐵1號線七星市場站4號出口，出站後步行約9分鐘。　📍大邱 北區 칠성시장로 28　📞053-621-1985　🕐週一、三、四、日18:00~22:30、週五、六18:00~23:00，週二公休。　🌐7starnm.com

平日也營業的河濱夜市。

近幾年韓國各地開始陸續出現夜市，七星市場也在2019年時推出了自己的夜市。使用昔日七星市場的公用停車場空間，雖然一度受到疫情影響關閉，但是在2023年3月再度重新開放。**位於河畔的它雖然攤位不算太多，不過平日也營業，加上特別的燈光設計和規劃得宜的帳篷座位區，讓人有種忙裡偷閒的感覺。**在

這裡可以嚐到烤腸、烤肉、炸雞、烤雞皮、炒魷魚、牛排等，也有果汁攤，找個微風徐徐的夜晚前來吧！

鐵板上滋滋作響的烤腸讓人垂涎。

東大邱站
동대구역
Dongdaegu

東 大邱站是大邱最重要的交通樞紐之一，除了地鐵之外，還有京釜線和京釜高速線經過的東大邱火車站，以及東大邱複合轉乘中心，一地就能換乘火車、地鐵和巴士，非常方便，近年已成為東大邱的新地標。一旁還有結合水族館的新世界百貨公司，非常適合親子同遊。

交通路線 & 出站資訊

地鐵
東大邱站동대구역◇大邱地鐵1號線 대구 지하철 1호선
出站便利通
出口2◇新世界百貨（秀亨堂‧JAJU‧Kakao Friends‧Alive 愛來水族館）
出口3◇大邱近代胡同紅豆麵包‧平和市場炸雞�街（The 大本部）

> 來到大邱就是要試試各家紅豆麵包。

🧁 大邱近代胡同紅豆麵包

대구근대골목단팥빵

🔺別冊P.25B2 🚇地鐵1號線東大邱站3號出口，出站後步行約3分鐘。 🏠大邱 東區 東大邱路 550 3층 ☎053-716-1883 🕖7:00～22:00 💲鮮奶油紅豆麵包／抹茶鮮奶油紅豆麵包₩3,300、奶油起司麵包₩2,800 🌐www.daegubbang.co.kr

大邱近代胡同紅豆麵包可說是麵包匠人帶起的奶油紅豆包中的後起之秀，近幾年很受到韓國年輕人的喜愛，他們**強調的是天然原料、天然發酵以及100%店內自製的紅豆內餡**，除了受到歡迎的爆漿紅豆包（단팥빵），店內的鮮奶油紅豆麵包（생크림단팥빵）和抹茶鮮奶油紅豆麵包（녹차 생크림단팥빵），也是人氣商品。

🎁 新世界百貨

신세계백화점

📖別冊P.25C3 🚇地鐵1號線東大邱站2號出口，出站後步行約3分鐘。 📍大邱 東區 東部路 149 ☎1588-1234 🕐週一~四10:30~20:00、週五~日10:30~20:30，8/21公休。 🌐www.shinsegae.com/store/main.do?storeCd=SC00013

與東大邱火車站緊鄰的新世界百貨，結合東大邱複合轉乘中心，開幕於2016年，是大邱規模最大的百貨公司。高達9層，百貨內進駐多間知名海內外品牌，還有電影院、ALIVE愛來水族館、ZOORAJI侏羅紀主題公園等，以及憑消費發票就能免費遊玩的兒童遊戲專區，如果有帶小朋友來大邱的話，很推薦到這裡逛逛。位於8樓的餐廳區布置得很有氣氛，讓人有種置身異國街道的感覺。

> 布置得很漂亮的8樓餐廳區。

> 可愛到讓人捨不得吃～

> 小編按讚 讚讚

> 特色伴手禮推薦——蘋果麵包！

🧁 秀亨堂

수형당

📍新世界百貨B1美食街 ☎1666-1883 🕐10:30~20:30 💲蘋果麵包禮盒裝（6個）₩23,000 🌐www.instagram.com/suhyeongdang

秀亨堂是大邱當地老字號麵包店，原本就有不少人氣麵包，日前因為推出仿真蘋果麵包而成為話題。不但整個麵包做成蘋果造型，還裝飾著蘋果梗和綠色的葉子，如果買6個，還會套上網袋並裝成蘋果禮盒，以假亂真且非常可愛。內餡是加上吃得到蘋果丁的蘋果醬和起司奶油。來到這裡一定得買來嚐嚐。

JAJU

자주

🏠新世界百貨8樓　☎053-661-6974　🕐10:30~22:00
🌐www.sivillage.com/jaju/main/initMain.siv

JAJU是韓國連鎖居家生活用品品牌，風格類似**日本的無印良品**，除了內睡衣、服飾、美容和清潔用品以外，還有文具、照明、芳香、收納等室內家居用品，以及衛浴、清潔、個人衛生等家庭用品，就連各種鍋碗瓢盆、圍裙、餐具等餐廚用具也一應俱全，非常好逛。

商品簡約的設計風格讓人想起無印。

Kakao Friends

카카오프렌즈

🏠新世界百貨8樓　☎053-661-6942　🕐10:30~22:00　🌐store.kakaofriends.com

沒有人可以抗拒萊恩的魅力～

　無論男女老少，都逃不過Kakao Friends的魅力！這間位於新世界百貨8樓的分店雖然不是旗艦店，但是商品也相當多元。**門口手拿愛心的萊恩、坐在長椅上喝飲料的Frodo和Neo，讓人忍不住停下腳步先來張大合照。**店內有占滿一整面牆的角色玩偶，每個都可愛的讓人選擇障礙，其他還有拖鞋、毛巾、杯子、背包等雜貨，想空手離開這間店根本是不可能的任務。

◉ ALIVE 愛來水族館

얼라이브 아쿠아리움 대구점

🏠新世界百貨9樓 ☎053-247-8899 ⏰週
一～四10:30~20:00、週五～日和國定假日
10:30~20:30 💲成人₩29,000、青少年₩27,000，依票
種不同，上網購票可享14～33％優惠。 🌐www.
daeguaqua.com

親子旅遊的推薦景點之一！

水中生物之外，還有許多草原動物。

　ALIVE愛來水族館位於新世界百貨9樓，是帶小朋友一同旅遊的最佳去處。**水族館動線規劃良好，各個時段都安排了不同的表演內容，讓大人小孩都能開心同樂**。此外就算一個人來，也能感受水族館內獨特的氛圍，看著水中生物自在悠游，感覺也超療癒。

　除了海底生物，水族館中還有許多草原小動物以及禽鳥類區可以參觀，並且設置多處小朋友可以直接體驗的專區，例如與小白兔、大烏龜的接觸，還有直接餵魚等活動，每天更有超多豐富的表演秀可以欣賞。逛完水族館後，再到禮品店選購紀念品，這裡的動物玩偶每個都超可愛！

記得事先查詢，以免錯過精彩表演。

大邱地鐵1號線⋯⋯東大邱站

↓大邱地鐵2號線↓大邱地鐵3號線

小編按讚 讚 讚

大邱地鐵1號線

東大邱站

➔大邱地鐵2號線➔大邱地鐵3號線

🍴 The大本部

더큰본부

ⓐ別冊P.25A1 ➔大邱 東區 아양로9길 8 ⓒ053-944-7458 ◐週一~四、日9:00~3:00、週五~六9:00~4:00 ⓢ半半雞胗（1人份）₩9,000、什錦雞胗₩17,000

一早就能大快朵頤雞胗。

　　就位於平和市場炸雞胗街入口旁的The大本部，磚造的建築外觀非常醒目。餐廳內提供多種雞胗套餐，**如果想雞胗吃個過癮，可以點包含油炸、辣味和醬油三種口味的什錦雞胗（모듬똥집）**，另外還有搭配10隻炸蝦的炸蝦雞胗（새우똥집），或是和蔬菜一起炒的炒雞胗（볶음똥집）等，就算一個人來也不用擔心，店家也有一人份的半半雞胗（반반똥집），讓所有人都能品嚐這項平價又美味下酒菜。

可以同時吃到三種口味的什錦雞胗。

🍴 平和市場炸雞胗街

평화시장닭똥집골목

ⓐ別冊P.25A1 ➔地鐵1號線東大邱站3號出口，出站後步行約20~25分鐘。或是從東大邱火車站外搭乘401、524等號公車，在「평화시장」站下（車程約5分鐘），再步行約3分鐘。 ⓐ大邱廣域市 東區 아양로9길 10 ⓒ053-662-4072 ◐視店家而異 🌐www.ddongzip.com

　　平和市場原本以販售雞肉為主，攤商靈機一動，將**炸過的雞胗當作禮物送給顧客食用，沒想到大獲好評，逐漸變成在地美食，也在市場附近形成了一條雞胗街**，至今歷史已超過40年。雖然這裡所有店家賣的都是雞胗，但是各家調味不同，提供的小菜也不同，有些店家還提供搭配魷魚或蝦子的「升級版」，不妨多參考幾家菜單再決定。

峨洋橋站

아양교역
Ayanggyo

位 於大邱市東北部的峨洋橋站，副站名為大邱國際機場門口，緊鄰琴湖江的它附近是一片綠地，昔日舊鐵道改建而成的峨洋鐵橋，成為江上一道獨特的風景。從這裡也可以轉乘巴士，將行程延伸至八公山，搭乘纜車登高望遠一番。

交通路線 & 出站資訊

地鐵
峨洋橋站아양교역⇨**大邱地鐵1號線**대구 지하철 1호선
出站便利通
出口1⇨峨洋鐵橋
出口2⇨八公山（需換公車）‧八公山纜車（需換公車）‧桐華寺（需換公車）
出口4⇨琴湖江櫻花隧道

即使不是櫻花季，濃密的綠蔭也很宜人。

👁 琴湖江櫻花隧道

금호강벚꽃터널

⏏別冊P.28A1 ⬭地鐵1號線峨洋橋站4號出口，出站後步行約12分鐘。 ⌂대구 동구 지저동 835-2 ◷24小時 ⑤免費

　　琴湖江沿岸、從地鐵峨洋橋站到東村站（동촌역）之間，有一條櫻花隧道，**每到春天櫻花綻放時，景色美不勝收，讓人彷彿置身於一把把綿延不絕的花傘下**，成為大邱最知名的賞櫻地點之一。即使不是櫻花季，這條綠樹成蔭的道路也非常迷人，經常可以看見人們在此散步。

橫跨琴湖江的峨洋鐵橋依舊保留著鐵軌和枕木。

圖/韓國觀光公社提供

◎ 峨洋鐵橋

아양철교

🅐別冊P.28A1　🚇地鐵1號線峨洋橋站1號出口,出站後步行約9分鐘。　🏠大邱 東區 지저동　☎053-627-8986　●24小時　💲免費

　　提供服務將近80年之後,峨洋鐵路(아양기찻길)在2008年劃下句點,儘管火車線遭到廢除,昔日的鐵路卻被保留了下來,並且在大邱市政府的改造下,成為一處市民文化休閒空間和新景點。

　　橫跨於琴湖江的峨洋鐵橋長277公尺、高14.2公尺,橋上保留著軌道和枕木,可以透過玻璃地板看見。橋中央設有觀景台,裡頭規劃了不定期舉辦特展的藝廊,以及數位橋梁博物館等設施,這項公共空間設計還獲得德國紅點設計獎的青睞。

　　因為韓劇《我的維納斯》中蘇志燮與申敏兒在橋上相會的那一幕,讓大家對峨洋鐵橋留下深刻的印象,**夜間點燃燈火的模樣,讓它呈現出與白天截然不同的風情,這裡同時也是大邱欣賞夜景的好去處。**

峨洋鐵橋上消失的咖啡館!?
許多人看過相關介紹,都說峨洋鐵橋上有咖啡館,也有不少人確實在這裡喝過咖啡。不過2023年夏天採訪時,觀景台中沒有看到咖啡館,不知道是因為天氣太熱(觀景台中沒有空調)而暫時歇業?還是最終撤出營運!?

👁 八公山

팔공산

🚇別冊P.31 🚌地鐵1號線峨洋橋站2號出口，出站後在一旁轉搭急行1號（곱행1）公車，在八公山（팔공산）終點站下車，車程約45~50分鐘。

　　八公山是以大邱市中心為起點，橫跨慶尚北道永川市、軍威郡等地的一座高山，又以海拔1,192公尺的毘盧峯為中心，與海拔1,155公尺的東峰（又名彌陀峰）和海拔1,150公尺的西峰（又名三聖峰）並行。

　　八公山也是佛教文化中心地之一，除了最具代表性的桐華寺之外，還有為數眾多的佛教文化遺跡。**因為擁有豐富的四季景色，八公山成為許多韓國人推薦外國遊客，前往大邱旅遊的必遊景點之一，其中又以秋季賞楓、春季賞櫻最受歡迎。**

八公山四季景色各異，展現不同風情。

有關急行1號公車

車身為紅色的急行1號公車，行駛於東城路和八公山之間，串連起大邱多處景點與交通樞紐，對於遊客來說相對方便。雖然票價比一般公車貴一些，但是站與站之間距離較長，反而節省時間。

本文雖然介紹從地鐵峨洋橋站出發（因為一出站就可以直接搭乘急行1號公車）前往八公山，不過可視個人行程安排，從沿線的不同車站轉乘，各站牌搭車地點可見不同分區地圖上的「急行1號公車站牌」標示。

🚌東城路周邊─平和市場（炸雞胗街）─東大邱站─地鐵峨洋橋站─大邱機場─纖維博物館─桐華寺入口─八公山終點站
💰現金 1,800、交通卡 1,650
🕐5:35~21:43，約每12~13分鐘一班。

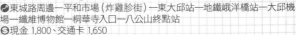

大邱地鐵1號線 峨洋橋站 ➔大邱地鐵2號線➔大邱地鐵3號線

👁 八公山纜車

팔공산케이블카

> 小編按讚 登高望遠 還能體驗 刺激！

📖別冊P.31A1B1 🚌從急行1號公車八公山終點站下車後，步行約5分鐘。 🏠대구 동구 팔공산로185길 51 ☎053-982-8801 ⏰週二～日9:30～17:00，每月營業結束時間有所變動，確切時間與營運情況逕向官網查詢。週一如遇國定假日則延至隔日公休。 💲成人來回₩12,000、單程₩8,500、兒童來回₩6,500、單程₩4,500，長者來回₩10,000、單程₩6,500。 🌐blog.naver.com/palgongcable

既然來到八公山，也別錯過體驗八公山纜車的機會！搭乘纜車前往新林峰山頂，可以俯瞰遼闊的景觀。**八公山纜車因坡度陡、纜繩長度較長，上下山時速度比其他纜車要來得稍微快一些**，給人一種搭乘遊樂設施的刺激感，又因為上下山路線不同，而能欣賞到不同的風景，非常推薦。

纜車提供另一個從空中俯瞰的角度。

藥師如來佛像是桐華寺的一大地標。

👁 桐華寺

동화사

📖別冊P.31C1 🚇地鐵1號線峨洋橋站2號出口，出站後在一旁轉搭急行1號（급행1）公車，在桐華寺入口（동화사입구）站下車（車程約45分鐘）後，沿右後方斜坡步行約7分鐘。 🏠대구광역시 동구 동화사1길 1 ☎053-980-7900 ⏰日出～日落 💲成人₩2,500、青少年₩1,500、長者₩1,000 🌐www.donghwasa.net

坐落大邱市中心東北方22公里處的桐華寺，位於八公山南側，最初興建於西元493年的新羅時期，當時稱為瑜伽寺。300多年後重建的它，因為梧桐花盛開富含吉祥寓意，於是改名為桐華寺。

寺廟周遭環境清幽，伴隨著古木與溪流，大雄殿是它最重要的建築，裡頭供奉著阿彌陀佛、釋迦摩尼佛等神明，不過今日的建築是1727年重建的結果。桐華寺的另一大亮點，是高達33公尺的藥師如來佛像，被寄予韓國人民對南北韓統一願望的象徵。

大邱地鐵2號線

대구 지하철 2호선

雖然屬於大邱地鐵系統，不過地鐵2號線不只行駛於大邱市，更延伸至東邊、位於慶尚北道的慶山市。2號線上遊客最常使用的車站，除了與1號線交會的半月堂站以外，每年大邱炸雞啤酒節主要舉辦會場頭流公園，以及因櫻花和燈節吸引眾人目光的E-World，都是以頭流站為出入口。慶大醫院站附近有紀念出生大邱的知名歌手——金光石的主題街道，想走進知名韓劇校園場景的人，則不能錯過啟明大學站。

大希爾站

대실역
Daesil

距 離市中心有些距離的大希爾站，因為 The Arc文化館的落成，多了一處讓人們可以白天遊玩、夜晚賞景的好地方。外觀像一隻大鯨魚的它，無論什麼時間看都很漂亮，也因此吸引不少遊客特意前來。

©韓國觀光公社提供

交通路線&出站資訊

地鐵
大希爾站대실역◇大邱地鐵2號線
대구 지하철 2호선
出站便利通
出口2◇The Arc文化館

👁 The Arc文化館

디아크문화관

🏠別冊P.29A3 🚇地鐵2號線大希爾站2號出口，出站後步行約18分鐘。 🏠부산동구 중앙대로533번길 4 📞053-585-0916 🕐展示室：週二~日10:00~18:00。觀景台和咖啡廳週二~日10:00~22:00，夏日延長開放到23:00。元旦公休，週一如遇國定假日則延至隔日公休。 💲免費 🌐cafe.naver.com/ilovethearc

　　在2014年韓國建築文化大獎中獲得優秀建築賞的The Arc文化館，是近年來韓國年輕人、親子旅遊時最喜歡去的地方，尤其是**The Arc建築物造型像隻大鯨魚，夜晚一到在不停變換的燈光照射下更加美麗。**

　　開館於2012年，地下1樓有展示空間，1~2樓為巨大的環形舞台，觀景台位於3樓，從這裡能夠欣賞四周美麗的自然景觀。周邊還有腳踏車出租店，除傳統腳踏車外，也可以租台電動滑板車或LED電動車四處逛逛。

©韓國觀光公社提供

©韓國觀光公社提供

©韓國觀光公社提供

入夜後在燈光點綴下更像一支躍起的鯨魚。

©韓國觀光公社提供

啟明大學

啟明大學站

계명대역

Keimyung Univ.

啟明大學是大邱的一所基督教私立大學，總共分為城西和大明兩個校區，其中城西校區位於啟明大學站旁。這裡是曾經掀起熱議的韓版「流星花園」——《花樣男子》(꽃보다남자) 拍攝地，即使事隔多年，仍有不少外國遊客到此朝聖。

交通路線 & 出站資訊

地鐵
啟明大學站계명대역▷大邱地鐵2號線대구 지하철 2호선
出站便利通
出口1▷啟明大學 城西校區

因韓劇《花樣男子》的經典場景而聲名大噪～

小編按讚 짱짱

👁 啟明大學 城西校區

계명대학교 성서캠퍼스

🅐別冊P.29AB 🚇地鐵2號線啟明大學站1號出口，出站後步行約3分鐘。 🏠대구 달서구 달구벌대로 1095 📞053-580-5114 🕐24小時 🚻
www.kmu.ac.kr

韓劇迷不可錯過的網美大學！

曾經被評選為韓國十大美麗校園之一的啟明大學，因為當初設計時以哈佛大學為藍本，並採用類似的建築風格，因此又有「東方哈佛」的稱號。

啟明大學創校於1899年，屬於基督教學校，在大邱有兩個校區，另一個大明校區(대명캠퍼스)位於南山站附近。**城西校區是韓劇《花樣男子》的主要拍攝場地之一，校區除了以建築著稱，春天還能賞櫻，秋天還能賞楓，四季展現出不同風情。**

◉ 大學本部

대학본부

　宏偉的西式紅磚建築，**四根高大的柱子撐起有著山牆的入口，正中央還聳立著一座白色的八角形圓塔**，説它是座豪宅大概也不會有人懷疑。也因此這棟建築，就成為《花樣男子》中具俊表家的大門。

氣派的建築猶如豪宅！

啟明韓學村也出現另一部韓劇《陽光先生》中。

◉ 亞當斯教堂

아담스채플

　因為是基督教學校，所以啟明大學也附設教堂。**位居高處的亞當斯教堂，用來紀念創始人**，也是經常出現在韓劇中的場景。

◉ 啟明韓學村

계명한학촌

　在校園的一片西式建築中，令人意外的竟然有座韓學村。這是啟明大學為了紀念創立50週年，特別打造的傳統區域，是一處能夠學習韓文化的場所。**結合韓屋與庭院，裡頭錯落著講堂、書齋和樓閣，讓人彷彿秒穿越過去**，金泰梨和李秉憲主演的《陽光先生》（미스터션샤인）就曾在此取景。

頭流站

두류역
Duryu

頭流站可說是大邱約會勝地的前哨站，因為大邱最大的主題樂園E-World，以及可以登高欣賞夜景的83塔，都鄰近於此。此外，結合多項公共設施的頭流公園，也在步行可達的距離，這片市民綠地每逢大邱炸雞啤酒節舉辦期間，就搖身一變成為大型戶外派對現場。

交通路線＆出站資訊

地鐵
頭流站두류역⇨大邱地鐵2號線
대구 지하철 2호선
出站便利通
出口9、10、11⇨頭流公園
出口15⇨E-World·83塔

位於公園內的莊嚴寺廟。

🌳 頭流公園

두류공원

🅐別冊P.30B3 🅜地鐵2號線頭流站9、10、11號出口，出站後步行約15分鐘。 🅖
대구 달서구 공원순환로 36 🅣頭流公園：053-803-7470、金龍寺053-628-5404 🅢
24小時 🅢免費 🅤www.daegu.go.kr/env/index.do?menu_id=00000942

位於頭流山和金鳳山中心處的頭流公園，在1977年被開闢為公園，園區相當廣闊且地形起伏大，**設有足球場、棒球場、網球場、游泳池、溜冰場等多種運動設施，以及戶外音樂堂、聖堂池五色噴泉、壁泉瀑布……更有大片草皮可以放風，兼具文化、休閒、運動功能。**公園內有座金龍寺（금용사），1926年時原本在目前頭流室內游泳池分館的位置上，建立了大雄殿和宿舍，但因為1986年大邱舉行全國體育大會，所以遷移至現址重建，寺內以供奉阿彌陀佛為主。

◎ E-World

대구이월드

📖別冊P.30B2C2　🚇地鐵2號線頭流站15號出口，出站後步行約8分鐘。　🏠大邱 達西區 頭流公園路200　📞053-620-0001　🕙10:30~20:50，部分設施可能因天氣有所調整　💲一日票成人₩49,000、14~19歲青少年₩44,000、兒童₩39,000；夜間票（17:00後入場）成人₩35,000、14~19歲少年₩33,000、兒童₩33,000；可在KKDAY以海外限定優惠價購票　🌐eworld.kr

E-World是韓國第二大遊樂園，也是韓劇《舉重妖精金福珠》的拍攝地。園內除了刺激豐富的遊樂設施，瀑布、燈光、花園等歐風造景都非常適合拍照和約會。**春天登場的星光櫻花節（별빛벚꽃축제）不但知名且非常具有代表性，冬天也會舉辦星光節（별빛축제）**。在園內只要一抬頭就能看到纜車和83塔，也是大邱最具代表性的景點之一。很推薦傍晚入場玩一輪後，搭纜車到83塔看絕美夜景。

園內的花園造景非常夢幻。

10大熱門遊樂設施

海盜船 Viking
바이킹

🕐 10:30~20:50 ❗身高限制：120cm

國內最大的海盜船，坐在最後一排絕對是必要的吧！

Balloon Race
벌룬레이스

🕐 13:00~18:50 ❗身高限制：120cm

乘坐五彩繽紛的熱氣球飛上天空，夜晚還會點燈，**把它想像成熱氣球版的飛椅就對了。**

Flume Ride
후룸라이드

🕐 10:30~20:50 ❗身高限制：100cm

遊樂園必玩的水上設施，**俯衝向下被水花濺濕的清涼快感**，夏天一定要體驗。

Boomerang
부메랑

🕐 17:00~19:50 ❗身高限制：140cm

會在360度軌道經過6次！從30公尺高俯衝向下的雲霄飛車，是必玩的刺激遊樂設施，人氣非常高。

Camel Back
카멜백

🕐 11:00~20:50 ❗身高限制：110cm

有兩個大圓圈軌道就像在駱駝背上騎乘的快感，是**全長超過1公里的超刺激雲霄飛車。**

Mega Swing 360
메가스윙360

🕐 10:30~20:50 ❗身高限制：135cm

最刺激也最受歡迎的遊樂設施之一，韓國綜藝節目《RUNNING MAN》也曾經把它當作最終懲罰。**轉盤和支柱都會360度旋轉，光在下面看就讓人膽戰心驚。**

Tambourine
탬버린

⏱10:30~20:50 ❗身高限制：140cm

　韓國綜藝節目最愛玩的遊樂設施，**轉盤隨著壞心的DJ工作人員撥放音樂翻轉起舞**，看點就是乘客們抓不牢欄杆飛出去的爆笑模樣！

Aladdin
알라딘

⏱10:30~20:20 ❗身高限制：120cm

　栩栩如生的阿拉丁站在城堡上迎接，**有大型溜滑梯、迷宮、驚喜的陷阱等著大小朋友來冒險**，很適合親子玩樂。

Air Race
에어레이스

⏱13:30~19:50 ❗身高限制：120cm

　懸空的360度雙旋轉高速飛椅，可以體驗超高速賽車快感！

鬼屋
고스트하우스

⏱10:30~20:50 ❗身高限制：100cm

　吸血鬼、科學怪人、神鬼傳奇、德古拉等歐美鬼怪都在鬼屋裡等著大家，膽小勿試。

特色小吃

在遊樂園玩累了總會肚子餓，一定要吃吃遊樂園內才有的特色美食。E-World裡有多處大型美食街、餐廳、咖啡，當然也有隨處都有的小吃攤販，像是吉拿棒、炸雞、冰淇淋等，其中還有在飲料杯上裝上一小盤炸物的綜合餐，只要一手拿著飲料杯就可以一邊喝飲料一邊吃炸雞米花等，不會手忙腳亂，一舉兩得非常便利。

特色主題區介紹

鸚鵡園區
앵무새 생태학습

　　這裡有好多隻顏色非常豔麗的鸚鵡，可以近距離與牠們互動，不時學韓國人打招呼說「安妞」的模樣相當可愛。

動物農場ZOOZOO FARM
주주팜

　　如果不太敢搭刺激的遊樂設施，那麼E-World這處動物農場絕對是闔家歡樂殺時間的好去處，動物農場最受歡迎的就是戶外互動區，**可進入柵欄內，和羊駝、迷你馬、水獺、兔子、貓咪、小鹿等可愛動物互動**，可以餵食拍照，但為了雙方安全不能觸碰牠們喔。

繡球花花園

在動物農場ZOOZOO FARM後方有一處以繡球花、可愛餐車等佈置而成的小花園，可愛浪漫的造景吸引不少女生在這邊拍照。

伴手禮店家
　　遊樂園內不乏可愛伴手禮商店，有非常多的動物造型髮箍、小背包等可愛小物，最流行的玩法就是先挑選購買髮箍後，用這個遊樂園限定造型玩樂一整天。

BUTTER 大邱E-World店

버터 대구이월드점

別冊P.30B1 053-622-0140 10:30~20:50 手持電風扇約₩15,900 www.instagram.com/butter_insta

　這間位於E-World大門左側旁的BUTTER，是韓國超可愛的設計文創品牌，**有自家設計出品的可愛招牌娃娃Butter Famliy**，在這邊可以買到相關周邊商品。還有可愛的設計居家小物，如睡衣、睡袍、沐浴用品等。一旁則銜接著E-World禮品商店，各種可愛的伴手禮讓人愛不釋手。

纜車

스카이웨이

10:30~20:50 免費

在樂園入口附近的纜車，運行E-World和83塔之間，49公尺的高度可以將樂園甚至大邱市景一覽無遺。建議可以在樂園玩一番後搭纜車上去83塔看夜景。

在園區內抬頭就能看到纜車和83塔同框的美麗天空。

👁 83塔

83타워

🚇別冊P.30C2 ⏰週一~五9:00~21:00、週六~日10:00~22:00 💲77F展望台成人₩10,000、兒童₩8,000；持E-World門票可5折優待；在可KKDAY以海外限定優惠價購票 🌐eworld.kr/tower

小編按讚 👍👍

> 浪漫約會聖地！

　83塔是大邱地標，是座開放於1992年的83層樓高無線電塔，塔內有相當多設施，是大邱人的約會場所。1樓是Ashley平價自助吃到飽餐廳，2樓有幻覺藝術博物館、室內溜冰場等體驗館，3樓主要是美食街和咖啡店，4樓有餐廳和伴手禮商店，戶外有露天平台和遊樂設施，以及纜車搭乘處。

　來到83塔當然要到77樓展望台看夜景，可以在2、4樓購票後搭乘電梯上樓，展望台旁有咖啡店和伴手禮商店，整體視野絕佳，除了下方點燈的E-World樂園，也可以看到遠方的前山。

> 夜晚的E-World相當炫麗。

83塔前廣場

83塔的纜車站位在4樓外的廣場，這裡也有一項刺激的遊樂設施Sky Drop，是世界上位置最高的自由落體。旁邊有餐廳，還有一輛紅色雙層巴士，以及巴士站「SKY STATION」佈景和英倫風的電話亭，也有供拍照的纜車車廂和一些打卡點，非常好拍。

慶大醫院站
경대병원역
Nat'l Univ Hosp.

慶大醫院站鄰近半月堂站，涵蓋大邱市中心最熱鬧、最多年輕人喜愛的東城路商圈，同樣聚集不少美食店、文青或網美咖啡廳……此外這裡還有紀念大邱已故音樂才子的金光石街，美麗的壁畫增添濃濃的藝文風情。

交通路線＆出站資訊

地鐵
慶大醫院站경대병원역➡大邱地鐵2號線대구 지하철 2호선
出站便利通
出口3➡The Butcher's・金光石街
出口4➡PRAMA CAFÉ・THANKS貝果

> 生牛肉、乾式或濕式熟成牛排都很美味！

小編按讚 짱 짱

🍴 The Butcher's

더 부처스

> 讓老饕也讚不絕口的牛肉～

📖別冊P.31B3 🚇地鐵2號線慶大醫院站3號出口，出站後步行約3分鐘。 🏠大邱 중구 달구벌대로440길 9-18 ☎053-257-0345 🕐週二~五17:00~1:00、週六16:00~1:00、週日16:00~24:00 💲生牛肉（中）₩26,000、濕式熟成沙朗牛排（300g）₩27,000、乾式熟成沙朗牛排（300g）₩37,000

The Butcher's是家可以吃到大邱知名生牛肉的肉品料理專賣店。大邱的**生牛肉不經過醃製，吃的是牛肉原本的鮮味，厚切成一塊塊，連同油花一併吃下**，就連老饕也回味無窮。除了大邱生牛肉，這裡最受到年輕人喜歡的就是鐵板牛排，調理方式分為乾式熟成（건조숙성）和濕式熟成（습식숙성）兩種。配菜除常見的高麗菜、蒜頭、大蔥之外，還有烤香蕉！

💡 乾式與濕式熟成牛排的差別？

乾式熟成需花費約15~28天，水分蒸發肉體表面會生成一層外殼硬皮，濃縮牛肉天然的風味，過程形成的真菌也會輔助軟化牛肉，增進肉質口感。而濕式熟成牛排，使用真空密封包裝方式熟成，並保持牛肉的水份，比乾式熟成方式耗費較少的時間。兩者的口感一樣多汁但價差頗大，如果想吃到牛肉更好的風味和脆度，就選擇乾式熟成囉。

◎ 金光石街

김광석길

🔲 別冊P.31B4 🚇地鐵2號線慶大醫院站3號出口，出站後步行約丫分鐘。 🏠대구광역시 中區 달구벌대로2238 ☎053-218-1053 🕐24小時

> 美照拍好拍滿的主題壁畫街。

2010年11月起，在已故音樂才子金光石居住過的大鳳洞防川市場附近巷弄，由11組作家及中區廳共同打造出結合生活與音樂的「金光石街」。**這條總長350公尺的街道彩繪著十幾幅與金光石相關的壁畫**，可以遇見在路邊攤吃麵、看著大海、甚至還有星光咖啡館的他，當中另有部分取材自他的知名歌曲歌詞，展現出多樣的藝文風貌，同時也讓想念他的大眾可以一起緬懷這位音樂才子。

誰是金光石？

1964年1月22日出生於韓國大邱的金光石，只需要一把吉他跟一支口琴，就能透過音樂，讓聽眾感受到別離的哀愁、愛情的傷痛，歌曲就是他一生的寫照。

喜愛韓劇「請回答」系列的朋友應該對他的歌曲不陌生，其中「寫信給陰暗的天空」(흐린 가을 하늘에 편지를 써) 就是金光石的代表作。

但在金光石在最紅的時期，卻於1996年1月6日被發現在家中自殺身亡，當時金光石的太太對外公布他的死因為抑鬱症纏身，韓國警方也已自殺結案。然而隨著金光石的紀錄片籌備與問世，他的死因浮現大量疑點，慢慢出現金光石的死可能是他殺的聲音，其中他的太太被認為是最可疑的嫌疑人，不過由於金光石的死已過法律追訴期，最後依然是不了了之……金光石在韓國人心中永遠有著特殊的地位，同時他也被稱為「唱歌的哲學家」。

> 這條街上可以看見各種不同風格、與金光石相關的壁畫。

巧克力蝴蝶酥餅與黃豆粉瑪德蓮。

PRAMA CAFÉ

프라마카페

🅐別冊P.31B1 🚇地鐵2號線慶大醫院站4號出口,出站後步行約14分鐘。 🅗大구광역시 중구 국채보상로 696-7 🕐週二10:00~21:00、週三~五11:00~21:00、週六~一11:30~21:00 🅢法式吐司₩10,000、巧克力熊杯緣子₩3,000起,咖啡₩4,200起

　隱身在小巷內的PRAMA CAFÉ,店內販售的各色餅乾糕點,從麵團開始是每天手工烘培現做。店內從牆面到燈光、座位擺設等,都讓人有種走進百貨專櫃的錯覺,更不用說**品項豐富的巧克力商品任君挑選,其中以可愛熊造型的熔岩巧克力杯緣子最有名**,可愛的熊造型掛在杯子的杯緣,慢慢隨著飲品的溫度融化沈入其中……另外,兩隻拿著咖啡杯在乾杯的草泥馬,是這家咖啡廳的招牌,喜歡的人也可以在店內選購印有草泥馬logo的馬克杯,不論是送禮自用都很適合。

THANKS貝果

땡스베이글

🅐別冊P.31C1 🚇地鐵2號線慶大醫院站4號出口,出站後步行約15分鐘。 🅗대구 중구 국채보상로 716 1층 🕐週一~五10:00~19:00、週六10:00~18:00 🅢原味貝果₩2,400、咖啡₩3,500起 🅘instagram.com/thanks_bagel

　THANKS貝果標榜完全使用自製的奶油起司、天然發酵種以及有機原料,經過12小時低溫熟成製成貝果。**店內貝果都是無奶油、無雞蛋、無牛奶、無添加劑的健康貝果,不但內餡扎實,口感豐富有嚼勁,並堅持當日生產當日販售**。除貝果口味選擇眾多外,也有販售咖啡飲品,所有餐點都是現點現做,熱愛貝果的人絕不能錯過!

扎實的貝果和咖啡飲品都是現點現做!

大邱地鐵3號線

대구 지하철 3호선

和 1、2號線不同，大邱地鐵3號線屬於高架鐵道，採用單軌鐵路設計，沿途利用明德站、青蘿坡站與1、2號線交會。搭乘這條線，可以拜訪大邱最知名的西門市場，品嚐在地美食。或是前往三韓時代舊城址——達城公園，拜訪老屋改造的大邱藝術發展所，感受文青氣息。或是前往壽城池，沈浸在湖水與綠意間悠閒的喝杯咖啡。

達城公園

達城公園站

달성공원역

Dalseong Park

至今依舊保留著昔日慶尚監營正門的達城公園,是大邱歷史最悠久的公園,除了文化史蹟還有動物園!而它附近的大邱藝術發展所和壽昌青春住宅,都是老屋翻新後重新開放的景點,深受年輕人喜愛。

交通路線 & 出站資訊

地鐵
達城公園站달성공원역◆大邱地鐵3號線대구 지하철 3호선
出站便利通
出口1◆大邱藝術發展所
出口3◆達城公園
出口4◆壽昌青春住宅

觀風樓是昔日慶尚監營的遺址之一。

👁 達城公園

달성공원

🔘別冊P.29A2　📍地鐵3號線達城公園站3號出口,出站後步行約11分鐘。
대구중구 달성공원로 35　📞053-803-7361　🕐5:00～21:00　💲免費

　　達城公園是從三韓時代遺留下來的舊城址,日軍在清日戰爭時也曾於此紮營,一直到公宗時期才被改為公園使用,現在除了是大邱各大公園中歷史最悠久的一座外,也是與市民最親近的都市中心公園。

　　總面積達128,700平方公尺,達城公園內除了有草地廣場、綜合文化館等,還附設動物園、網球場等設施,都能免費參觀,此外根據季節不同,也能欣賞銀杏、櫻花、楓葉等美景。另外**公園內的觀風樓是慶尚監營的正門**,自大邱監營設立時便在宣化堂南邊興建布政門,也是大邱地方文化財產第3號寶物。

大邱藝術發展所

대구예술발전소

（小編按讚 讚讚）

由菸草倉庫重生的藝術空間！

🏛別冊P.29C2　🚇地鐵3號線達城公園站1號出口，出站後步行約4分鐘。　📍大邱 中區達城路22길 31-12　📞053-430-1225　🕐（夏季）4~10月週二~日10:00 ~ 19:00、（冬季）11~3月週二~日10:00~18:00，元旦、農曆新年、中秋節公休。　💲免費

🌐www.daeguartfactory.kr

　　昔日的菸草製造倉庫，因為都市再生搖身一變成了文化藝術創造設施。**大邱藝術發展所是當地區域近代工業遺產，活化為藝術空間的示範指標。開館於2013年，主要供特展使用，也為藝術家提供工作室。**

　　五層樓高的紅磚建築中，1樓有咖啡廳，可以透過落地玻璃悠閒欣賞風景。2樓的圖書館「萬卷堂」，收藏大量與藝術相關的書籍。3樓有小朋友的遊戲空間，4樓除了展覽外，最受歡迎的莫過於散發著藍色光芒的大月亮，所有人來到這裡，都會跟它來張合照。

藍色月亮是大邱藝術發展所的熱門打卡點~

原本單調的宿舍因藝術改頭換面。

👁 壽昌青春住宅

수창청춘맨숀

🏛別冊P.29C2　🚇地鐵3號線達城公園站4號出口，出站後步行約2分鐘。　📍大邱 中區 달성로22길 27　📞053-430-1225　🕐目前內部整修中，暫時關閉。　💲免費　🌐www.suchang.or.kr

　　位於大邱藝術發展所旁邊的**壽昌青春住宅，原本是菸草公司的職員宿舍，捐給大邱政府後被改建成藝術文化園區。**樓高三層的它共分A、B、C三棟，裡頭原本有咖啡廳和展覽室，不過目前整修中，就拭目以待重新開放後的新面貌。

西門市場站
서문시장역
Seomun Market

西門市場站距離的大邱西門夜市只有幾步的距離，是喜歡逛市場、品嚐在地小吃以及熱愛夜市文化的人，到大邱必逛的景點之一。除了西門夜市，在附近有一間非常有人氣的韓屋咖啡，可以一併排入行程中。

交通路線 & 出站資訊

地鐵
西門市場站서문시장역◇大邱地鐵3號線대구 지하철 3호선
出站便利通
出口1◇Romance Papa
出口15◇西門市場（Gomae炸豬排咖啡廳）‧西門夜市

西門市場主要以衣物等紡織品為主。

◎ 西門市場
서문시장

● 別冊P.29A1 ● 地鐵3號線西門市場站3號出口，出站後步行約4分鐘。 ● 대구 중구 큰장로26길 45 ● 053-256-6341 ● 9:00~18:00，每月第1、3個週日公休。

坐落大邱城郭西邊，因此被命名為西門市場。這座大邱最大的傳統市場**設立於1920年，最初歷史可回溯到朝鮮時代，與當時的平壤和江景並列三大集貿市集**。大邱是時裝業重鎮，市場內多達4,000家店舖，主要以紡織品為主，從各類布料到男女老少服飾等商品五花八門，當中也不乏販售鍋碗瓢盆、生活雜貨和海鮮乾貨的店家。除此之外，這裡的小吃也很有名，來到這裡一定要嚐嚐。

🍴 Gomae炸豬排咖啡廳

돈까스카페고매

🏠대구 중구 큰장로26길 25 서문시장2지구 지하 1 층 서135, 136호 ☎053-253-6919 ⌚同西門 市場營業時間 💲薄餃子₩3,500、明太魚乾刀削麵₩7,500

> 從刀削麵到炸豬排都美味！

　位於第二商區地下一樓的Gomae炸豬排咖啡廳，就位於手扶梯旁，非常好找。儘管店內座位不算少，卻總是坐滿了人，店員會引領你到一旁排隊，並且在入座前提前點餐，因此上菜速度非常快，通常不需要等太久。

　店內食物選擇非常多樣，其中**明太魚乾刀削麵（황태칼국수）湯頭清淡鮮甜，能吃到單純的好滋味。薄薄外包著粉絲的扁餃子（납작만두）不油不膩**，搭配沾醬和青蔥更對味。另外店內的炸豬排（돈가스）也很受歡迎，想大快朵頤的人可以試試。

> 三角形的薄餃子是大邱的特色食物。

小吃街

西門市場第一商區和第二商區交會轉角處、第二商區斜前方的通道，聚集著好幾家專門販售魚糕、辣炒年糕、血腸、炸物和紫菜飯捲等小吃的店家，讓人光看就食指大動，想解饞或簡單打打牙祭的人，千萬別錯過。

> 販售辣炒年糕和血腸等小吃店家齊聚。

💡 地下美食街

　採類似獨棟商場方式經營的西門市場第二商區，地下1樓有條美食街，儘管座位並不特別寬敞，卻是處可以坐下來好好吃東西的地方。特別是市場常見的小吃刀削麵或是大邱特有的扁餃子（납작만두），都非常推薦。

🍴 西門夜市
서문야시장

📖別冊P.29A2 🚇地鐵3號線西門市場站3號出口，出站後步行約4分鐘。 🏠大邱 中區 큰장로26길 45 ☎053-256-6341 ⏰週五~六19:00~22:30，週日19:00~23:30。

2015年打著「韓國國內最大規模夜市」開業的西門夜市場，除風靡國內、連國外慕名而來的觀光客也不少，成為大邱的人氣觀光景點之一。夜市規劃動線良好且乾淨，集結不只大邱、還有韓國的必吃小吃，受歡迎的程度讓許多店家必須大排長龍，而有「等待地獄」之稱。不過受到疫情影響，現在的人潮明顯r較少，此外過去每天營業的它，目前只有週五和週末開放，不知道之後是否會慢慢恢復正常。

> 不同風格的座位區可依喜好選擇~

☕ Romance Papa
로맨스빠빠

> 小編按讚 讚讚

彷彿時光倒流的韓屋咖啡館。

📖別冊P.29B1 🚇地鐵3號線西門市場站1號出口，出站後步行約5分鐘。 🏠大邱 中區 국채보상로 492-6 ⏰12:00~22:00 💵咖啡₩4,500起、蛋糕₩6,000起 📷www.instagram.com/romancepapa_

位在西門市場附近的Romance Papa，是間結合新潮現代元素的木造韓屋咖啡廳，**走入店內彷彿穿越60年代的時光隧道，店內散發濃濃復古風情**，也販售一些充滿童趣的杯子。包含2樓的露天座位區，店內空間總共分成12種不同風格的座位區，另有提供隱蔽性的包廂式座位，直接打造成60年代某人的房間，非常有特色。

壽城池站

수성못역

Suseongmot

壽城池站是原本是農業灌溉用池，後來轉型為現今觀光休閒面貌的壽城池遊園區，池邊林立許多餐廳及咖啡廳，也可以體驗天鵝人力船等休閒活動，白天時朋友、家人在此散步出遊，或是情侶晚上賞夜景都很合適。

交通路線&出站資訊

地鐵
壽城池站수성못역▷大邱地鐵3號線대구 지하철 3호선
出站便利通
出口1▷壽城池遊客服務中心MOTII·壽城池遊園區·pocket·slowly in muhak

ℹ 壽城池遊客服務中心 MOTII

수성못 관광안내소 MOTII

📖別冊P.30B2 📍地鐵3號線壽城池站1號出口，出站後步行約10分鐘。 🏠수성구 수성못길 37 ☎053-761-0645 🕐（夏季）4~10月平日10:00~19:00、週末和假日9:00~21:00，（冬季）週11~3月平日9:00~18:00、週末和假日9:00~21:00。

從地鐵站步行前往壽城池，最先看到的就是這個位於池畔的遊客服務中心，簡約且現代的設計非常醒目。**裡頭除了提供相關旅遊資訊之外，還附設紀念品商店，可以看見當地的吉祥物，長得有點像青蛙、名為DDUBI的鬼怪。**DDUBI模樣非常可愛，無論是做成馬克杯、T恤、提袋等都非常討喜，讓人一不小心就手滑。

DDUBI是壽城區的吉祥物。

大邱地鐵1號線▶大邱地鐵2號線▶

大邱地鐵3號線······ 壽城池站

壽城池遊園區

수성못 유원지

📖別冊P.30A2B2 🚇地鐵3號線壽城池站1號出口，出站後步行約10分鐘。 🏠大邱廣域市 수성구 용학로 35-5 ☎053-761-0645 ⏰24小時 🌐www.suseong.kr

興建於1925年的壽城池，是一座日據時代為農業灌溉使用而生的蓄水池，面積將近22萬平方公尺，後來轉型為親水休憩空間。延伸於龍池峰山腳下的壽城池遊園區，以這座人造池為中心，四周遍植樹木，**區內設置多條步道，還有可以體驗天鵝人力船的遊覽船碼頭，景色寧靜而優美，被列為大邱觀光12大景點之一**，許多韓國綜藝節目都曾到此取材。

除了散步賞景，這裡還有座音樂噴泉，5~10月每天進行4次噴泉表演。園區內另有適合小朋友遊玩的壽城樂園（수성랜드），旋轉木馬、碰碰車、海盜船、碰碰車……正好可以好好放電一下。

> 景色優美而寧靜的都會綠洲。

[壽城觀光巴士]

為了方便遊客往來於壽城區的知名景點壽城池，以及德安路美食城一帶，當地推出了可開頂的紅色觀光巴士。以地鐵壽城池站為起點、黃金站為終點，沿途共設10站。每天7班車，出發時間分別為：11:00、12:00、13:00、14:00、17:00、18:00、19:00，車資₩500，可使用交通卡。

pocket

포켓

🅰別冊P.30B2 🚇地鐵3號線壽城池站1號出口，出站後步行約10分鐘。 🏠大邱 수성구 수성못길 20 ☎070-7766-9929 ⏰8:00~24:00 💰咖啡₩4,800起、冰淇淋₩5,500起、茶₩5,500起 🌐www.instagram.com/cafe_pocket

> 壽城池景觀第一排咖啡廳！

壽城池旁聚集著不少咖啡廳，pocket也是其中之一。坐擁池邊最美的風光，兩層樓高的建築半開放廚房和用餐區外，2樓還附設露天座位區，透過大片玻璃窗的設計，能將景色盡收眼底。店內所有麵包都是自己烘培，使用天然發酵種讓麵包口感更好。**特別推薦黃昏時在這裡喝杯咖啡，邊欣賞壽城池畔邊散步的人們，感受一段悠閒的時光。**

> 2樓的大片玻璃提供壽城池更全面的美景。

> 挑高的空間給人非常舒適的感覺。

slowly in muhak

슬로울리 인 무학

🅰別冊P.30C1 🚇地鐵3號線壽城池站1號出口，出站後步行約11分鐘。 🏠大邱 수성구 무학로 187 녹원아파트 상가 5동 ⏰11:00~23:00 💰咖啡₩4,000起、伯爵茶₩5,000

充滿異國風情的**slowly in muhak**，由幼稚園改建成咖啡廳，店內採用挑高空間和拱形窗，充滿特色的設計成為外拍首選之一。店內供應飲品及甜點，雖然未坐落於壽城池畔，但因臨近住宅區少有觀光客，安靜悠閒反而成為它的獨有特色。

釜邱延伸行程

既然來到釜山和大邱，就不要錯過順遊慶尚南北道，以及前往全羅南道的機會！這兩座廣域市都位居交通樞紐，其中特別是釜山，無論是鐵路或巴士等陸上交通都非常方便，遊客不僅能在當地遊玩，還能將行程延伸到更遠的地方，一次多搜集幾座城市。

千年古都慶州的大陵苑、瞻星台、東宮與月池，讓人一窺新羅時代的繁華，皇理團路更是必訪景點。讓人彷彿走進時光隧道的安東，河回村的一草一木、一磚一瓦皆是歷史，當地的假面更是極其珍貴的無形文化財。全州有著韓國最大的韓屋村之一，這裡更是拌飯的故鄉。至於統營以閑麗海上國立公園的絕美風光、東皮郎村可愛的壁畫，吸引眾人目光……

慶州
경주
Gyeongju

慶州在西元前1世紀到西元935年的千年之間，以作為新羅王國的首都而繁盛一時。儘管後來新羅滅亡，但四處留存的史蹟，讓它贏得「無圍牆的博物館」的美名。

在慶州旅遊時，旅客印象最深刻的應該是佛教藝術之美。這是因為新羅文化在前期受到中國南北朝的影響，後期則吸收唐朝佛教與儒學的精髓，因而能發展出自己獨特的文化。

佛教在高句麗小獸林王時（西元372年）從中國傳過來，並隨著新羅法興王時代的異次頓殉教（西元527）而成為國教，當時的新羅人以兩種不同觀念接受佛教：貴族階層拜佛是為了保衛自己的統治地位和榮華富貴，死後也要到天堂享福；而平民百姓為了擺脫艱難的生活，死後才能到天國。無論何者，當時的佛教對加強國民團結，為後來的統一發揮了很大的作用。

黃金路線——10號公車

想要輕鬆走遍慶州，即使沒有開車也沒問題！每天6:00~21:40營運的10號公車，以慶州高速巴士客運站為起點，每20分鐘一班車，往來於瞻星臺、東宮與月池、芬皇寺、慶州東宮院、普門旅遊區、慶州世界文化博覽會以及佛國寺之間，全程大約40~50分鐘，幾乎把所有重要景點都繞了一圈，可以多加利用。

如何前往慶州

釜山出發

◎從釜山綜合巴士客運站（부산종합버스터미널）可搭乘高速巴士到慶州高速巴士客運站（경주고속버스터미널），每日7:00~20:30每90分鐘一班車，車程約50分鐘，視車種不同，成人票價₩5,700~₩8,800。

◎從釜山站可以搭乘KTX前往新慶州站（신경주역），車程約30分鐘，班次非常密集，幾乎每小時都有車，視座席不同成人票價₩10,500~₩15,800。另外可以從釜田站搭乘無窮花號前往新慶州站，車程約90分鐘，每天約有7班車，視座席不同成人票價₩5,800~₩6,800。

大邱出發

◎從東大邱高速巴士站（동대구터미널）可搭乘高速巴士到慶州高速巴士客運站，每日7:00~22:00約每20~30分鐘一班車，車程約50分鐘，成人票價約₩8,000。

◎從東大邱站可以搭乘KTX前往新慶州站，車程約25分鐘，班次非常密集，幾乎每小時都有車，視座席不同成人票價₩7,100~₩13,200。另外也可搭乘無窮花號前往新慶州站，車程約50分鐘，每天約有3班車，視座席不同成人票價₩4,300~₩5,00。

慶州市區交通

從火車站前往各景點

新慶州火車站距離市區有點距離，必須搭乘50、60、61、70號公車前往，到巴士轉運站約30分鐘、市區約40分鐘，另外60號公車可直達瞻星臺。或是直接搭乘計程車，車資約₩13,000~₩25,000。從火車站前往佛國寺，可搭乘700號公車，車程約1小時，計程車車資約₩35,000。每天有4班203號公車前往良洞村，車程約1小時，詳細資訊與班次可以詢問站內的旅遊諮詢中心。

從高速巴士客運站前往各景點

高速巴士客運站相較下鄰近觀光景點，可以從這裡搭乘公車前往佛國寺等景點。從巴士站搭乘60、604號公車前往瞻星臺，約需20分鐘，10、11、41號公車前往佛國寺，約需30~40分鐘。搭乘203號公車前往良洞村，約需30分鐘，計程車大約25~30分鐘，車資約₩25,000。

當地交通工具

慶州市內的觀光景點幾乎以徒步的方式就可到達，不過更多的旅客喜歡騎乘腳踏車，將慶州市區的景點繞過一圈。許多地方都提供腳踏車租借服務，費用一天約₩10,000。公車可投現或使用交通卡，每趟₩1,300，使用交通卡可享₩500減免優惠。

旅遊諮詢

慶州在火車站、長途巴士站都有旅遊諮詢中心，提供英、日語等諮詢服務，也有免費市內地圖以及各景點的資料。更多資訊可上網查詢：www.gyeongju.go.kr/tour/chn/index.do

👁 大陵苑
대능원

🔸別冊P.32B1 🔹從慶州高速巴士客運站可搭乘70號巴士，在「대릉원앞」站下車，車程約10分鐘。 🏠경북 경주시 계림로 9 ☎054-743-1925 🕐9:00～22:00 💲成人₩3,000、青少年₩2,000、兒童₩1,000

新羅時代獨一無二的古墳建築。

擁有千年歷史的慶州，最引人注目的是隨處可見的古墳群。漫步其間，經常看到在綠地中突起的墓塚，這些古墓和王陵有許多都尚未挖掘，同時慶州政府為了保護這些景觀，嚴格限制週遭房屋的高度不准超過這些古墳群，這也讓慶州的景致處處飄散著謎樣的古典美。

根據統計**在慶州市內的古墳數總計高達676個，這之中又以位於大陵苑的古墳最為密集，在15萬坪的土地上計有23個古墳**，因此又稱為古墳公園。西元1973年慶州政府開始調查，並在西元1976年規劃成為公園開放給民眾參觀。整個公園規劃的非常完善，設有散步道，周圍群樹圍繞，秋天為賞紅葉的好去處。

不過這些古墳中，除了一座為新羅第13代味鄒王（西元262～284年）的古墳外，其他被葬者的名稱皆不可考。外觀氣勢雄偉的這些古墳，除了天馬塚可入內參觀外，其他只能在外欣賞，包括公園內規模最大的皇南大塚。皇南大塚高25公尺、底邊直徑達83公尺，是由兩個墳墓所構成。

位在公園最內側的**天馬塚**，在西元1973年被發掘，因為出土的遺物中，有件以白樺樹皮製的馬鞍上繪有天馬的圖案，而取名為天馬塚。**內部以立體解剖圖的形式重現新羅古墳——積石木墩墳的構造。**據說當時為了防止盜墓者，所以最內層為木棺、一旁為陪葬物，外面則用木墩砌成，然後再以石頭堆成厚牆，最外層則蓋上土壤。此墳出土的遺物就計有1萬5千多件，包括新羅王的金冠等珍貴考古品。目前館內展示為複製品，真品則收藏於國立慶州博物館。

天馬塚內重現昔日古墳的結構。

綠意盎然的大陵苑是散步、賞景的好去處。

⊙ 雞林

계림

📖別冊P.32B2　🚶從大陵苑步行前往約8分鐘，或是從瞻星臺步行前往約3分鐘。　📍경상북도 경주시 교동　📞054-779-8743　🕐24小時　🔗www.gyeongju.go.kr/tour

　　位在瞻星臺與半月城之間的**雞林，相傳為新羅王族——金氏始祖金閼智的誕生地，充滿著神奇的色彩**。據說新羅第四代脱解王有天晚上，聽到樹林中傳來雞的鳴叫聲，前往察看後竟在大樹下發現一個金櫃，裡面有個男孩，脱解王於是把這男孩取名為金閼智，相傳這也是金氏祖譜的起源……如今這座蒼鬱的森林，看不到任何雞群，只有成排綠蔭扶疏的柳樹和櫸木，森林的內部還有第17代奈勿王的古墳。

相傳金氏祖譜起源於此……

⊙ 瞻星臺

小編按讚 짱짱

先人觀測天文現象的智慧結晶。

첨성대

📖別冊P.32B2　🚶從大陵苑步行前往約5分鐘　📍경상북도 경주시 첨성로 140-25　📞054-772-3843　🕐9:00～22:00（冬天開放至21:00）　💲成人₩500　🔗www.gyeongju.go.kr/tour

　　位在古墳公園一旁的瞻星臺，經常出現在慶州宣傳海報上，它是東亞最早用來觀察天文星象的天文臺。古代以農為治國之本，對觀測研究天體和自然運行向來非常重視。**出現在西元7世紀前半的瞻星臺，為新羅第27代王善德女王所建。以365塊花崗岩所堆砌而成**，基壇由12塊大石構成，從基壇到窗戶有12層，窗戶到最上端也是12層，是用來表示一年有12個月，上面四角形則象徵一年四季。它利用太陽光照射塔身形成不同影子的原理，計算出四個季節。

⊙ 半月城

반월성

📖別冊P.32C2　🚶從慶州高速巴士客運站可搭乘10、11、600～609號巴士，在「국립경주박물관」站下車，往市區方向走約5公尺，左手邊的丘陵即為半月城。　📍경상북도 경주시 인왕동　🕐24小時　🔗www.gyeongju.go.kr/tour

　　因為形狀類似半月而得名，這裡是新羅王宮的遺跡地。據傳建於西元2世紀的第五代婆娑王，王宮以南側的南川為自然屏障，面積廣達6萬餘坪，曾經聳立著許多宏偉的建築，今只剩下石冰庫和一些石壁遺跡。**石冰庫是以花崗岩蓋成的夏日天然冰箱，最初興建於505年，今日的建築是1741年李氏王朝重建的結果**。

皇理團路

황리단길

咖啡廳布置就如店名小森林。

📖別冊P.32B ◎從大陵苑步行前往約1分鐘 🏠경북 경주시 태종로 746 ◎視各店家而異 🌐황리단길.kr

慶州當前最熱門的必遊景點！

城市中散落著古蹟與遺址，一般人想到慶州，腦海中總先浮現它千年古都的一面。不過這座城市可不是只有古老的歷史，這幾年登場的皇理團路，不但是當地年輕人喜歡前往的新興商圈，更是遊客來到慶州的必訪景點，而且就在大陵苑旁，前往非常方便！

穿梭在韓屋林立的巷弄間，感覺就像走進放大版的首爾益善洞。**雖然只有大約300公尺長，不斷擴大的皇理團路，連同兩旁延伸的街道，星羅棋布著餐廳、咖啡廳、服飾店、特色商店、小吃店⋯⋯讓人眼花撩亂**，就算逛上一下午也沒問題。重點是，這裡的特色咖啡廳超多，每間都很好拍，總之多留點時間就對了。

特色咖啡廳和餐廳是它最吸引人的地方。

☕ Little Forest

리틀포레스트

在充滿綠意的空間吃紅豆刨冰～

📖別冊P.32A1 ◎從大陵苑步行前往約2分鐘 🏠경북 경주시 포석로 1069 ☎054-746-6088 ◎12:00～21:30 💲咖啡₩4,000起、氣泡飲₩6,500起、紅豆刨冰₩13,900

這間位於皇理團路主街上的咖啡廳，前方有座美麗的庭院，非常吸晴。**鋪設木頭地板、爬著藤蔓的戶外座位，給人綠意盎然的感覺，彷彿真的置身於一座小森林。**室內空間同樣隨處可見綠色植物，裝潢走可愛溫馨路線，至於店內的招牌是葡萄柚氣泡飲，以及撒上杏仁片的紅豆刨冰，非常推薦。

☕ Yangji Tea Room

양지다방

📖別冊P.32A1 ◎從大陵苑步行前往約2分鐘 🏠경북 경주시 사정로57번길 7-2 ☎054-772-3009 ◎11:00～20:00 💲咖啡₩4,500起、茶₩5,500起、草莓舒芙蕾₩15,000 🌐www.instagram.com/yjdabang

掛在牆上的招牌彷彿歷經長時間風吹雨打，呈現出生鏽褪色般模樣，前院裡停著一輛老舊的偉士牌機車，**這間茶坊洋溢著濃濃的復古風情，從桌椅、杯子到托盤，都給人時光倒流的感覺，就連菜單也是做成黑膠唱片的形狀。**至於店內的招牌美食，是草莓舒芙蕾（딸기 수플레），雖然價格有點貴，但口感鬆軟可口，千萬別錯過！

☕ Café Ohi

카페 오하이

🅐別冊P.32A1 🚶從大陵苑步行前往約2分鐘 🏠경북 경주시 포석로 1070 🕙11:00~22:00 💲咖啡₩5,000起、香草咖啡₩5,500、法式茶₩5,500起 📷instagram.com/cafeohi_gyeongju

　　坐落皇理團路的轉角，這間韓屋造型的咖啡廳相當顯眼，兩層樓高的它屋頂還有露天座位，可以從高處欣賞人來人往。說到**這間咖啡廳的必吃甜點是可頌鬆餅（Croffle），是鬆餅加上可頌的組合，可頌和我們一般吃到的口感不太一樣**，可以試試。至於飲料特別推薦香草拿鐵（Vanilla bean Latte）或是柑橘汁（Citrus Juice）。

[慶州十元麵包]
경주 십원빵

在慶州常常點可以看見10元麵包，光是在皇理團路上就有3~4家，而它受歡迎的程度，從總是大排長龍的隊伍就不難得知。10元麵包不是一個10元（每個₩3,500），而是因為以韓國的10元硬幣為造型，一面是慶州知名景點佛國寺、另一面寫著大大數字的10。有點類似我們路邊賣的紅豆餅，不過內餡包的是大量起司，因此咬下去會拉出長長的絲，成為它最大的特色。

等候時店內有不少景可以拍照！

🍴 溫泉家

온천집

🅐別冊P.32A1 🚶從大陵苑步行前往約2分鐘 🏠경북 경주시 사정로57번길 13 1층 📞0507-1352-8215 🕙11:00~21:30，週一~五15:00~17:00休息 💲松露天婦羅蓋飯₩20,000、溫泉屋涮涮鍋1人份₩19,500起 📷www.instagram.com/oncheonjip_gyeongju

　　在皇理團路可以品嚐到多種異國料理，溫泉家就是其中之一，提供日式涮涮鍋，經常需要排隊。隱藏在主街附近的延伸街道裡，**以一道木門隔絕外面的喧囂，走進門後，眼前鋪著細沙和石塊的步道，兩旁種著竹子，伴隨著煙氣氤氳的池塘**，讓人感覺秒穿越日本。

👁 東宮與月池

동궁과월지

小編按讚 讚讚 👍

> 慶州欣賞夜景的首選地方～

📖別冊P.32C2　🚌從慶州高速巴士客運站可搭乘10、600~609號巴士，在「동궁과월지」站下車。　🏠경상북도 경주시 원화로 102　📞054-750-8655　🕐9:00～22:00（售票與入場至21:00）　💲成人₩3,000、青少年₩2,000、兒童₩1,000　🌐www.gyeongju.go.kr/tour

月池為西元674年新羅文武王模仿新羅的地形圖，以當時主要接待外國使節的臨海殿為中心，所建造的離宮，整個池塘東西寬200公尺、南北長180公尺，占地達4,738坪，不難看出當時的太平盛世。

新羅滅亡後，此區跟著荒廢，雜草叢生，雁與鴨在此棲息，高麗時代一位詩人到此遊玩，看到此景象後題詩作賦，並將這裡取名為雁鴨池。

西元1981年慶州政府花費4年的時間，整修好1,200公尺的長堤，引進普門湖水，並建築礎石和三座亭子。過程中掘出近33,000件遺物，目前展示於國立慶州博物館。旅客可沿著池塘邊散步，遙想當年歌舞昇平的熱鬧景象，而這裡也是慶州欣賞夜景最美的地方！

> 豐富的館藏說明新羅時期曾有的輝煌。

> 曾經的宮殿都已消失，月池卻不失美麗。

🏛 國立慶州博物館

국립경주박물관

📖別冊P.32C2　🚌從慶州高速巴士客運站可搭乘10、11、600~609號巴士，在「국립경주박물관」站下車。　🏠경상북도 경주시 일정로 186　📞054-740-7500　🕐10:00～18:00，週六及國定假日延長開放到19:00，每月最後一個週三文化日開放時間延長至21:00。元旦、春節、中秋節公休　💲免費　🌐gyeongju.museum.go.kr

展出慶州地區遺跡、古墳文物的大型博物館，占地2萬坪，館藏約5萬件、陳列超過6,000多件文物，內容以新羅王朝的藝術品和佛教美術品為中心。**當中最不可錯過的是天馬塚出土的新羅王王冠、耳飾等金飾品，可知當時新羅全盛時期的繁華景象**，至於從月池出土的3萬多件遺物，多半為宮廷宴客用的器物。其他還有從新羅最大寺院皇龍寺發掘出的遺物，以及重達19噸的聖德大王鐘，都是韓國重要的國寶和文物。

月精橋因為意外發現遺跡才得以重建。

👁 月精橋

월정교

📖 別冊P.32B2　🚶 從大陵苑步行前往約20分鐘，或是從瞻星臺步行前往約15分鐘。

📍 경상북도 경주시 교동 274
☎ 054-772-3843
🕐 9:00~22:00　💰 免費

延伸於**慶州鄉校**旁的**河流上，這座有著屋頂的橋梁，是韓國最大的木造橋。**根據史書記載，月精橋最初興建於新羅景德王19年（西元760年），不過在朝鮮時代毀損，因而消失於眾人眼前。日後意外發現橋墩遺跡，於是在長達將近兩年考古調查和資料搜集後再度重建，2008年時落成了我們今日看到的面貌。

月精橋長66.15公尺、寬13公尺、高6公尺，2016年時又在橋梁兩端增建門樓，遊客可以在門樓2樓的展示館中，看見相關出土文物，以及敘述橋梁歷史與修復過程的影片。

聰明井位於今日當作入口使用的側門旁。

👁 慶州鄉校

慶州鄉校

📖 別冊P.32B2　🚶 從大陵苑步行前往約20分鐘，或是從瞻星臺步行前往約12分鐘。　📍 경북 경주시 교촌안길 27-20　☎ 054-775-3624　🕐 9:00~18:00　💰 免費　🌐 www.hyanggyo.kr

鄉校是新羅和朝鮮時代的地方公立教育機構，目的在於推廣儒家思想，在韓國許多地方都存在著這樣的學校，其中**慶州鄉校是慶尚道最大的地方儒學學校**，不過有關它的創辦日期並不清楚。

只知道這個地點在新羅時期、當慶州為首都時，**曾經是最高學府——國學所在地**，由神文王創立於西元682年。16世紀末日本入侵時，鄉校遭到破壞，因此今日的建築是17世紀重建的結果，可以看見供奉儒者牌位的寺祠在前、學生學習的明倫堂在後，側門入口處還有一口聰明井。

小編按讚 讚讚

濃縮村落歷史的崔家古宅。

👁 慶州校村

경주교촌마을

🏛別冊P.32B2　🚶從大陵苑步行前往約20分鐘，或是從瞻星臺步行前往約15分鐘。　📍경북 경주시 교촌안길 31　📞054-760-7880　🕐視店家而異，崔家古宅9:30~17:30。　🌐www.gyochon.or.kr

　　位於慶州鄉校旁的慶州校村，最初是為了接待鄉校師生而存在，後來逐漸演變成一座小型村落。如今這裡除一般住家外，部分韓屋被改建成咖啡廳、餐廳、韓服出租店和特色商店，不過當中最引人注目的是崔家古宅。

　　崔家原本是居住在月城附近的望族，因為分家，其中一支來到校村，他們不但秉持良善的家風，同時尊重當地傳統，所以當初在蓋這棟房子時，規模和高度都不敢超越鄉校，此外每逢當地發生飢荒，他們就會打開糧倉賑災，因此深受當地人敬重。

　　崔家古宅大約興建於1779年，總共有門房、男人生活的廂房、女人和小孩居住的裡屋、祭祀祖先的祠堂以及倉庫。當中比較特別的是，這裡的祠堂位於西側，而非一般常見的東邊。另外它的廊柱高度和地基也比一般房子低，一般認為是為了對鄉校表達敬意。

大夢齋
대몽재

慶州法酒是韓國三大名酒之一，在慶州校村可以品嚐到這種以糯米釀成的清酒，被列為無形文化財的它，正是由崔家生產。不只如此，崔家還生產另一種更高檔、名為「大夢齋」的清酒，以慶州種植的糯米，加上校洞水質良好的水，以傳統方式在低溫下經過100天熟成，並且在混合酵母製成的基液中浸泡且釀造數次，才完成這種每個月限量300瓶的珍釀！

主室隱藏在長著草的圓拱下。

🔘石窟庵

석굴암

🔖 別冊P.32C2 🚌 從新慶州火車站搭乘700號公車前往佛國寺，車程約需1小時，或是從高速巴士客運站搭乘10、11、41號公車前往佛國寺，車程約需30~40分鐘。再從佛國寺旅遊諮詢中心前方公車站，搭乘12號公車（每小時一班）前往石窟庵，車程約10分鐘，公車停在石窟庵停車場，之後再步行約20分鐘。 🏠경상북도 경주시 불국로 873-243 📞054-746-9933 🕐2~3月中、10月 9:00~17:00，3月中~9月6:30~18:00，11~1月7:00~17:00 💲免費 🚻
seokguram.org

小編按讚 👍👍
從岩石中鑿出的佛像與主室。

位於佛國寺東邊吐含山上的石窟庵，與佛國寺遙遙相對。兩寺據文獻記載都由金大城所建，風格卻大異其趣。

出身窮苦的金大城靠著幫傭過生活，一日他夢到一位和尚告訴他若要擺脫現在的生活，必須將家中所有的財產布施出去。他在徵求母親的同意後真的這麼做了，不久卻生病去世，死去的同時有個宰相家中正好有婦人生產，小孩出生手中握著一個金牌，上面寫著金大城……金大城長大後為了紀念前世和這世的父母，分別在土庵山和吐含山的山頭上建立石窟庵和佛國寺。

整個石窟庵和佛像都是從花崗岩石壁挖鑿出來的，前室雕有八部眾像、通路的左右壁雕有四大天王像，

主室的周圍有十大弟子像，本尊的後方則有十一面觀音像。**主室安奉的本尊釋迦如來座像高3.26公尺，整體面表表情詳和而優美，姿態、衣著皆帶有律動感，堪稱新羅文化藝術的最高代表作**，它在西元1995年被列為世界文化遺產。

如此景色讓人誤以為走入電影場景！

🔘良洞村

양동마을

🔖 別冊P.32B1 🚌 從新慶州火車站或高速巴士客運站都可搭乘203號公車前往良洞村，從火車站出發約需1小時，從巴士站出發約需30分鐘，不過班次不多，可向旅遊諮詢中心詢問時間表。或是搭計程車前往，車程和公車差不多。 🏠경상북도 경주시 강동면 양동마을길 134 📞054-762-2630 🕐雖然沒有明文規定，但因為是一般居民生活的地方，在不打擾他人的情況下，最好在以下時間內參觀，4~10月9:00~19:00、11~3月9:00~18:00。 🚻
yangdong.invil.org http://www.cha.go.kr

小編按讚 👍👍
遺世獨立的靜謐村落。

位於市區北郊的良洞村，是15、16世紀朝鮮兩班貴族聚居的村落，能全面觀摩到朝鮮中、後期豐富多樣的傳統房舍結構。**目前村中保留完善的磚瓦房和茅草屋多達360餘座，是韓國最大的集姓村，還有150戶人家在此真實地生活著**，他們是月城孫氏和驪江李氏的後代。2010年與安東的河回村一起被列入世界文化遺產保護名單，就連當時還時英國王子的查爾斯三世也能在1993年時來訪。

小編按讚 讚讚

佛國寺

불국사

佛教藝術的巔峰之作!

🔵別冊P.32C2 🚌從新慶州火車站搭乘700號公車前往佛國寺,車程約需1小時,或是從高速巴士客運站搭乘10、11、41號公車前往佛國寺,車程約需30~40分鐘。 🏠慶尚北道 경주시 불국로 385 ☎054-746-9913 ⏰2月7:00~17:30、3~9月9:00~17:00、7月7:00~17:30、11~1月7:30~17:00 💲免費 🌐www.bulguksa.or.kr

佛國寺興建於新羅時代的西元751年,不過壬辰倭亂(1592~1598年)時,大部分的木造建築都毀於戰火中,其後經過數次的整修才恢復今日的面貌。由於**重建時都是以當年的石壇或礎石來建造,而多寶塔、釋迦塔等石造建築也維持創建時的姿態**,就文化與藝術價值來說,實為登峰造極之作,並且在西元1995年被指定為世界文化遺產。

天王門

供奉保護佛法與佛教世界四天王的門,四大天王分別是手抱琵琶守護東方的持國天王、持劍的南方增長天王、提龍的西方廣目天王,以及手拿塔身的北方多聞天王。

紫霞門和安養門

紫霞門為主殿大雄殿的中門,為極樂世界的入門,過門後方可以進入釋迦摩尼的世界。紫霞門之前有青雲橋和白雲橋,**上面的16級階梯稱為青雲橋,下方的17級階梯稱為白雲橋,意味著從俗世要通往淨土的通路。**

安養門為極樂殿的中門,也和紫霞門前面一樣有蓮華橋(上)和七寶橋(下),走過此橋穿過安養門,即可進入極樂淨土的世界。不過現在皆列為國寶級的文化遺產,不論是紫霞門或安養門前面的道路都不能踏入,旅客必須從寺院的右邊繞道而行。但是欣賞這些已有千年歷史的花崗岩樑石、基柱,讚嘆聲仍是不絕於耳。

分為兩段的階梯象徵通往淨土。

大雄殿

佛國寺的本殿,「大雄殿」之名在於讚楊釋迦摩尼的大德,內部中央供奉著現世佛——釋迦摩尼像,兩旁則是彌勒菩薩和羯羅菩薩像,彌勒菩薩代表未來佛,羯羅菩薩則是過去佛,過去、現在、未來的輪迴之理,也正是佛教的理論之一。**大雄殿完全不使用任何釘子興建而成,今日所見寺廟是西元1659年重建的結果。**

釋迦塔

大雄殿左邊的釋迦塔又名三層石塔，有別於造型繁複的多寶塔，**釋迦塔造型簡潔，為新羅時代的典型塔身樣式**。它是進行佛教說理的地方，在此修煉後方可進入後方的無說殿。在西元1966年進行修補工事時，在釋迦塔的第三層塔身發現全世界最古老的木板印刷物──無垢淨光陀羅尼經等多樣文化財。

比起多寶塔，釋迦塔顯得簡約俐落。

多寶塔

在大雄殿前右方的多寶塔又稱為七寶塔，**以純白色的花崗岩製成，是一座造型複雜且優美的石塔**。正方形的基壇用來表示佛教基本教理──四聖諦，沿著基壇往上有四座石梯，每座石梯各有十層，用來表示佛教的十信、十住、十行、十迴向。在石梯上原本都應該各有一隻石獅子，不過日本殖民時期被日本人解體，如今只剩下一隻石獅子供人想像。塔身的上部為八角形，用以表示八正道。

無說殿和觀音殿

無說殿是講述經論的地方。必須靠言語講經的地方，卻取名為無說殿，是為了用來表示**當佛法修煉已達到登峰造極的地步，也就不用再說**。參觀完無說殿後，可以再到右前方的觀音殿，像觀音菩薩祈求永生於極樂土。

毘盧殿

無說殿左邊的毘盧殿是安奉毘盧遮那佛的法堂，毘盧遮那佛是華嚴世界的本尊佛，擁有太陽般廣大無邊的智慧。**這尊毘盧遮那佛對當時高超的鑄造技術，留下最好的證據**。原來佛像後方附有光背，不過現在已經看不到。

極樂殿

最後一站是極樂殿，從這裡可以通往永恆的極樂世界。**殿內供奉著阿彌陀佛像，這尊金銅坐像是西元八世紀統一新羅時代遺留下來的文物**，根據推測佛像後方原來應該也有光背，卓越的製造技術令人望其項背。

安東
안동
Andong

位於慶尚北道的安東，是個很小的城市，坦白說大眾交通系統不太方便，但它地靈人傑，孕育了不少大學者，也吸引許多有節操的鴻儒在此傳道授業，繼續培養人才。至今，安東仍深受儒教文化的影響，到處留存著兩班文化的遺跡。走進安東河回村，彷彿進入時光隧道，也更能靜下心來欣賞這裡緩慢的生活步調。

如何前往安東

釜山出發

◎從釜山綜合巴士客運站（부산종합버스터미널）可搭乘市外巴士到安東巴士客運站（안동터미널），每日7:05~19:35約60~120分鐘一班車，車程約140分鐘，成人票價約₩21,000。

◎從釜田站（부전역）可以搭乘無窮花號到安東站（안동역），車程約3.5小時，每天有三班，視座席不同成人票價₩12,800~₩15,100。

大邱出發

◎從東大邱高速巴士站（동대구터미널）可搭乘高速巴士到安東巴士客運站，每日6:40~22:00約25~60分鐘一班車，車程約100分鐘，視車種不同，成人票價₩12,200~₩14,600之間。

◎從東大邱站可以搭乘無窮花號前往安東站，車程約110分鐘，每天兩班，視座席不同成人票價₩6,600~₩7,800之間。

安東市區交通

安東火車站和巴士客運站相距不遠，從這裡可以搭乘急行2號（급행2）公車或46號公車，前往安東河回村，車程約30~40分鐘。安東民俗村以及安東民俗博物館／安東民俗村，則可搭乘3、3-1或3-2號巴士前往，車程10~15分鐘。

旅遊諮詢

安東在火車站、河回村入口都有旅遊諮詢中心，可提供當地旅遊資料以及大眾交通時刻表和諮詢。更多資訊可上網查詢：jp.tourandong.com。

數百年前的建築
形式重現眼前。

👁 安東河回村

안동하회마을

🅰別冊P.33A2　📍從安東火車站和巴士客運站可以搭乘急行2號（곱행2）公車或46號公車，在「하회마을」站下，車程約30~40分鐘。　🏠경상북도 안동시 풍천면 하회종가길 2-1　☎054-852-3588　🕐夏季9:00~18:00、冬季9:00~17:00　💲成人₩5,000、青少年₩2,500、兒童₩1,500　🌐jp.tourandong.com

才人輩出的
風水寶地。

　洛東江成S型蜿蜒流過河回村，從空中鳥瞰像極了太極的形狀，古時也認為這裡是大吉之地。自高麗時代末期，當了工曹典書這個官位的柳從惠到此開基以來，才人輩出，包括16世紀大儒學者柳雲龍、平定壬辰倭亂有功的柳成龍等，使得這裡成為當時嶺南地區相當具有代表性的文武官員居住地，也順理成章成為貴族文化與庶民文化融合的區域。

　　河回村完整保留了早期的建築形式，包括養真堂、忠孝堂、河東古宅、念形堂等，一磚一瓦、一草一木，都讓人彷彿穿越時空，回到數百年前的朝鮮。西元2010年被列入世界文化遺產保護名單。入村後，若順著河畔步行前往渡口搭乘小船，可到對岸的芙蓉台爬到最高點，俯瞰河回村有如蓮花浮水地形的全貌。

🏛 河回世界假面博物館

하회세계탈박물관

⊕別冊P.33A2 ✎從安東火車站和巴士客運站可以搭乘急行2號（곱행2）公車或46號公車，在「하회마을」下車，車程約30~40分鐘。 📍경상북도 안동시 풍천면 전서로 206 ☎054-853-2288 🕐9:30~18:00。 💲成人₩3,000、青少年和長者₩1,500 🌐www.mask.kr。

這個位於安東河回村內的博物館，收藏了韓國流傳下來的各式假面舞中，所使用到的各種假面，數量多達19種、200餘個。此外，還有來自墨西哥、巴布紐幾內亞、索羅門群島等30多國家、超過100個假面，可以體會各國文化差異。此外，每年的9月下旬，在河回村都會舉辦安東國際假面舞蹈節，每每都能吸引為數不少的旅人前來參與。

河回假面

朝鮮半島自古存在著許多種類的假面舞，流傳至今只有南方將假面舞的傳統舞蹈、文獻資料與工藝技術較完整保存下來。安東河回村就是今日假面文化保存的重地。

河回假面舞原是為祈求農作豐收與驅除瘟神、疫魔而發展出來的，後來也變成庶民對貴族階級不滿的發洩工具；甚至到20年前左右，韓國的大學生在反政府示威的時候，也還有用假面舞來表現他們對當權者的批判與諷刺。

河回假面舞的角色可分為獅子、女子、貴族、學者、僧人、文盲、老婆、美人、下人等等，傳統河回假面的材質是以木頭製成，其中貴族、學者、僧人、文盲面具的下顎部分是與臉部分開，如此更能強調出喜怒哀樂的表情。西元1980年，「河回假面舞」已被韓國政府指定為重要無形文化財。

> 河回假面是珍貴的文化遺產！

> 這裡也是許多電視劇的取景地！

🏛 安東民俗博物館／安東民俗村

안동민속박물관/안동민속마을

⊕別冊P.33C1 ✎從安東火車站前搭3、3-1或3-2號巴士，在「안동저수지월영교」站下，車程10~15分鐘，再步行過月映橋（월영교）後左轉繼續約10~15分鐘。 📍경상북도 안동시 민속촌길 13 ☎054-821-06498 🕐9:00~18:00，元旦、春節、中秋節公休。 💲免費 🌐www.andong.go.kr/fm/main.do

博物館占地遼闊，分成室內與戶外展示區。**室內收藏7,000多件文物，都是從安東地區收集到與儒教文化有關的題材，包括生活、婚喪喜慶等用品。**

安東建設大壩時，左近建築必須搬遷，基於保存、學術研究、教育等考量，於是把當時一些傳統草房、韓屋等遷移到此處，構築成博物館的戶外展場，也就是安東民俗村。講述高麗開國故事的韓劇《太祖王建》，曾在村中多處取景。

全州
전주
Jeonju

全州市是全羅北道道政府的所在地，據傳是朝鮮王朝的起源，現仍可從市中心的客舍，和朝鮮時期遺留下來的豐南門、慶基殿等歷史遺跡略見往日風華。

全羅北道一直是韓國的魚米之鄉，肥沃的平原孕育了農作物豐收，韓國料理中與平壤冷麵、開成湯飯並列朝鮮三大飲食的拌飯，故鄉就是全州。全州拌飯之所以出名，因為它曾為朝鮮時代的進貢菜餚，就連皇帝嚐過都稱讚，自然名揚全國。

而集韓國飲食精華的韓式套餐，也源自全州。韓式套餐一次20、30道菜端上桌，沒有主菜，每一道料理都是要角，過去是皇室或權貴才有機會與資格享用的豪華料理。此外，全州的韓紙工藝同樣舉國聞名，常見的韓國太極扇就是全州特產。

母酒모주

來到全州，一定要試試當地特有的母酒。母酒原本是母親為兒子釀的酒，用的是馬格利，不過加入了生薑、肉桂、大棗等藥材，酒精濃度非常低，大約只有1%左右，因此不必擔心喝太多傷身。

如何前往全州

釜山出發

◎從釜山綜合巴士站（부산종합버스터미널，又稱「老圃站」）可搭乘高速巴士到全州高速巴士客運站（전주고속버스터미널），每日約有10~14班車，車程約3小時，成人票價視車種不同₩19,600~₩45,000。

◎釜山和全州沒有直達火車，必須從釜山站搭乘KTX先到五松站（오송역），車程約110分鐘，視座席不同成人票價₩40,100~₩59,100。然後再從五松站換乘KTX到全州站，車程約50分鐘，視座席不同成人票價₩40,100~₩59,100。

大邱出發

◎從東大邱高速巴士站（동대구터미널）可搭乘高速巴士到全州高速巴士客運站，平日每天有7個班次，週末則為10個班次，車程將近3小時，視車種不同，成人票價₩14,500~₩25,400之間。

◎東大邱和全州同樣沒有直達火車，一樣得先到五松站換車，從東大邱站到五松站車程約1小時，視座席不同成人票價₩23,200~₩34,200之間。然後再從五松站換乘KTX到全州站，車程約50分鐘，視座席不同成人票價₩40,100~₩59,100。

全州市區交通

雖然必須搭乘公車或計程車才能抵達市區，不過全州火車站和全州高速巴士客運站基本上距離市區都不算太遠，可以考慮直接搭乘計程車前往韓屋村，比較方便。

從火車站前往韓屋村

從火車站搭乘計程車前往慶基殿大約15~20分鐘，車資約₩7,000~₩8,000。如果搭乘公車大約需要30分鐘，108、119、535號等公車都能前往。

從高速巴士站前往韓屋村

從全州高速巴士客運站搭乘計程車前往慶基殿大約10分鐘，車資約₩5,000。如果搭乘公車大約需要20分鐘，79、542、999號等公車都能前往。

旅遊諮詢

全州在火車站、高速巴士站、韓屋村、慶基殿等地都有旅遊諮詢中心，提供英、日語等諮詢服務，也有免費市內地圖以及各景點的資料。更多資訊可上網查詢：tour.jeonju.go.kr

◉ 豐南門

풍남문

⚑別冊P.33A2 ●從全州高速巴士站和全州站有許多公車可以前往全州韓屋村，搭乘往南部市場方向的公車，在韓屋村入口處的「전동성당」站下（車程約20~30分鐘），後步行約1分鐘。 ⌂전라북도 전주시 완산구 풍남문3길 1 ☎063-287-6008 ◔24小時 🕸tour.jeonju.go.kr

　1978年修復的豐南門，是過去全州北、東、南、西四座城門中僅存的一座。由於全羅南北道和濟州島早年被稱為湖南地區，全州在過去有「湖南第一城」之稱，現在也只能靠著豐南門上的「湖南第一城」字樣，緬懷過去重鎮風光。

豐南門的構造為朝鮮中後期的門樓樣式，雙層木造城樓前為半月型的石造城垣，十分地厚重醒目，可以想像當時固若金湯的城牆防禦。

> 從城門恢宏的氣勢可見昔日重要的地位！

> 幽靜的氣氛和附近熱鬧的街道形成對比。

【 全州拌飯 전주비빔밥 】

全州是全州拌飯的故鄉，名列朝鮮時代三大美食之一的它，先以黃豆芽高湯煮好飯，再加入松子、銀杏、核桃以及多種蔬菜，五顏六色的模樣，讓人光看就食指大動。不只好看，它還兼具祖先均衡、健康飲食的智慧！全州有很多拌飯餐廳，各有各的特色，不妨挑間喜歡的試試。

◉ 客舍

객사

⚑別冊P.33A1 ●可以搭乘2-1、2-2、354、355、381、383、385等號公車，在「객사」站下，後步行1~2分鐘。 ⌂전라북도 전주시 완산구 충경로 59 ☎063-281-2787 ◔24小時 💲免費

　古時後用來舉辦各種王朝儀式的地點，既是官員們晉見皇上的地方，也是提供朝廷命官們住宿、傳達聖旨的處所。為了象徵王朝的權威，建築也就蓋得相當宏偉大氣。客舍就位在全州最熱鬧的購物區前，**大門上掛著「豐沛之館」的匾額，有把朝鮮開國君主李成桂的故鄉，比喻成中國漢高祖劉邦老家在沛縣之意**。過去每月初一、十五，這裡還會舉行遙祭皇帝的儀式。

此起彼落的韓屋屋頂也很有味道。

小編按讚
讚讚

全州韓屋村

전주한옥마을

保存最完好且最大的韓屋村落之一！

📖別冊P.33B1B2 🚌從全州高速巴士站和全州站有許多公車可以前往全州韓屋村，搭乘往南部市場方向的公車，在韓屋村入口處的「전동성당」站下，車程約20～30分鐘。 📍전라북도 전주시 완산구 기린대로 99 ☎063-282-1330 🕐視各店家、景點而異 🌐hanok.jeonju.go.kr

　全州韓屋村是韓國唯一城市中保存完好的韓屋村落，整個區域保存了超過800幢傳統建築，政府嚴格規定不得任意更改樣式，同時也撥款協助老屋的翻整修建，若想經營商店，營業項目也必須和傳統文化相關，因此散發著傳統文化氣息。而它不僅保存傳統建築，也讓木、陶等手工藝品以及釀酒等傳統技藝得以延續。

　遊覽韓屋村可以慶基殿為起點，在門口有旅遊諮詢中心，可以取得地圖按圖索驥。慶基殿原是朝鮮王朝太祖李成桂、後來成了李氏王朝的供奉地，因《明成皇后》等多部韓劇在此取景，而成了知名景點。

　此外還可以拜訪手工藝博物館、生活體驗館、酒博物館和茶藝館。生活體驗館裡的家居擺設以土炕和古家具為主，展示傳統生活環境，以及投壺、跳板等遊戲。

慶基殿

경기전

📖別冊P.33B1B2 📍전라북도 전주시 완산구 태조로 44 ☎063-281-2790 🕐3～10月9:00～19:00、11～2月9:00～18:00 💰成人₩3,000、青少年₩2,000、兒童₩1,000 🌐tour.jeonju.go.kr

　未進慶基殿，先見到門前的拴馬石碑，碑上刻著「至此皆下雜人勿得入」，彰顯出皇帝所在的威嚴。依照傳統韓國人進殿規矩，**中央大門只有神和皇帝能走，一般人從右門進、左門出，大門前可見一座小紅門**，門框中央有長茅狀突起，據說可避邪驅魔。

　主殿內收藏有李成桂1872年的畫像、為移畫像所造的神輦，以及保存王朝歷史實錄的書庫，不過目前這些史實紀錄都已移至首爾大學保存。主殿旁的空地有多個葫蘆型石雕，是從前韓國皇室為求子孫滿堂、世代交替不絕，而習慣將皇帝的臍帶以瓷器封好，放進石座中，稱為胎室碑，此處所存放的是睿宗大王的臍帶。外圍的庭院綠樹成蔭，其中有許多「堂山樹」，據說許願很靈，所以成了附近居民祈願和平日休閒的好去處。

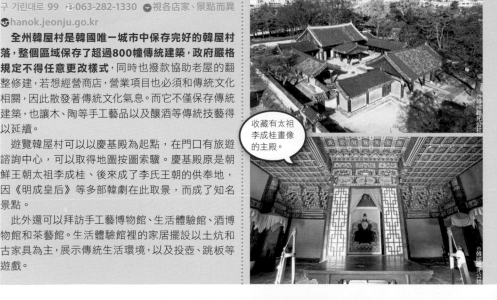

收藏有太祖李成桂畫像的主殿。

充滿異國風情的美麗建築～

殿洞聖堂

전동성당

📖別冊P.33B2 🏠전라북도 전주시 완산구 태조로 51 📞063-284-3222 🌐www.jeondong.or.kr

1891年時，法國神父買下了這片土地，為興建一座紀念殉教者的教堂。

殿洞聖堂的外觀落成於1914年，後來由設計首爾明洞聖堂的神父接手，總共歷時23年才完成這座混合拜占庭式和羅馬式的教堂。**主結構以紅色和灰色的磚頭堆砌而成，長方形平面伴隨著拜占庭式塔樓，它優美的結構被喻為韓國最美的建築之一。**事實上，最初的殿洞聖堂建在昔日朝鮮時代天主教徒殉教的地點，也就是豐南門外，後來才在今日的位置上擴建。

👁 梧木台和梨木台

오목대와 이목대

📖別冊P.33B2 🏠전라북도 전주시 완산구 기린대로 55 📞063-281-2114 ⏰24小時 🌐tour.jeonju.go.kr

從旅遊諮詢中心對面的山坡階梯拾級而上，就可以來到梧木台，這是朝鮮太祖李成桂在擊退日軍返回京城的途中，舉行慶功宴的地方，**從山坡上居高臨下，可以眺望韓屋村黑瓦層層疊疊的特殊景象。**

從梧木台過一座陸橋，可以抵達梨木台，這裡有最後第二代王高宗親筆題書的石碑，上面寫著「穆祖大王舊居遺址」的字樣。穆祖是太祖李成桂的第五代祖，據說他曾在這裡生活過。

登上梧木台可將韓屋村盡收眼底。

👁 全州鄉校

전주향교

📖別冊P.33C2 🏠전라북도 전주시 완산구 향교길 139 📞063-288-4548 ⏰冬季10:00~17:00、夏季9:00~18:00，週一公休，如遇週一為國定假日，則延後一天公休。 🌐www.jjhyanggyo.or.kr

所謂「鄉校」，就是朝鮮時代學生們讀書的國立地方教育機構，**全州鄉校裡共有16幢建築物，**包括供奉著孔子、7位中國儒家學者，以及18位韓國鴻儒牌位的大成殿。**熱門韓劇《成均館緋聞》裡學生們上課的場景，就是在這裡拍攝的。**

統營

통영
Tongyeong

坐 落慶尚南道和全羅南道之間的統營位居海運要衝，讓它在朝鮮時代一直都扮演海軍軍事要塞的角色，而它今日的名稱，正是來自於三道水軍統治使的統制營。除了陸地部分，統營還由570座島嶼組成，它們星羅棋布於周邊海域，成為景色秀麗的閑麗海上國立公園的一部分，獨特的自然景觀更為它贏得「東方拿坡里」的美譽。

統營歷史非常悠久，然而在壬辰之亂以前還只是座小港口，後來被推上戰爭前線，發展成重要軍事城市，萬曆朝鮮戰爭中至關重要的一戰「閑山大捷」，就是發生在這裡。市中心位於統營港的江口一帶，中央市場、東皮郎壁畫村等景點都在不遠處，至於彌勒島旅遊特區，則以橋梁和市區相連。來到這裡除了海鮮，也別錯過蜂蜜麵包和忠武海苔飯捲等小吃。

©韓國觀光公社

閑山大捷 한산대첩

1592~1598年間，日本、朝鮮和明朝之間發生了兩次戰爭，史稱「壬辰之亂」或「萬曆朝鮮之役」。戰事源自豐臣秀吉向朝鮮宣裡要求借道朝鮮轉攻明朝，沒想到遲遲沒有等到回覆的日本直接派兵攻打朝鮮，造成後來蔓延整個朝鮮半島的戰役。

其中又稱為「閑山海戰」的閑山大捷，是1592年8月14日發生在統營近海閑山島的關鍵海戰，李舜臣將軍利用海域地形和新型戰術，成功擊沉了日軍47艘船艦，不只獲得大勝，也切斷日軍的黃海補給線，成為影像日後戰役的轉折點。

如何前往統營

統營沒有火車站，如果要搭乘火車前往，必須在晉州或其他城市換乘巴士。不過它與慶尚南、北道等大城和釜山之間，有著非常密集的長途客運或巴士班次往來，聯外交通便捷，建議可以直接搭乘巴士前往。

釜山出發
◎從釜山綜合巴士客運站（부산종합버스터미널）可搭乘市外巴士到統營綜合巴士客運站（통영종합버스터미널），每日約有13班車，車程約2.5小時，成人票價₩16,400。
◎或是從釜山西部巴士客運站（부산서부버스터미널）搭乘市外巴士到統營綜合巴士客運站，從6:00~22:30幾乎每10~30分鐘就有一班車，班次非常密集，每日約有13班車，車程

約2.5小時，成人票價₩14,900。

大邱出發
◎從大邱西部綜合巴士站（서부정류장）可搭乘市外巴士到統營綜合巴士客運站，每天有8個班次，從7:00~20:00約每2小時發班車，車程將近2.5小時，成人票價₩21,600。

統營市區交通

統營綜合巴士客運站雖然和中央市場所在的市中心有點距離，不過兩者間有許多公車往來，和當地知名景點間也有能以公車輕鬆串連。

從綜合巴士客運站前往市中心
從統營綜合巴士客運站可搭乘101、

615、674、678號等公車，前往統營中央市場和東皮郎壁畫村，車程約20~25分鐘。

從統營綜合巴士客運站前往彌勒島
從統營綜合巴士客運站可搭乘101、104、121號等公車，前往閑麗水道觀景纜車和統營天際線斜坡滑車，車程約35分鐘。

旅遊諮詢

統營綜合巴士客運站、東皮郎壁畫村、閑麗水道觀景纜車等地都有旅遊諮詢中心，提供英、日語等諮詢服務，也有免費市內地圖以及各景點的資料。更多資訊可上網查詢：www.tongyeong.go.kr/chn.web

小編按讚
讚讚

◉ 東皮郎壁畫村

동피랑벽화마을

別冊P.34B1 ⚑從統營綜合巴士客運站可搭乘101、615、674、678號等公車,在「중앙시장」站下(車程約20分鐘),後步行約5分鐘。 ⚑경남 통영시 동피랑1길 6-18 ☎055-650-2570 ⏱24小時 www.tongyeong.go.kr/chn.web

迷失在尋寶般的可愛巷弄!

曾經出現在2012年宋仲基主演的韓劇《善良的男人》中,也是2011年《噗通噗通…他和她的心跳聲》劇中韓志旼的家所在,東皮郎壁畫村和釜山的甘川洞有著異曲同工之妙。坐落於山坡上,這個小社區不只擁有可愛的壁畫,還能眺望海景,讓它顯得更加迷人。

「東皮郎」這個詞其實結合了韓文的「東邊」,以及統營方言的「懸岩」,整個名稱的意思是「東崖村」,事實上在港口的另一側,還有另一座類似的「西崖村」(西皮郎壁畫村╱서피랑마을),只不過名氣沒有它來得響亮。

至於東皮郎又是怎麼變成從平凡的小村變成觀光景點?時間得回溯到2007年,當地的促進協會從全韓國招募義工,以壁畫加以美化,最後誕生了這處如童話般可愛的村落,吸引遊客前來參觀、拍照。

來到這裡,不妨隨意鑽進巷弄間,享受迷路的魅力,看看能搜集到多少壁畫,或是拜訪途中偶遇的咖啡館。至於想登高望遠的人,前往山頂的東舖樓,能將統營市區和港口周邊風光盡收眼底。

除了壁畫之外,還能看到港口風光。

《撲通撲通…他和她的心跳聲》劇中韓志旼的家。

市場是最能感受當地生活的地方。

小編按讚 讚讚

🧁 統營龜甲船蜂蜜麵包

통영거북선꿀빵

統營必嚐在地特色甜點！

🔺別冊P.34B1　🚌從統營綜合巴士客運站可搭乘101、615、674、678號等公車，在「中央市場」站下，車程約20分鐘。　🏠경남 통영시 통영해안로 351　📞055-649-9490　🕐8:00~20:00　💰船蜂蜜麵包10個₩12,000

　　蜂蜜麵包是統營的特產，在中央市場附近可以發現不少販售蜂蜜麵包的店家，每家各有不同特色和口味。統營龜甲船蜂蜜麵包就位於中央市場入口旁，龜甲船造型的招牌非常醒目，**蜂蜜麵包有紅豆、核桃、玉米、起司、地瓜五種口味，有點甜但很好吃**。

👁 統營中央市場

통영중앙시장

🔺別冊P.34B1　🚌從統營綜合巴士客運站可搭乘101、615、674、678號等公車，在「中央市場」站下，車程約20分鐘。　🏠경상남도 통영시 중앙시장1길 14-16　📞055-649-5225

　　就位於碼頭邊、東皮郎壁畫村山腳下，**統營中央市場歷史超過400年，洋溢著昔日的市場風情**。統營以牡蠣聞名，不但沒有腥味且肥美鮮嫩，其他像是小章魚等海鮮，也非常推薦。除了新鮮魚貨之外，這裡也有包括魚乾、海帶、魷魚等各類海產乾貨可以選購。

龜甲船

거북선

　　又名「龜船」的龜甲船，是壬辰之亂時朝鮮對抗日本軍艦的秘密武器，海軍工程師羅大用（나대용）設計且建造了這款結合板屋船與船殼的鐵甲船。船身上半部覆蓋著六甲形且突出鐵錐的甲片，足以保護士兵和槳手不受敵軍攻擊，船艏加上可以噴出硫磺、同時容納一門火砲的龍頭，既能發揮擾敵作用，也能當作撞擊工具。此外，船身兩側各有11個炮口，且至少配備5種不同的火炮，這些讓它成為一艘超級戰艦。
　　在統營中央市場對面的江口碼頭，可以看見龜甲船的複製品。

慶州↓安東↓全州↓

釜邱延伸行程······統營

🍴 東皮郎Jjugul

동피랑쭈굴

大啖統營特產牡蠣和章魚。

📖別冊P.34B1　🚌從統營綜合巴士客運站可搭乘101、615、674、678號等公車，在「中央市場」站下（車程約20分鐘），後步行約2分鐘。　📍경남 통영시 통영해안로 363-1　📞055-646-3697　🕐平日10:30~21:00、週末11:00~21:00　💲Jjugul套餐（最少2人點餐）每人₩17,000、各種拌飯套餐₩17,000起

　來到統營，怎麼能不吃海鮮！這間位於碼頭旁的餐廳，從門口招牌到店內壁畫，讓人忍不住發出會心一笑。**店內提供多種套餐，如果一個人前往可以選擇牡蠣（굴）、海鞘（멍게）、水生魚片（물회）等拌飯套餐。**

　兩個人以上則可以實惠價格品嚐更多菜色，其中Jjugul套餐中就有烤魚、牡蠣煎餅、牡蠣紫菜湯、辣味帶腳章魚、水生魚片等多達6~7道菜，讓人吃的超飽又滿足。如果這樣還不過癮，也可以選擇每人23,000的B套餐，除了Jjugul套餐菜色之外，還多了炒雞塊、炸物、海苔飯捲等，就看你的肚皮撐不撐得住。

辣味帶腳章魚也不能錯過~

試試韓國特有的水生魚片吧！

牡蠣海帶湯味道鮮甜。

🍴 忠武飯捲街

충무김밥거리

📖別冊P.34A2　🚌從統營綜合巴士客運站可搭乘101、615、674、678號等公車，在「中央市場」站下（車程約20分鐘），後步行約2分鐘。　📍경남 통영시 통영해안로 323-1　🕐視各店家而異　💲龜船蜂蜜麵包10個₩12,000

　有人或許曾經在首爾吃過忠武飯捲，不過忠武飯捲的發源地其實是在統營。和一般海苔飯捲不同，**忠武飯捲除了白米外沒有任何餡料，並且包成拇指般大小，正好適合一口食用，**店家會附上醃蘿蔔和涼拌魷魚當作配菜。這條街上有許多飯捲店，不妨挑間喜歡的品嚐。

眼前的大海曾經上演閑山戰役。

李舜臣公園

이순신공원

📖 別冊P.34C1　🚌 從統營綜合巴士客運站可搭乘615、620號等公車，在「정량KFCC」站下（車程約25分鐘），後步行約18分鐘。　🏠 경상남도 통영시 멘데해안길 205　☎ 055-642-4737　🕐 24小時　💰 免費　🔗 www.utour.go.kr

　　四周被大海包圍，**李舜臣公園原本稱為「閑山大捷紀念公園」，是為了紀念1592年李舜臣將軍大破日本水軍的閑山島海戰而設立**。這場海戰是壬辰之亂中最大的一場勝戰，不但破壞了日本人的糧食補給路線，同時也讓朝鮮拿回海上主導權。在這裡可以遙望當年海戰的發生地點，同時欣賞南海美麗的風光。

統營是全韓國首座引進斜坡滑車的城市。

小編按讚 讚讚

統營天際線斜坡滑車

스카이라인루지 통영

伴隨海景的刺激體驗！

📖 別冊P.34B1　🚌 從統營綜合巴士客運站可搭乘101號公車，在「도봉새마을금고」站下，或是搭乘104號等公車，在「루지」站下，車程約35分鐘，後步行約12分鐘。也可以直接從巴士客運站搭乘計程車前往，車程約15~20分鐘，車資約₩14,000。　🏠 경남 통영시 발개로 178　☎ 1522-2468　🕐 平日10:00~20:00、週末9:00~21:00。如遇暴雨、颱風、雷電等可能影響乘客安全的惡劣天候狀況，可能會暫時關閉。另外在週末或節假日等人潮較多的情況下，可能會提早結束售票。　💰 3趟斜坡滑車（含空中吊椅）成人線上購票₩28,500、現場購票₩30,000，兒童₩12,000。另有4趟和5趟斜坡滑車組合票。　🔗 www.skylineluge.kr/tongyeong　❗ 身高限制：身高介於85~135公分之間的兒童，必須由身高至少

150公分且年滿19歲以上的監護人陪同，才可以搭乘空中吊椅。另外身高在85~110公分的兒童，必須由身高至少150公分且年滿19歲以上的監護人陪同，才可以搭乘斜坡滑車。

　　就位於閑麗水道觀景纜車下部纜車站對面，統營天際線斜坡滑車是最早引進韓國的斜坡滑車。

　　所謂的斜坡滑車（Luge）是一種無動力滑車，源自於紐西蘭的羅托魯瓦，車子設計非常簡單、也很容易操作，利用地形與高低落差產生移動，卻能帶來非常刺激的體驗。

　　統營天際線斜坡滑車總共有4條路線，全長4.8公里，沿途超過30個彎道，最高與最低落差達100公尺，騎乘者可以根據自己的喜好選擇不同路線。除了充滿趣味的騎行，還能從帶你前往起點的空中吊椅，欣賞統營及其周邊的海景與島嶼風光。

釜邱延伸行程 ⋯⋯ 統營

慶州➡安東➡全州

搭乘纜車將閑麗海上國立公園的全景盡收眼底。

©韓國觀光公社

小編按讚 讚讚

👁 閑麗水道觀景纜車

한려수도 조망케이블카

從空中俯瞰一覽無遺的海景～

🔺 別冊P.34B2 🔹 從統營綜合巴士客運站可搭乘101、104、121號等公車，在「신아SB조선소후문」站下（車程約35分鐘），後步行約7分鐘。也可以直接從巴士客運站搭乘計程車前往，車程約15~20分鐘，車資約₩14,000。 🏠 경상남도 통영시 발개로 205 📞 1544-3303 🕙 10~2月9:30~16:00，3、9月9:30~17:00，4~8月9:30~18:00。視天氣狀況和乘客數量可能會提早關閉。票券可能在結束營業前2~3小時就已售罄。每月第二、四個週一（如遇國定假日則隔天公休）以及春節和中秋節當天公休 💲 成人來回₩14,000、單程₩10,500，兒童來回₩10,000、單程₩8,000，65歲以上長者來回₩11,000、單程₩8,500。 🌐 cablecar.ttdc.kr/Kor

　　由統營大橋、統營海底隧道連接的彌勒島，是統營

的旅遊特區，**島上的彌勒山（미륵산）是韓國百大名山之一，遊客可以搭乘韓國最早設置的雙纜自動循環纜車上山，以360度視野一窺閑麗海上國立公園一望無際的風光。**

　　閑麗水道觀景纜車是韓國最長的觀光纜車，採用瑞士最新的技術，儘管距離很長，卻只有一根中間柱。總共有47個車廂，以每秒4公尺的速度運行，只需要10分鐘的時間，就能將遊客送達山上的纜車站。

　　纜車站上方附設賞景平台，從這裡可以眺望閑山大捷的歷史舞台，平台還有天空步道，膽子大的人可以挑戰一下！

©韓國觀光公社

©韓國觀光公社

©韓國觀光公社

彌勒山步道

彌勒山設有多條步道，搭乘閑麗水道觀景纜車抵達山頂後，不妨沿著這些步道繼續前往神仙台、閑山大捷、閑麗水道、統營港港口等展望台，以多方角度欣賞這座城市和閑麗海上國立公園的美，天氣晴朗時還能看見日本對馬島和智異山的天王峰。此外，從纜車站步行約10~15分鐘，就能抵達真正的山頂——彌勒峰（海拔461公尺），許多人都特別到這裡和地標石碑合照。

釜山大邱旅遊資訊

韓國觀光公社提供

行前準備

➤簽證

　　韓國開放持台灣護照者（需有6個月以上效期），90日以內短期免簽優惠，因此到韓國遊玩時不需特別辦理簽證，直接持有效護照前往即可。

免簽證實施注意事項

對象：持有效台灣護照者（僅限護照上記載有身分證字號者）

赴韓目的：以觀光、商務、探親等短期停留目的赴韓（如以工作之目的赴韓者則不符合免簽證規定）

停留期間：不超過90日期間

出發入境地點：無特別規定

駐台北韓國代表部

🏠台北市 基隆路 一段 333號 15樓 1506室

📞02-27588320~5

🕐9:00～12:00、14:00～16:00

🌐overseas.mofa.go.kr/tw-zh/index.do

➤釜山、大邱在哪裡？

　　釜山及大邱皆屬韓國慶尚道區域，釜山位於韓國東南部，是韓國首爾以外第二大城市，也是韓國南部最大城市及港口，由於釜山被天然屏障高山與海包圍，使得釜山成為唯一沒有被

朝鮮民主主義人民共和國占領過的城市，更於韓國內戰期間作為臨時首都所在。

　　大邱位於韓國中南部，是韓國第四大城，很多人比喻如果首爾是台北的話，釜山就是高雄，大邱就相當於是台中的角色。

➤城市氣候

　　釜山位在韓國東南端，由於緯度較低，東側與南側皆臨海，受海洋性氣候影響頗大，1月均溫在攝氏2.5度左右，8月均溫在25.3度上下，可說是韓國氣候較溫和的地帶。

　　大邱位在韓國東部中央，境內山地多，寒暑雖然溫差仍大，但東側地帶受到海流的影響和太白山脈的屏障，呈現夏涼冬暖的宜人氣候。

當地旅遊資訊

➤貨幣

　　韓圜（WON，本書皆以₩表示）共有4種面額的紙鈔：1,000、5,000、10,000、50,000，硬幣分為10、50、100、500共4種。

➤換匯

　　韓幣兌台幣匯率為1:0.024（匯率浮動，僅供參考）。旅客可先在韓國機場換點現金作為交通、飲食費，再至市區當地換錢所換更多韓幣，或搭配海外消費現金回饋高的信用卡使用，除非一次大量換匯，不然1~3萬台幣的小額換匯，通常匯差只有幾十塊台幣，差別不大。若非本身有美金使用需求，否則不建議台幣換美金後再換韓幣這種換匯方式。

幫你換匯比一比

台幣換韓幣：韓國換錢所＞韓國機場＞台灣銀行

美金換韓幣：韓國換錢所＞韓國機場

➤信用卡

　　在韓國使用信用卡相當普遍，許多店家都可以接受信用卡消費，唯獨路邊小吃、批發或傳統市場部分店家不接受信用卡。

➤時差

　　韓國和台灣有1小時時差，韓國比台灣快1小時。

▶ 電壓

分100V（兩孔圓形插頭）以及220V（圓形三孔插頭）兩種，建議攜帶轉接頭，台灣電器需注意電壓，避免電器因電壓過高導致電器燒壞。

▶ 飲用水

韓國的水不能生飲，建議購買礦泉水飲用。

▶ 小費

在韓國消費稅多已內含，大部分餐廳用餐時不需要再另外支付小費。

▶ 郵件

想寄張明信片做紀念，卻找不到賣郵票的地方？韓國與日本在超商就能購買郵票不同，只有郵局（우체국）以及少部分傳統文具店才有販售郵票，販售郵票的文具店門口通常會張貼（우표/stamp）告示。

建議可直接至郵局寄件，由郵局人員幫忙處理，韓國郵局營業時間為平日9:00~18:00。部分高級飯店可幫忙代寄，但會收取服務費。從韓國寄明信片回台灣，郵資為₩430（2023年），郵資要貼足夠才不會寄不出去。

▶ WiFi網路

在國外旅遊無論找路或是聯絡同行友人，最需要的即是網路，到韓國旅遊可以使用兩種方式上網，一是網路分享器，二是網路SIM卡。以下幫你分析適合的方案：

◎ **網路分享器**：適合多人旅遊想省

錢、長輩出遊、隨身行李不重、需攜帶筆電、講求網速。

◎ **網路sim卡**：適合想輕便旅行、節省包空間、追求方便、背包客、獨享網路的人。

電信公司

目前韓國SIM卡有兩大服務公司：KT Olleh及SK Telecom，行前可至網站預約SIM卡列印租借憑證，到機場後可以馬上領卡，減少等待時間。

Korea telecom：
 roaming.kt.com/rental/chn/main.asp(金海機場)

SK Telecom：
www.skroaming.com/main.asp(金海機場及大邱機場)

▶ 退稅手續

韓國國內購物只要消費滿₩30,000即可退稅，部分美妝品牌、百貨專櫃可現場退稅外，離境時，也可於機場

比較項目	網路分享器	網路sim卡
體積	大，約行動電源大小	小，插入手機不佔空間
價格	多人租一台平分便宜	單卡較貴
押金有無	有	無
使用方式	簡單，開機後即可連線	有風險，遇手機機型Bug或卡片問題可能無法使用
方便度	需隨身攜帶，有重量，多人使用電量消耗下，需以行動電源輔助使用。	輕便無重量
租借方式	上網預約申請，機場取件或宅配到府	機場現場購卡、上網購買宅配到府
歸還方式	回國機場歸還或寄回	離境時丟棄即可

辦理退稅。

韓國大部分機場皆有設置自助電子退稅機KIOSK，可自行掃描護照、退稅單條碼，機器設有多國語言，如擔心不會操作，機器周遭也都有服務人員可幫忙代刷。

不過受到疫情影響，目前釜山金海機場和大邱國際機場都沒有自動退稅服務，也不提供現金退稅。遊客必須到「海關申報」處，按照範本填妥包括姓名、護照號碼、信用卡號等資訊，交給海關查核蓋章。

之後將退稅單放進原本退稅公司給的信封中，拿到「海關申報」處斜前方的退稅信箱中投遞。如果沒有問題，大約1~2個月後，稅金就會直接退到你當初填寫的信用卡中。

▶ 海外遭遇急難應對方式（如何處理旅外不便）

◎ **領事事務局LINE官方帳號：**
@boca.tw

◎ **旅外國人急難救助專線：**
國內免付費：0800-085-095、**海外付費請撥（當地國國際碼）**：+886-800-085-095、**國際免付費電話**：800-0885-0885
消費糾紛或其他法律糾紛

聯繫當地警方並保留證據，駐外館處人員僅可提供律師、翻譯人員名單，無法介入調解民事、商業等法律糾紛。
在國外急需財務救助

1.出國前請銀行開通國際提款功能

2.聯繫親友匯款或信用卡預借現金。若無法取得上述救助，駐外館處可提供代購返國機票，及提供候機期間基本生活費用之借款，但需在約定期間還款，否則外交部將依法律程序進行追償。

旅行規劃、交通、住宿、工作等問題

駐外館處24小時急難救助專線如同國內119、110專線，一般查詢請勿撥打佔線。

遺失或遭竊

護照遺失時，請先向當地警局報案掛失，取得報案證明後，聯繫駐外館處補發護照。信用卡及財物遺失則聯絡信用卡公司掛失，以及保險公司確認理賠方式。

意外受傷或生病就醫

出國前確認海外保險包含海外意外傷害、突發疾病及醫療轉送等內容，

若意外受傷請立即向領隊、旅館或駐外館處等單位，詢問醫院資訊並儘速送醫，並聯絡親友及保險公司協助安排後續就醫及理賠相關事宜。

➡ 實用APP

NAVER Map

由NAVER公司推出的地圖，在韓國當地能更準確定位置，規劃地鐵、巴士，甚至計算搭乘計程車的費用，APP有提供韓、英、中、日文介面。

下載完成後進入設定 (설정) 的語言 (언어) 選項內，將設定改為中文 (중국어) 即可。

KakaoMap

kakao和入口網站Daum合作推出的電子地圖，目前雖然沒有中文版，不過不懂韓文的海外遊客，還是可以使用英文介面搜尋。

Naver Papago

同樣是NAVER系統開發的翻譯APP，除了可以錄製人聲翻譯外，還透過拍攝照片幫你即時翻譯成中文，介面也非常簡單。

Subway Korea

在韓國搭地鐵，想知道怎麼轉乘最快、最方便？首班車和末班車等資訊？就不能不下載Subway Korea。這個APP擁有中文介面，除首爾外，包括釜山、大邱、大田、光州地鐵都一網打盡。

Kakao T

在韓國想叫計程車，即使沒有韓國手機號碼或韓國信用卡的外國遊客，也可以使用Kakao T。可以搭配KakaoMap使用，複製地名或以電話號碼定位設定位置。計程車按錶計費，可付現或刷卡，缺點是只有韓文版。

旅遊手指韓文

交通

計程車

__(으)로 가 주세요.
請帶我到____。

여기 내려 주세요.
請讓我在這裡下車。

영수증 주세요.
請給我收據。

수고하세요.
辛苦了。

감사합니다.
謝謝。

公車

실례지만, 버스정류장은 어디에있습니까?
請問巴士站在哪裡？

이번 정류장은 ___입니다.
本站是____。

다음 정류장은 ___입니다.
下一站是____。

地鐵

이 근처에 지하철역이 있어요?
請問這附近有地鐵站嗎？

제일 가까운 지하철역이 어떻게 가요?
最近的地鐵站怎麼去呢？

거리는 얼마나 남았습니까?
大概還有多遠？

실례지만, 이 판매기는 어떡해 사용합니까?
請問這個售票機怎麼使用？

___ 가는 차는 여기서 기다립니까?
請問往____方向是在這裡等車嗎？

저는 3호선을 타고싶습니다, 어떡해 가야합니까?
我要換乘3號線，請問該怎麼走？

저는___(으)로 가고싶습니다, 몇번 출구로 나가면 됩니까?
我要去____，請問應該從幾號出口出去？

실례지만, 5번 출구는 어디로 가야합니까?
請問5號出口該怎麼走？

火車

___가는 편도 티켓 한 장 주세요.
我要一張到____的單程車票。

지금 제일 빠른 시간대의 차는 몇시입니까?
請問最近的一班車是什麼時間？

실례지만, 승강장은 어디로 가야합니까?
請問乘車的月台怎麼走？

可愛的釜邱方言

稍微懂韓文的人應該知道首爾腔與釜山方言的分別，釜山方言與大邱方言皆屬於慶尚道方言，也是眾多方言中唯一保留聲調的一支。釜山屬於海洋城市，因靠海生活個性較不拘小節，講話也豪邁直爽，剛聽到時還會以為在吵架呢。與首爾話較明顯不同的是，首爾話在問句時語尾語調通常是上揚的，釜山方言則大多是往下加重的。

想要知道首爾話與釜山方言到底哪裡不同，不妨可以看看韓劇《請回答》（응답하라）系列，感受其中的奧妙。

住宿
check-in

안녕하세요, 저는 방을 예약한 __입니다.
你好，我叫__我有訂房。

체크인 / 체크아웃하려고 합니다.
我要Check in／Check out。

예약하고 있지 않습니다만, 오늘 빈 방이 있습니까?
我沒有預約，想請問今天還有空房嗎？

아침식사는 포함되어있습니까?
請問有含早餐嗎？

실례지만, 아침 식사 시간은 몇시 부터 몇시 까지입니까?
請問早餐時間是幾點到幾點？

방에서 와이파이가 있어요? 비밀번호가 뭐예요?
請問房間裡面有wifi嗎？密碼是什麼呢？

신용카드로 지불해도 될까요?
可以使用信用卡付帳嗎？

체크아웃은 몇시입니까?
請問幾點之前要退房？

체크아웃 한 후, 짐은 프론트에 맡아도 될까요?
退房後，我可以把行李寄放在這裡嗎？

入住問題

죄송합니다만, 화장실에 문제가 있는 것 같습니다.
不好意思，廁所好像有問題。

변기가 막혔어요.
馬桶塞住了。

혹시 방을 바꺼주실 수 있습니까?
我可不可以換一間房間？

방에 키를 두고 나왔는데, 열어 주실 수 있습니까?
我把鑰匙忘在房間裡了，可以幫我開門嗎？

죄송합니다. 제디 열쇠를 잃어 버렸어요.
不好意思，我把鑰匙弄丟了。

혹시 주변에 편의점이 있습니까?
請問附近有沒有便利商店？

짐을 맡기고 싶어요.
我想寄放行李。

美食
餐廳

저희는 두 사람 입니다. / 두 명이에요.
我們共兩個人。

___주세요.
請給我_____。

안맵게 해주세요.
請做成不辣的。

약간만 맵게 해 주세요.
請幫我做一點點辣就好。

아주 맵게 해 주세요.
請幫我做很辣的。

이것은 너무 매워요.
太辣了。

이건 채식주의자도 먹을 수 있어요?
請問這個素食的人也可以吃嗎？

저는 소고기가 먹지 안 돼요.
我不能吃牛肉。

소고기 없은 요리가 있어요?
是否有不含牛肉的料理？

김치 좀 더 주실 수 있으세요?
可以再給我一點泡菜嗎？

화장실이 어디예요?
廁所在哪裡？

이쑤시개 있어요?
有牙籤嗎？

포장해 주세요.
請幫我打包。

계산 부탁합니다. / 계산해 주세요.
請埋單。

菜單

갈비탕
牛骨湯

감자탕
馬鈴薯排骨湯

돌솥비빔밥
石鍋拌飯

떡국
年糕湯

라면
拉麵

미역국
海帶湯

볶음밥
炒飯

불고기
烤肉

새우초밥
蝦壽司

쇠고기덥밥
牛肉蓋飯

오징어덮밥
魷魚蓋飯

김치볶음밥
泡菜炒飯

김치전
泡菜煎餅

냉면
冷麵

계란찜
蒸蛋

만두
水餃

매운탕
辣魚湯

삼계탕
蔘雞湯

생선구이
烤魚

회
生魚片

스파게티
義大利麵

우동
烏龍麵

짜장면
炸醬麵

족발
豬腳

짬뽕
炒碼麵

새우볶음밥
蝦仁炒飯

김밥
飯捲

된장찌개
大醬湯

부대찌개
部隊鍋

순두부찌개
嫩豆腐鍋

칼국수
刀削麵

치킨
炸雞

消費
換錢

환전을 하고 싶은데요.
我想要換錢。

어디서 환전할 수 있어요?
哪裡可以換錢呢？

오늘 환율이 얼마입니까?
今天的匯率是多少？

購物

너무 비싸요. 좀 깎아 주세요.
太貴了，請算便宜一點

Tax Free 있어요?
可以退稅嗎？

이거 세금환급 돼요?
這個可以退稅嗎？

세금환급 좀 해주세요.
請幫我退稅。

服飾

옷
衣服

티셔츠
T恤

후드 티
帽T

스웨터 **毛衣**	코트 **大衣**	양말 **襪子**	귀걸이 **耳環**
패딩 점퍼 **羽絨外套**	치마 **裙子**	액세서리 **配件**	목걸이 **項鍊**
쟈켓 **西裝外套**	원피스 **洋裝**	모자 **帽子**	팔찌 **手環**
셔츠 **襯衫**	청반바지 **牛仔褲**	스카프 **圍巾**	선글라스 **墨鏡**

應急
緊急狀況

목이 아파요.
喉嚨痛。

머리가 아파요
頭痛。

배가 아파요.
肚子痛。

발을 삐었어요.
腳扭到了。

기침이 나요.
咳嗽。

콧물이 나요.
流鼻涕。

코가 막혔어요.
鼻塞。

온 몸에 힘이 없어요.
全身沒力氣。

감기에 걸린 것 같아요.
我好像感冒了。

멀미약 좀 수시겠어요?
可以給我一點暈車藥嗎？

두통약을 있습니까?
有頭痛藥嗎？

위장약을 주세요.
請給我胃藥。

진통제를 주시겠어요?
可以給我止痛藥嗎？

wagamama no.068

釜山大邱攻略 完全制霸

作者彭欣喬・柯玟
攝影彭欣喬・柯玟・墨刻編輯部
主編彭欣喬
封面設計許羅婕云
美術設計許靜萍（特約）・洪玉玲（特約）
李英娟・羅婕云
地圖繪製墨刻編輯部・Nina（特約）

出版公司
墨刻出版股份有限公司
地址：台北市104民生東路二段141號9樓
電話：886-2-2500-7008・傳真：886-2-2500-7796
E-mail：mook_service@hmg.com.tw

發行公司
英屬蓋曼群島商家庭傳媒股份有限公司城邦分公司
城邦讀書花園：www.cite.com.tw
劃撥：19863813／戶名：書虫股份有限公司
香港發行城邦（香港）出版集團有限公司
地址：香港灣仔駱克道193號東超商業中心1樓
電話：852-2508-6231／傳真：852-2578-9337
城邦（馬新）出版集團 Cite (M) Sdn Bhd
地址：41, Jalan Radin Anum, Bandar Baru Sri Petaling,
57000 Kuala Lumpur, Malaysia.
電話：(603)90563833／傳真：(603)90576622／
E-mail：service@cite.my

製版・印刷漾格科技股份有限公司
ISBN978-986-289-928-1・978-986-289-931-1（EPUB）
城邦書號KS2068 初版2023年11月 二刷2024年6月
定價480元

MOOK官網www.mook.com.tw
Facebook粉絲團
MOOK墨刻出版 www.facebook.com/travelmook

版權所有・翻印必究

國家圖書館出版品預行編目資料

釜山大邱攻略完全制霸/彭欣喬.柯玟
作. -- 初版. -- 臺北市：墨刻出版股份
有限公司出版：英屬蓋曼群島商家庭
傳媒股份有限公司城邦分公司發行，
2023.11
288面；14.8×21公分. -- (wagamama
; 68)
ISBN 978-986-289-928-1(平裝)

1.CST: 旅遊 2.CST: 韓國釜山市 3.CST:
韓國大邱市

732.7899   112015269

執行長何飛鵬
PCH集團生活旅遊事業總經理暨墨刻出版社長李淑霞

總編輯汪雨菁
資深主編呂宛霖
採訪編輯趙思語・陳楷琪
叢書編輯唐德容・王藝霏・林昱霖
資深美術設計主任羅婕云
資深美術設計李英娟
影音企劃執行邱茗晨

資深業務經理詹顏嘉
業務經理劉玫玟
業務專員程麒
行銷企畫經理呂妙君
行銷專員許立心
行政專員呂瑜珊

印務部經理王竟為